职业教育城市轨道交通系列创新教材

城市轨道交通运营管理规章

主　编　邹　斌　史望聪
副主编　赵婧文　张雅娇

内容提要

本书共分5个模块，内容包括城市轨道交通行车组织管理、城市轨道交通客运组织管理、城市轨道交通车辆及车辆基地管理、城市轨道交通设施设备管理、城市轨道交通运营安全管理。

本书可作为职业院校城市轨道交通类专业的教材，也可作为城市轨道交通运营管理岗位的职业培训教材，还可供从事城市轨道交通规划、城市轨道交通建设和运营管理的专业技术人员参考。

图书在版编目(CIP)数据

城市轨道交通运营管理规章/邹斌，史望聪主编
.—上海：上海交通大学出版社，2018(2025重印)
ISBN 978-7-313-18530-3

Ⅰ.①城… Ⅱ.①邹… ②史… Ⅲ.①城市铁路—交通运输管理—规章制度—高等职业教育—教材 Ⅳ.①U239.5

中国版本图书馆CIP数据核字(2017)第308507号

城市轨道交通运营管理规章

CHENGSHI GUIDAO JIAOTONG YUNYING GUANLI GUIZHANG

主　　编：邹　斌　史望聪
出版发行：上海交通大学出版社　　地　　址：上海市番禺路951号
邮政编码：200030　　电　　话：021-64071208
印　　制：三河市龙大印装有限公司　　经　　销：全国新华书店
开　　本：787 mm×1 092 mm　1/16　　印　　张：15
字　　数：313千字
版　　次：2018年1月第1版　　印　　次：2025年1月第8次印刷
书　　号：ISBN 978-7-313-18530-3
定　　价：45.00元

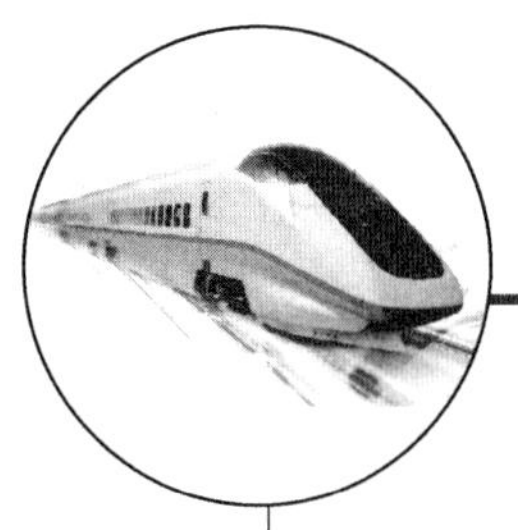

出版说明

近年来，我国经济持续快速发展，城市规模不断扩大，城市人口不断增加，导致城市交通拥堵问题日益严重，地面交通承载能力日显不足。在此形势下，大力发展轨道交通已经成为解决城市交通问题的重要手段。

截至2023年年底，中国大陆地区共有59个城市开通城市轨道交通运营线路，运营线路总长度达到11 224.54 km。

我国正在经历着有史以来规模最大的城市轨道交通建设，城市轨道交通的高速发展带来了社会对城市轨道交通专业人才的巨大需求，同时，这样的需求也为职业教育城市轨道交通专业的发展带来了良好的契机。

为了适应和促进我国职业教育城市轨道交通专业教学的发展，规范城市轨道交通系列教材体系的建设，结合职业教育“校企合作，工学结合”的教学改革特点，我们特组织一批具有丰富教学经验的一线教师和企业人员编写了这套城市轨道交通系列规划教材。

本系列教材具有如下特色：

第一，严格遵循国家和行业现行标准与规范，同时结合国内各大城市轨道交通建设运营的实际情况组织编写。

第二，注重职业教育特点，采用项目式教学模式，侧重实际工作岗位操作技能的培养。

第三，注重理论与实践的有机结合，根据需要和实际情况有针对性地设置实训环节，以增强学生的实际操作能力。

为了支持“立体化”教学，我们特别为本系列教材精心策划了精品教学资料包，为广大读者提供丰富的教学资源，以满足网络化及多媒体等现代教学需求，有效提升教学质量。

希望各院校在使用本系列教材的过程中提出宝贵的意见和建议，我们将认真听取，不断完善本系列教材。

编审委员会

前言

随着我国经济的快速发展，城市规模也迅速扩大，城市人口呈现出规模性增长，但在发展的同时，一些问题也随之产生，尤其是城市交通拥堵问题日益严重，这使得大力发展城市轨道交通成为解决城市交通问题的重要手段。

城市轨道交通作用的充分发挥依赖城市轨道交通系统的安全和高效运营，然而城市轨道交通系统设备先进、结构复杂，高新技术的应用越来越普及，要保障这样庞大的系统安全、高效地运营，必须依靠与之协调的高素质的城市轨道交通工作人员，以及相应的规章制度。

“城市轨道交通运营管理规章”是我国职业院校城市轨道交通类专业的一门必修课程，是城市轨道交通从业人员必须学习的课程之一。通过本课程的学习，学生应能掌握城市轨道交通运营管理规章知识，从而与就业接轨。

本书推荐学时如下表所示：

模　块	内　容	学　时
1	城市轨道交通行车组织管理	10
2	城市轨道交通客运组织管理	8
3	城市轨道交通车辆及车辆基地管理	6
4	城市轨道交通设施设备管理	12
5	城市轨道交通运营安全管理	14
总　计		50

本书由陕西筑华机电安装工程有限公司邹斌、陕西交通职业技术学院史望聪任主编，陕西交通职业技术学院赵婧文、张雅娇任副主编。具体编写分工如下：邹斌编写模块 1，赵婧文编写模块 2，张雅娇编写模块 3 和模块 4，史望聪编写模块 5。

由于编者水平有限，书中存在的疏漏和不足之处，敬请广大读者批评指正。

编　者

目 录

模块 1 城市轨道交通行车组织管理

学习目标

(1)了解城市轨道交通对行车组织的要求。

(2)熟悉城市轨道交通行车组织主要岗位工作。

(3)掌握城市轨道交通列车运行调度规范。

(4)掌握城市轨道交通车站行车组织规范。

(5)掌握城市轨道交通车辆基地行车组织规范。

(6)掌握城市轨道交通列车驾驶规范。

学习重点

(1)城市轨道交通列车运行调度规范。

(2)城市轨道交通车站行车组织规范。

(3)城市轨道交通车辆基地行车组织规范。

(4)城市轨道交通列车驾驶规范。

1.1 城市轨道交通行车组织概述

行车组织是城市轨道交通系统完成运营任务的核心，它担负着指挥列车运行、保证行车安全、提高运输效率的主要任务，它的质量直接影响着乘客运输任务的完成情况。

1.1.1 城市轨道交通对行车组织的要求

城市轨道交通对行车组织工作提出了很高的要求，主要表现在以下几个方面：

1. 安全性要求高

由于城市轨道交通，尤其是地下部分空间较小，行车密度较大，故障排除难度大，若发生事故难以救援，将会造成非常严重的损失。因此，保障行车安全是行车组织工作的首要任务。这就对行车组织工作提出了更高的安全性要求。

2. 通过能力要求大

城市轨道交通一般不设站线，进站列车均停在正线上，现行列车停站时间直接影响后续列车接近车站，所以要求信号设备必须满足通过能力的要求。另外，不设站线使得列车正常运行的顺序是固定的，将有利于实现行车调度自动化。

3. 计划性要求强

城市轨道交通行车组织要有完善的行车计划且日常当中要严格遵守，即按图行车。在运营期间，各部门都要以运行图为依据，按照行车组织规划组织列车运行，列车发车时刻、停站时间、发车密度、运行交路等都需要提前制订计划。

4. 可靠性要求高

由于城市轨道交通隧道净空小，且装有带电的接触轨或接触网，行车时不便维修和排除设备故障，因而要求信号设备具有很高的可靠性，应尽量做到平时不维修或少维修。

5. 信号显示要求高

城市轨道交通地面信号机少，地下部分背景暗且不受天气影响，虽然直线地面瞭望条件好，但曲线地段受隧道壁的遮挡，信号显示距离受到限制，所以保证信号显示也是一个重要方面。

6. 自动化程度要求高

城市轨道交通站间距短，列车密度大，行车工作十分频繁，而且地下部分环境潮湿，空气不佳，没有阳光，工作条件差，要求尽量采用自动化程度高的先进技术设备，以减少工作人员的数量，并减轻他们的劳动强度。

7. 限界条件要求严格

受土建限界的制约，城市轨道交通的室外设备及车载设备体积应小，同时必须兼顾施工和维护作业空间。

1.1.2 城市轨道交通系统行车组织的特点

城市轨道交通的信号系统沿袭铁路的制式，但由于其自身的特点，与干线铁路有所不同。城市轨道交通在整个运输生产过程中调车作业甚少，行车组织基本上只从事列车运行组织和接发列车工作，由调度所（或中央控制室）和车站（车场）两级控制完成。城市轨道交通系统的行车组织具有以下特点：

1. 具有完善的列车速度监控功能

城市轨道交通承担的客运量巨大，对行车间隔的要求远高于干线铁路，最短行车间隔可达 1.5 min 甚至更短，因此对列车运行速度监控的要求极高。

2. 联锁关系较简单，但技术要求高

城市轨道交通的大多数车站没有配线，不设道岔，甚至也不设地面信号机，仅在少数有岔联锁站及车辆基地才设置道岔和地面信号机，故联锁设备的监控对象远少于干线铁路车站的监控对象，联锁关系远没有干线铁路复杂，除折返站外，全部作业仅供乘客乘降，非常简单。通常一个控制中心即可实现全线的联锁功能。

城市轨道交通信号自动控制最大的特点是把联锁关系和列车自动防护(automatic train protection，ATP)系统编/发码功能结合在一起，且包含一些特殊的功能，如自动折返、自动进路、紧急关闭、扣车等，增加了技术难度。

3. 车辆基地独立采用联锁设备

城市轨道交通车辆基地的功能类似于干线铁路区段站的功能，包括列车编解、接发列车和频繁的调车作业。车辆基地线路、道岔和信号设备都较多，一般独立采用一套联锁设备。

4. 行车调度自动化水平高

由于城市轨道交通的线路和站间距离较短，列车种类较少，行车规模性很强，因此它的调度系统中通常包含自动排列进路和运行自动调整的功能，自动化强度高，人工介入极少。

1.2 城市轨道交通行车组织主要岗位工作

为了实现安全、正点地行车，城市轨道交通运营企业进行不间断的组织指挥和监督，从而有序地组织运营。城市轨道交通运营企业一般设立不同级别的调度控制中心(operation control center，OCC)，各轨道交通系统可根据自己的具体情况及管理模式设置不同的调度工作岗位，但在控制中心，一般都设置有行车调度员、环控调度员、电力调度员和设备维修调度员等(当然还会设置其他岗位，但以这 4 个岗位为主，故这里只介绍这 4 个岗位)。

1.2.1 行车调度员岗位工作

1. 行车调度员的基本素质

行车调度员应该满足下列基本素质要求：

(1)年满 18 周岁，男性不超过 60 周岁，女性不超过 55 周岁。

(2)身体健康，无精神病史或癫痫史。

(3)双眼裸眼视力不低于 0.8(4.9)或矫正视力不低于 1.0(5.0)，无色盲、色弱，听力正常。

(4)具有大专及以上学历,且具备不少于 1 年的行车值班员、车站站长或列车司机等相关工作经历。

(5)无酗酒、赌博等不良嗜好,无吸毒等违法犯罪记录。

(6)心理健康,具有良好的心理素质和应急反应能力。

(7)具有良好的汉字读写能力,并能熟练地应用普通话交流。

(8)遵章守纪,服从指挥,能严格按照相关规章制度要求工作。

2. 行车调度员的上岗要求

(1)行车调度员上岗前应满足下列要求:

①接受不少于 300 学时的理论知识培训和不少于 3 个月的岗位技能培训。

②通过理论知识考试和岗位技能考试。

③考试合格后,在经验丰富的行车调度员指导和监督下进行操作,时间不少于 1 个月。

(2)行车调度员离开本岗位 6 个月以上应重新经过考试,合格后方可继续上岗。

(3)行车调度员转入不同线路从事调度工作前,应经过学习、考试。

3. 行车调度员的工作职责

(1)负责所辖线路的日常行车组织、指挥工作,按照运营时刻表的要求组织行车,提供安全、准点、舒适、快捷的客运服务。

(2)负责监督、控制所辖线路全线客流变化情况,调集人力、物力和备用车辆,疏导突发大客流;负责组织各种故障、事件、事故情况下的降级运营,协助现场指挥人员做好应急处理工作。

(3)负责组织、实施所辖线路正线、辅助线范围内的行车设备检修及各种施工、工程车运输作业。

(4)负责传达上级有关运营工作的指令,发布调度命令,布置、检查、落实行车工作计划,确保行车工作顺利进行。

(5)负责组织、处理所辖线路运营过程中发生的各种故障、突发事件、事故,及时调整列车运行,尽快恢复正常运营,尽量降低损失和影响。

(6)负责收集、填写所辖线路运营工作有关数据指标,做好原始记录。

(7)负责监控所辖线路行车设备的运行,做好故障记录。

(8)服从值班主任的指挥,与环控调度员、电力调度员、设备维修调度员配合,共同完成行车和施工组织工作。

4. 行车调度员应具备的理论知识

行车调度员应具备的理论知识如表 1-1 所示。

表 1-1 行车调度员应具备的理论知识

序号	类别	项目	要求
1	基础知识	安全基础知识	(1)了解用电安全、消防安全、行车安全和机械结构安全、车辆系统安全等基础知识; (2)了解轨道交通其他辅助系统的基础知识
		相关法律法规知识	了解安全生产法、劳动安全法、消防法和突发事件应对法等国家相关法律法规、部门规章、规范性文件,以及地方性法规和规章
		电子、电工、机械和计算机基础知识	(1)了解仪器仪表、计量、电工、电气和机械结构等基础知识; (2)掌握计算机基本理论
		轨道交通基础知识	(1)掌握城市轨道交通系统原理; (2)了解通信信号、车辆、供电、轨道线路等设施设备基础知识
2	专业知识	行车组织知识	(1)掌握行车组织规则、行车标准用语; (2)掌握列车运行计划编制方法; (3)了解车站站位、客流、换乘流线等基础知识和各级应急预案
		施工组织和设备抢修组织知识	掌握施工组织基础知识和设备抢修组织流程
		调度运作知识	(1)掌握乘务运作基础知识; (2)掌握调度台上各种行车设备功能、简单故障处理及处理流程; (3)熟悉列车运行计划技术特点
		信号知识	掌握行车信号系统的功能,了解信号系统的组成及故障情况下的处理流程
		车辆基地知识	了解车辆基地构成、设施设备功能和运作方法
		车站机电设备知识	掌握车站环控设备、站台门的功能
		通信知识	(1)掌握无线调度系统、专用电话、视频监视系统等通信设备的功能; (2)了解通信系统基本工作原理; (3)掌握行车调度通信系统常规故障的处理流程
		供电知识	了解供电系统基本工作原理
		线路知识	了解行车线路和限界,掌握线网架构、线网密度、线网规模等基础知识
		车辆知识	(1)了解车辆的构成和功能; (2)掌握车辆故障情况下的处理流程
		车站运作和客运组织知识	了解车站运作和客运组织方法

（续表）

序号	类　别	项　目	要　求
3	运营线路知识	行车组织知识	掌握行车组织方法
		安全规章制度	掌握运营单位安全管理相关规定和应急预案
		设施设备知识	(1)掌握牵引供电分区情况； (2)了解供电设备的布局和所辖范围； (3)掌握线路特征及线路附属设施设备的布局和功能； (4)掌握车辆基地线路、设备布局； (5)掌握车站环控设备、站台门布局

5. 行车调度员应具备的岗位技能

行车调度员应具备的岗位技能如表 1-2 所示。

表 1-2　行车调度员应具备的岗位技能

序号	类　别	项　目	要　求
1	基本技能	列车运行计划管理	掌握列车运行计划编制和调整方法，实现按运行计划行车
		调度命令发布	掌握行车标准用语，能够正确完成调度命令的制定和发布
		运营准备和结束工作	掌握运营准备和结束工作流程及内容，能够正确完成运营准备和结束工作
		列车控制系统操作	掌握列车控制系统的操作方法，能够正确完成各项操作指令
		通信设备操作	正确使用无线调度系统、专用电话、视频监视系统等通信设备
		台账填记	掌握运营指标统计、施工登记、行车日志等相关台账填写方法，能够正确完成台账填记工作
		计算机应用	掌握计算机基本操作方法，能够正确使用办公软件
2	专业技能	非正常情况下的行车调度	掌握非正常情况下的行车调度方法，能够正确发布调度命令
		施工组织和设备抢修操作	掌握施工和设备抢修组织方法，能够正确完成施工审批工作、注销工作和设备抢修工作
		应急处置	掌握应急情况下的乘客疏散和应急救援方法，能够正确完成应急情况的信息发布和前期处置

6. 行车调度员工作制度

(1)日常工作制度。日常工作制度包括交接班制度、文件传阅制度、员工大会制度、调班申请制度和卫生轮值制度。

①交接班制度。交接班会在调度工作中具有承上启下的作用，当值调度员必须提前 10 min 到岗，全面了解上一班跟进的工作和本班的工作任务。接班值班主任主持召开交接班会，听取各岗位的汇报，布置本班的工作重点，分配工作任务，并制定具体的工作措施。

②文件传阅制度。当值调度员必须按时传阅最新文件，学习、贯彻文件的相关精神。在传阅文件后，当值调度员应按要求签名并注明日期。

③员工大会制度。每月月初召开一次全体员工大会，总结上个月的工作情况，并布置本月的工作任务，对重点工作内容提出具体要求，同时传达上级（公司或部门）会议精神。

④调班申请制度。调度岗位轮值必须按照排班表进行，遇到特殊情况无法按照排班表上班时，应与相同岗位的同事协商，双方一致同意调班后，由申请人填写调度员调班申请表，经双方值班主任同意后方可调班。

⑤卫生轮值制度。行车调度员应遵守卫生轮值制度，做好卫生工作，保持环境整洁。

(2)安全管理制度。安全管理制度包括安全例会制度、安全检查制度、安全演练制度和事故分析制度。

①安全例会制度。每月月初召开一次安全例会，总结上个月的安全工作情况，对上个月发生的故障、事件和事故的处理方法进行分析与学习，同时布置本月的安全工作任务，对安全工作的重点内容提出具体要求，同时传达上级（公司或部门）安全会议的精神。

②安全检查制度。安全检查制度包括运营前检查制度、每周一查制度、非正班检查制度、消防日查制度和安全大检查制度。

• 运营前检查制度。行车调度员应在每天运营开始前 30 min 检查车站和车辆基地的运营准备情况，填写运营前准备工作检查记录表，并进行一次人机界面（man machine interface，MMI）操作功能检查，发现设备设施故障或其他异常情况时，应做好记录，并及时通知设备维修调度员处理。

• 每周一查制度。安全员每周检查安全培训记录情况、设备运行的安全情况、调度日志（兼交接班簿）记录情况、调度命令记录情况、线路施工作业登记表记录情况、故障及延误报告的填写情况等，发现问题应及时提出，进行整改。

• 非正班检查制度。非正班时间段，控制中心或上级部门领导应不定期对控制中心进行突击抽查，检查各班组的作业纪律、劳动纪律、作业标准化和安全运作情况。

• 消防日查制度。控制中心的消防设施一般由物业管理，应按时对消防设施进行检查。

• 安全大检查制度。在元旦、春节等大节日前对安全网络进行安全大检查，除了日常的安全检查内容外，还包括节假日的运营组织方案和运作命令等。

③安全演练制度。为使行车调度员熟练掌握各种应急方案，提高调度指挥水平，各班组每月至少进行一次桌面演练。此外，各班组还需参加上级部门组织的突击演练。

④事故分析制度。发生事故后，当值班组要进行全面分析，分析不足，总结经验，写出事故处理报告，由控制中心上报部门安全网络；控制中心视情况召集全体成员分析事故的责任，总结经验教训，制定防范措施，防止出现同类事故。

(3)业务培训制度。业务培训制度包括班组学习制度、每日一问制度等。

①班组学习制度。所有行车调度员必须参加培训网络组织的班组学习。学习内容包括规章文件、运营方案和各种故障、事故处理案例。

②每日一问制度。为了检查员工对近期重点工作内容和安全关键点的掌握情况，值班主任每班抽问一名成员，了解班组成员的掌握情况，发现不熟练时要进行有针对性的培训。

(4)书面报告制度。

①运营日报。

• 值班主任每日 7 时前编写运营日报，报告前一天 6 时至当日 6 时运营计划的完成情况。

• 运营日报须送交分公司领导、相关部门领导。

• 运营日报主要包括以下内容：

a. 列车服务情况，包括事故、故障和列车延误及处理等。

b. 当日完成运送客运量、列车开行情况、兑现率及正点率。

c. 列车晚点、清客、下线、抽线、救援、加开等服务情况。

d. 当日施工计划件数及截至 6 时的施工完成件数。

e. 有关工程车、试验列车运行方面的信息。

f. 耗电量(总耗电与牵引耗电)和车站温湿情况。

g. 接待情况说明。

h. 派班员上报的当日运营列车运营里程、空驶里程、载客里程。

• 运营日报的格式按城市轨道交通运营分公司的规定执行。

②故障和延误报告。

• 行车调度员应在行车设备发生故障及造成列车延误时，及时填写故障和延误报告。

• 故障和延误报告应作为编写运营日报原始资料的一部分。

• 故障和延误报告主要包括以下内容：

a. 发生故障的时间、地点、列车编组、报告人员及概况(故障现象)等情况。

b. 发生故障导致行车延误(直接延误、本列延误)、影响情况。

c. 所采用的调整列车运行措施。

d. 恢复正常运作的时间。

③行车事故概况。

• 行车调度员应根据每件行车事故及时填写行车事故概况。

• 行车事故概况按公司规定的时间报分公司安全保卫部。

(5)统计工作制度。

①列车统计。在运营结束后，由行车调度员提供统计数据，值班主任负责进行当日的列车统计分析，并填写运营日报。统计的数据包括以下内容：

• 计划开行列车数。

• 实际开行列数及运行图兑现率。

• 救援列次。

• 清客列次。

• 下线列次。

• 晚点列数和正点率。

• 向车辆基地派班员收集的运营里程(列公里)。

应记录发生晚点的列车原因，并对晚点列车进行分析，晚点原因包括车辆故障、线路故障、供电故障、通信故障、信号故障、客流过多、调度不当及其他等。

②工程车统计。要求对当天工程车开行情况进行统计，内容包括工程车列数、实际进出车辆基地的时间。

③调试列车统计。要求根据当天调试列车开行情况进行统计。

④检修施工作业及统计分析。

- 对上一日正线、辅助线的检修计划件数和完成情况进行统计。
- 对检修施工完成情况进行分析，具体包括以下几项：

a. 各施工单位周计划、日补充计划、临时补修计划件数统计。

b. 检修施工作业请点总件数统计。

c. 各施工单位计划情况、完成情况分析。

1.2.2 环控调度员岗位工作

1. 环控调度员的主要职责

城市轨道交通环控调度员是负责城市轨道交通环境控制系统管理和调度的专职人员，简称环调。

(1)负责全线车站综合监控系统(integrated supervisory control system，ISCS)、火灾自动报警系统(fire alarm system，FAS)、气体灭火系统、给排水/水消防、低压配电、电(扶)梯、屏蔽门等设备的调度和管理工作。

(2)负责指挥通风空调系统，实现安全、高效、经济地运行，为乘客提供安全、舒适的乘车环境。发生火灾时，通过环控设备执行相应的通风模式，协助、配合火灾扑救工作。

(3)环调管理实行集中领导、分级管理制度，建立中央和车站两级管理架构。中央级和车站级是一个不可分割的完整系统，应密切配合，服从统一指挥，树立集体观念，加强管理，严格遵守调度管理制度，执行调度操作规程，以确保整个环控系统正常运行。

(4)环调监控的设备主要是各站的ISCS、FAS、气体灭火系统、各车站(含车辆基地)通风设备和装置、空调、隧道通风设备和装置、各车站制冷系统、车站的屏蔽门、电(扶)梯、低压配电、给排水/水消防等。中央级功能未投入使用时，车站设备实行车站级监控，环调对车站进行统一指挥，通过调度电话收集各系统运行状况信息和进行车站清客，发布调度指令。

(5)环调是通风空调系统运行、操作和事故处理的指挥者，按照特定的调度权限行使指挥权；负责ISCS、FAS、通风空调、气体灭火系统、电(扶)梯、低压配电、给排水/水消防等设备的日常运行、应急处理及故障检修时的运行调整。

(6)中央级(环调)与车站级(行车值班员)的分工。

①车站行车值班员通过综合监控系统，如车站综合后备盘(integrated backup panel，IBP)、FAS工作站等设备系统，进行车站级监控，在IBP盘、ISCS工作站失控时负责按环调的命令进行车站级或就地级控制(如屏蔽门、电扶梯等)。

②车站管理用房和设备用房的通风空调系统由时刻表模式自动调节，涉及全线车站改变时由环调操作；单个车站管理用房需改变时，模式变换、参数设置必须经过环调同意并记

录后进行。

③车站防排烟系统、站厅空调通风系统、站台空调通风系统、隧道通风系统属环调管理，变更其运行状态由环调直接操作。

④车站行车值班员负责通过 FAS 对车站管辖范围内的火灾自动报警进行实时监视，发生火灾报警时应立即报告环调。

⑤在正常运行状态下，环调和车站行车值班员应明确分工，各自负责所辖范围内的系统和设备的运行、操作与监控，各自收集信息，随时了解和掌握各车站设备的运行情况。环调和车站行车值班员通过调度电话保持联系。

(7)车站行车值班员应服从环调的命令，在发生故障和事故时协助环调实施应急处理方案，负责对车站的相关设备进行就地操作。

2. 环控调度员工作制度

环控调控工作制度主要包括日常管理制度，设备检查制度，记录、报告填写制度，数据分析制度，FAS 火灾报警确认制度，环控调度演练制度。

(1)日常管理制度。

①文件传阅制度。

• 当值调度员必须按时传阅最新文件，学习、贯彻文件的相关精神。

• 当值调度员在传阅文件后，应按要求签名并注明日期。

②交接班制度。

• 交接班班组遵照交接班制度认真执行交接班工作。交班班组必须认真将上班重要事情转达给接班班组，保证接班班组清楚上班发生的事情，必要时可记录在交接班记录簿上。

• 交接班的内容如下：

a. 设备及操作设备的运行状态。

b. 设备故障情况。

c. 调度日志、表格、报表、记录填写是否正确、清楚、齐全。

d. 施工检修情况。

e. 可预知的恶劣及灾害天气情况。

f. 上级的指示和文件。

• 在现场出现重大事故和当班重要事项(如演练)未处理完成时，不得进行交接班。

③定期培训、学习制度。

• 必须按照计划参加培训和学习。

• 重视内部培训、学习，结合工作实际情况，达到学以致用的目的。

• 参加每月不少于 2 个工作日、每年不少于 26 个工作日的现场学习，了解现场各相关工作岗位的运作，严格执行控制中心规定的现场学习的相关制度。

• 每 2 个月必须编写一篇故障(事件)处理案例，提高同类故障处理水平。

④每月安全例会制度。每月月初召开一次安全例会，会议包括以下内容：

• 按照分公司规定的安全措施要求指导管辖设备的安全运作。

• 讨论安全工作，确保 OCC 内部安全运作。

• 落实安全检查问题的整改措施。

• 对事件、故障处理能力进行学习、分析、讨论以达到提高的目的。

(2)设备检查制度。

①调度设备功能检查。

• 每日运营开始前 1 h，检测环境与设备监控系统(building automation system，BAS)、FAS 运行情况，检查操作功能是否正常。

• 每日运营开始前 1 h，检查机电设备施工作业情况，测试有施工作业的设备是否恢复。

• 其他设备设施发现故障后，均应做好相应记录，并及时通知设备维修调度员处理。

• 每周进行一次调度电话/无线电试验。

• 调度设备功能检查情况应记录在工作日志上，发现故障应立即组织相关人员及时处理。

②设备运行状态检查。

• 每天环控大系统启动后，逐台检查设备运行状态。

• 每天定期检查大系统运行状态。

• 每天定期检查扶梯运行状态。

• 每天定期检查区间水泵运行状态。

(3)记录、报告填写制度。记录、报告填写制度主要涉及工作日志、事故(事件)处理经过编写制度，环控调度故障记录制度，火灾报警信号确认记录制度，环控设备施工作业登记制度，通过 BAS 记录制度等方面。

①工作日志、事故(事件)处理经过编写制度。

• 当值环控调度员应该将值班期间所发生的主要事情记录在调度工作日志中，以便发现工作中存在的问题，并作为日后修改、完善规章或手册的资料。

• 在处理影响行车、大面积影响客运服务或影响较大的火灾报警后，当值环控调度员应在事故(事件)处理当天编写事故处理经过并交值班主任。

②环控调度故障记录制度。

• 环控调度员必须详细记录所管辖范围内的设备故障处理情况。

• 故障记录主要包括发生故障的时间、地点、故障内容、故障应急措施、故障处理情况及修复时间等。

• 环控调度员对环控设备范围内的故障维修，原则上通过设备维修调度员安排，检修人员应按照设备维修调度的指令及时开展维修和抢修工作。

• 设备维修调度员关于环控调度部分的故障记录可以共享。

③火灾报警信号确认记录制度。

• 火灾报警信号确认记录制度是为了确保火灾报警得到及时确认和便于事后分析火灾报警原因而设置的。

• 记录内容主要包括发生报警的时间、车站、地点、设备编号、现场确认情况、原因分析、复位时间、确认人。

④环控设备施工作业登记制度。

• 凡有计划对环控调度员管辖设备进行拆卸、更换、移位、维修、测试等工作，都必须中断设备使用，检修人员必须在现场与环控调度员请点登记。环控调度员应根据终端设备的影响程度和范围进行审批作业，给出作业编号。作业结束后，检修人员应向环控调度员销点，由环控调度员做好施工登记。

• 不松动电气连接螺钉、不拆断电气连线、不更换配件和不分离机械设备的一般检查、巡视可不登记，环控调度员应清楚检修人员的大概巡视范围，便于人员的调用。

• 登记内容主要包括作业编号、日期、车站、施工作业内容和区域、令号、施工单位、施工负责人、开始时间、结束时间、作业进度等。

⑤通过 BAS 记录制度。环控调度员可根据工作需要通过 BAS 打印全线运行日报表，并在系统发生故障或意外事件时，通过 BAS 查看设备历史启动状态及时间等。车站级运营单位及设备保障单位应定期对 BAS 的数据和信息进行收集、整理、分析、归档。

(4)数据分析制度。

①环控调度员汇总设备运行情况，编制设备运行月报(根据 BAS 工作站报表生成功能)。

②环控调度员每月根据温度(站外、站内、天气预报)等数据绘制温度趋势图。

③环控调度员每周定期从设备维修调度员处统计、跟踪一周未处理故障情况。

(5)FAS 火灾报警确认制度。

①FAS 发出火灾报警信息后，环控调度员必须在 1 min 内与车站值班员或车站控制室取得联系。

②FAS 发出报警信息后，环控调度员必须在 4 min 内确认火灾报警原因。

③在火灾报警信号被确认前，环控调度员必须保持高度的警觉。

④在火灾报警信号被确认前，任何人都不能对报警信号进行复位。

⑤任何火灾报警信息，环控调度员都必须进行记录。

(6)环控调度演练制度。

①为提高调度指挥水平，应制定事故预案，至少每月进行一次内部演练。

②为巩固环控调度员及车站值班员的设备操作能力，提高应急处理能力，应至少每月进行一次联合火灾模式操作演练。

③为提高火灾事故应急处理水平，OCC 应联合车站每年进行一次桌面或模拟火灾事故演练。

3. 环控系统设备运行制度

(1)环控系统设计和运行参数。

①地下站环境运行参数：站台公共区温度不高于 29 ℃，站厅公共区温度不高于 30 ℃。

②地铁隧道内阻塞时列车周围空气平均温度应不大于 40 ℃。

③地铁室内人员的新风要求：空调季节为 12.6 m^3/h • 人，非空调季节为 30 m^3/h • 人。

④空气质量要求：地铁室内含尘应小于 0.5 mg/m^3。

(2)环控系统运行工况。环控系统运行按空调季节和非空调季节进行编制，原则上每年5月1日至10月31日为空调季节，其他时间为非空调季节。

①空调季节车站环控大系统、水系统启动向车站供冷。

②非空调季节车站环控大系统、水系统原则上停机检修。当遇到特殊天气或大型节假日时，环控调度员提前一天通知机电人员按时启动水系统，向车站供冷。

(3)环控大系统(大系统)运行制度。

①地铁车站环控大系统由组合空调机、回排风机及一系列的风阀组成。

②正常情况下车站环控大系统由BAS根据采集到的实时值(例如，室外温度、湿度等)计算目标模式，并将计算结果直接写入前台软件的数据库，自动控制环控大系统运行。

③遇节假日等非正常情况，地铁需要提早、延长或减少服务时间时，由环控调度员根据临时运营时间灵活制定开/关机时间，提前一天以调令形式要求车站在相关系统上手动给定模式。

④日常运营中遇非正常情况，需要临时变更环控大系统运行模式时，由环控调度员根据实际情况决定是否中止正常运行模式，并要求车站在空调通风优化控制软件EnCs系统上人工变更环控大系统运行模式。

⑤车站环控大系统出现故障时，环控调度员应第一时间调度现有的设备来满足车站的通风要求，力求将对乘客服务的影响降到最低。

⑥为避免影响客运服务及运营时间，环控大系统运营时间一般不安排检修作业(故障处理除外)。环控大系统在运营时间检修必须按照检修计划执行。在检修计划范围内，维修人员关停环控大系统设备进行检查时，环控调度员在保证车站通风良好和温湿度达标及在维修人员做好足够防护与制定方案的前提下，可以安排维修人员对局部设备进行检查。

(4)环控小系统(小系统)运行制度。

①环控小系统由空调新风机、小型组合空调机、回排风机及一系列的风阀组成。

②环控小系统设备一般在运营时间内不间断运行，运行模式由BAS根据设定的判断条件自动执行。

③当环控小系统设备出现故障时，环控调度员应组织维修人员尽快恢复，保证设备房的温湿度。

④环控小系统设备需要检修时，如果不影响列车运行及供电，可以在任何时候进行。

(5)车站水系统运行制度。

①车站水系统采用分散式供冷。

②正常情况下车站水系统由环控专业人员根据规定的正常运行时间定时启动和关闭。

③遇节假日等非正常情况，地铁需要提早、延长或减少服务时间时，由环控调度员根据临时运营时间灵活制定开/关机时间，提前一天通知环控专业人员变更水系统开/关机时间。

④日常运营中遇非正常情况，需要临时变更水系统运行模式时，由环控调度员要求车站或环控专业人员在BAS工作站上或现场人工变更运行模式。

⑤车站水系统出现故障时，环控调度员应第一时间调度现有的设备来满足车站的空调要求，力求将对乘客的影响降到最低。

⑥为避免影响客运服务，水系统空调季节运营时间一般不安排检修作业（故障处理除外）。在检修计划范围内，维修人员必须关停水系统设备进行检查时，环控调度员应尽量采取保证车站温湿度达标的模式运行。

(6)隧道通风系统运行制度。

①隧道通风系统的组成。隧道通风系统由每个地下站站内的4台隧道风机、在局部区间设置的事故风机、射流风机和一系列的组合风阀组成。

②隧道通风系统的运行。正常情况下隧道通风系统由BAS根据设定的时间表定时启动和关闭，环控调度员通过中央背投屏监控隧道通风设备按设定时间和设定模式运行。

• 正常运行期间，隧道通风处于活塞风状态，由BAS根据室外气温运行于自然开式通风模式或自然闭式通风模式。当外界焓值大于车站公共区焓值时采用自然闭式通风模式，反之则采用自然开式通风模式。

• 每天5:30和23:00执行早晚通风模式，对隧道及车站进行通风换气，排除积聚在区间隧道内多余的热量及水分。

③隧道通风系统的阻塞运行。列车因意外情况停在区间隧道内时，为确保列车上的乘客有足够的新鲜空气，同时排除列车空调散发的大量热量，必须在列车停车超过4 min后启动隧道通风设备，对隧道进行通风换气。

• 正常情况列车在区间隧道内停车超过2 min，列车自动监控(automatic train supervision，ATS)系统自动发送阻塞信号到BAS。BAS接到阻塞信号0.5 min后自动执行列车阻塞模式(特殊情况除外)。

• 当ATS系统或BAS出现故障不能自动执行时，环控调度员应根据行车调度员的通知在BAS工作站上手动执行相应区间的阻塞模式。

④阻塞情况下通风系统的气流组织原理。阻塞情况下通风系统的气流组织原理如图1-1所示。

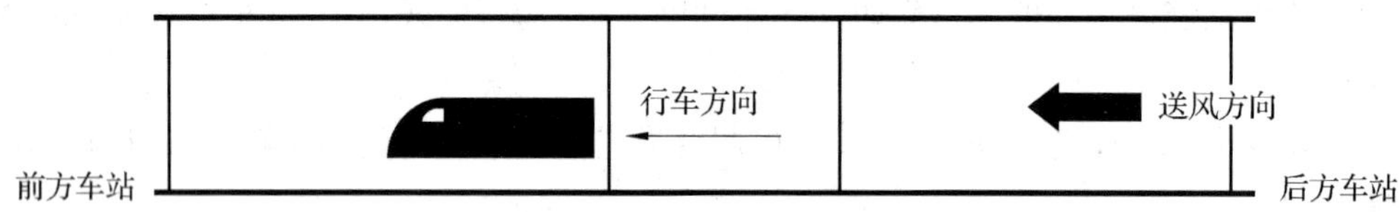

图1-1 阻塞情况下通风系统的气流组织原理

⑤施工作业时隧道通风系统的运行。运营结束后在区间隧道内进行各类施工作业时，由于工程车废气、新风不足或高温等，需要启动隧道风机对隧道进行通风换气。

• 区间隧道作业需要进行隧道通风，必须由施工维修单位在施工作业计划内提出，并由车站值班员在施工作业请点时向环控调度员请点，环控调度员核对施工作业要求后，启动隧道风机予以配合。

• 环控调度员在启动隧道风机前需向施工人员了解情况，然后才能根据施工作业要求启动隧道风机。

⑥隧道通风系统的故障运行。隧道风机也是事故风机，属于保障行车安全的重要设施，

任何时候都必须保障隧道风机的通风排烟功能。一旦隧道通风系统出现故障，环控调度员应第一时间调度现有的设备来满足隧道及车站的排烟能力。

⑦隧道通风系统的操作及保护。

• 人工启动隧道风机时，隧道风机运行时间每次不得少于 10 min，送排风不能直接转换，需先停机后转换，送排风转换间隔时间不得小于 2 min，并且 1 h 内转换不能超过 3 次。

• 施工作业需要启动隧道风机时优先使用模式操作。

• 只有在没有设定自动运行模式的条件下才能使用点对点的操作。

• 为了应付紧急情况，需要车站值班员启动隧道通风系统，车站及 OCC 环控调度员必须配备隧道通风系统模式操作卡，该模式操作卡由机电自动化中心提供。

(7)BAS 设备运行制度。

①BAS 监控城市轨道交通车站及区间隧道的空调和通风设备设施，所有车站的给排水、照明、自动扶梯等车站设备。

②BAS 在 OCC 设有 2 台工作站，一主一备，均具备中央监控功能。

③BAS 在车站车控室与 FAS 有接口，能够直接接受 FAS 救灾指令，将相关系统工况转为防排烟模式。

④BAS 在 OCC 与 ATS 系统有接口，能够直接接受列车区间阻塞信号，将隧道通风系统转为阻塞模式。

⑤BAS 在 OCC 与主时钟有接口，能够自动将系统时间与主时钟进行同步。

⑥BAS 故障的处理。

• BAS 中央与车站的通信中断(脱网)时，应立即将故障情况通报全线车站，命令车站值班员接管控制权，同时组织相关人员进行维修。车站值班员应主动担负起设备状态的监控工作并将设备故障情况及时向环控调度员汇报。

• 车站 BAS 故障，所有设备不能监控时，环控调度员应采取以下措施：

a. 环控调度员应立即命令车站设备操作员将所有环控设备转为环控状态，同时组织相关人员进行维修。

b. 车站值班员应熟悉模式操作卡，遇紧急情况可以立即手动操作。

c. 车站值班员应主动担负起设备状态的监控工作并将设备故障情况及时向环控调度员汇报。

• BAS 设备故障只影响局部或单个设备不能监控时，环控调度员应采取以下措施：

a. 不能监视设备状态时，命令车站设备操作员运营期间每隔 1 h 报告设备运行情况。

b. 不能控制设备时，命令车站设备操作员接管该设备的控制权，遇紧急情况时立即命令车站值班员进行就地操作。

(8)FAS 设备运行制度。

①FAS 系统中央与车站通信中断时，环控调度员应采取以下措施：

• 命令车站值班员每小时不少于 1 次对车站重要区域和重要设备房进行巡查，通过无线调度电话随时与环控调度员联系。

• 组织相关人员进行维修。

• 车站值班员应主动担负起设备状态的监控工作并将设备故障情况及时向环控调度员汇报。

②车站 FAS 系统故障，不能监视本站时，环控调度员应采取以下措施：

• 命令车站值班员定时对车站重要区域和重要设备房进行巡查，通过无线调度电话随时与环控调度员联系。

• 组织相关人员进行抢修。

• 车站值班员应主动担负起设备状态的监控工作并将设备故障情况及时向环控调度员汇报。

• 一旦遇到火灾发生，应立即手动执行相应的火灾模式，并确认相关设备是否联动。

③FAS 设备故障只影响局部或单个设备不能监控时，环控调度员应采取以下措施：

• 局部区域不能监视时，命令车站设备操作员运营期间每隔 1 h 巡检该区域 1 次。

• 组织相关人员维修。

• 一旦遇到火灾发生，应立即手动执行相应的火灾模式，并确认相关设备是否联动。

④FAS 设备故障一旦影响车站和不能监控火灾报警情况，均属于严重故障，必须及时组织人员进行抢修。

(9)其他消防设备运行制度。对于气体灭火系统设备、水消防设备、事故风机等设备由设备保障部门定期检修、定期维护，保证系统及设备完好，有故障应及时处理，设备运行状态发生改变必须征得环控调度员的同意。

(10)车站照明设备运行制度。车站照明设备由 BAS 进行监控，在运营开始前自动打开，运营结束后自动关闭。环控调度员应根据运营时间的变更，及时调整开关灯时间表。

(11)车站电梯及扶梯运行制度。环控调度员通过 BAS 监视车站电梯及扶梯的运行，意外停机的电梯及扶梯须在规定时间内检查确认并恢复运行。

(12)车站及区间给排水系统设备运行制度。BAS 能够监视车站及区间排水泵的运行状态，集水池的水位报警。环控调度员负责实时监视区间高水位报警。

4. 火灾发生时的调度

(1)火灾事故调度的一般原则。

①环控调度员在接到火灾报警后，应沉着冷静，根据火灾现场报告信息尽快做出分析判断。对于含糊不清的信息，应询问清楚。

②环控调度员应将情况立即报告给值班主任，由值班主任制定应急方案，并向各调度员下达命令。各调度员应在值班主任的指挥下，协同进行相应的调度作业。

③环控调度员应根据应急方案向有关车站设备值班员下达人员疏散、送排风、事故风机运行、灭火作业等相关命令。

④环控调度员应随时与在火灾现场的人员保持联系，及时掌握现场动态和救灾活动并将其及时通报值班主任。

(2)车站站厅或站台发生火灾的处理。

①站厅或站台发生火灾时环控大系统要立即执行站厅火灾模式或站台火灾模式。

②站厅或站台发生火灾时车站所有环控小系统设备执行全停模式，防止串烟。

③当 FAS、BAS 能够自动执行火灾模式时，应采用联动执行方式执行火灾模式。

④当确认火灾发生后 2 min 内 BAS 未能自动执行火灾模式时，环控调度员应在工作站上或通知车站手动执行火灾模式。

(3)车站设备用房发生火灾的处理。

①设备区分不同的防火排烟分区，当发生火灾时环控小系统要执行对应的防火排烟分区的火灾模式。

②设备区发生的火灾如果不影响环控大系统运行，环控大系统正常运行。

③当设备区发生火灾的区域或部位影响到环控大系统运行时，应根据受影响情况关闭部分环控大系统。

④当设备区火灾严重影响车站供电或设备运行时，应立即停止所有环控大、小系统的运行，但必须尽量执行对应的环控小系统火灾模式。

⑤重要机电设备房或车站牵引、降压变电所等电力房间或设备发生火灾时，自动灭火系统启动灭火程序进行灭火。自动灭火系统喷气前必须关闭该区域的所有防火阀。

(4)列车发生火灾的处理。

①列车在车站轨道内发生火灾，环控运行模式应按站台火灾进行处理。

• 环控调度员立即在工作站上手动执行环控大系统站台火灾模式，环控小系统执行全停模式。

• 环控调度员立即在工作站上手动执行隧道通风系统车站隧道火灾模式。

②列车在区间隧道发生火灾。

• 一旦列车发生火灾并停在区间内，环控调度员必须配合行车组织进行操作，不能单独完成。

• 列车在区间内发生火灾时隧道风机运行的原则。

a. 列车在行驶中发生火灾，司机在向 OCC 或车站报告的同时，应尽量将列车开往前方车站停靠，列车到站后按列车在车站站台内发生火灾的程序处理。

b. 列车在区间无法行驶，并且乘客疏散路径为单向时，环控调度员应立即启动该站预设的隧道风机运行模式向隧道送风，同时该站成为火灾主要现场，一切救灾措施以该站为主，另外一端车站事故风机启动预设的排烟模式。

c. 当乘客疏散路径为双向时，环控调度员应立即按预设的隧道风机运行模式启动隧道风机。

d. 当环控调度员无法判断列车火灾位置时应立即按与行车方向一致的方向送风。

e. 一旦列车在区间内发生火灾，环控调度员必须紧密联系现场，尽量了解现场情况，确保指令发布的正确性。

• 车站环控大、小系统维持正常运行模式不变。

• 区间火灾产生的烟雾向站台蔓延时应停止车站环控大系统的排风，保持车站处于正压状态。

• 设备区发生串烟时，环控小系统执行全停模式。

1.2.3　电力调度员岗位工作

1. 电力调度员的职责

(1)在值班主任的领导下,负责所辖范围内的供电生产工作,按值班主任的要求协助处理突发事件。

(2)认真贯彻执行有关规章、制度、命令和上级指示。

(3)执行供电协议有关条文。

(4)执行供电系统的运行方式,制定事故情况下的供电运行模式。

(5)对电力调度员管辖范围内的设备进行操作管理。

(6)按照《施工行车通告》的要求审核所辖设备检修计划并批准这些设备的检修计划。

(7)根据《施工行车通告》和日补充计划、临时补修计划的要求,组织设备的检修和施工,并负责审核工作票和填写操作票。

(8)指挥供电系统内的事故处理,参加事故分析,制定系统安全运行的措施。

(9)负责对供电系统的电压调整、继电保护、安全自动装置设备进行运行管理。执行继电保护及自动装置的运行、更改方案。

(10)收集整理本系统的运行资料并进行分析,总结交流调度运行工作经验,不断提高系统调度运行和管理水平。

2. 电力调度员值班制度

(1)电力调度员在值班期间是城市轨道交通供电系统调度、运行、操作和事故处理的指挥者,要树立安全第一的思想,指挥人员协调工作,使系统安全、经济地运行。

(2)电力调度员在值班期间要严肃认真、集中精力,密切监视系统运行的情况,做好事故预想,迅速、正确地处理事故,完成调度值班工作。

(3)严格执行各种规章制度,贯彻上级指示,遵守保密和汇报制度。

(4)全面掌握系统运行情况,审核及执行施工计划、工作票,并根据系统现场情况决定运行方式,处理系统设备的异常及事故。

(5)负责向上级汇报系统运行情况及存在的问题。

(6)填写系统运行日志和运行日报表。

(7)电力调度员必须按时交接班,交接班时应严肃、认真,接班者应提前 10 min 到控制大厅查阅各项记录,了解系统情况。

(8)交接班的内容如下:

①设备检修、试验、投入运营、操作的进行情况。

②系统运行方式的变更及事故的发生与处理过程。

③继电保护和自动装置变动情况。

④检查各种运行日志、表格、报表、记录运行模拟图是否正确、清楚、齐全。

⑤上级的指示和文件。

⑥运行中有关的注意事项。

(9)交接班以交接班记录簿和各种记录为依据。因为交班内容错漏而造成的后果,由交班者负责;若已有记录,接班后遗漏处理而发生责任问题,则由接班者负责。

(10)在处理事故或进行复杂的操作时,不得进行交接班,待处理完毕或告一段落后,方可交接班。若在交接班过程中发生事故,则应立即停止交接班,由交班电力调度员指挥处理,接班电力调度员应主动协助。

3. 电力调度管理要求

(1)电力调度员接受上级供电部门电力调度员的指挥并正确执行其指令。值班电力调度员是供电系统调度管辖范围内运行操作和事故处理的指挥人,必须正确地对下级运行值班人员发布调度指令。

(2)值班电力调度员发布的调度操作指令,运行值班人员必须立即执行。当运行值班人员认为所接受的指令不正确时,应向值班电力调度员提出意见,值班电力调度员重复其指令时,运行值班人员必须迅速执行;当执行该项指令将直接威胁人身或设备的安全时,运行值班人员可以拒绝执行,并将拒绝执行的理由报告有关领导。无上述情况,有意不执行或拖延执行调度指令者,一切后果由受令者和允许不执行该指令的领导人负责。决不允许无故拒绝执行调度指令、破坏调度纪律、有意虚报或隐瞒情况的现象发生,若有发生,则追究责任、严肃处理。

(3)凡属电力调度员管辖范围的设备,未得到值班电力调度员的指令,各有关运行值班人员不得擅自进行操作或改变其运行状态(对人身或设备安全有严重威胁者除外,但在操作后应立即向值班电力调度员报告)。

(4)一般情况下,上级领导人员发布的一切有关调度业务的指令,应通过主管领导传达给值班电力调度员。特殊情况下,值班电力调度员可直接接受和执行指令,同时应尽快报告主管领导。

(5)当电力调度员管辖范围内的设备发生异常运行情况时,运行值班人员应立即报告值班电力调度员。值班电力调度员除及时采取措施外,对上述情况应做好记录并向有关领导汇报。

(6)电力调度员联系调度管辖范围内的调度业务、下达调度和事故处理指令时,必须与运行值班人员互报单位、姓名,使用统一的调度术语和操作术语,并严格执行发令、复诵、汇报、录音和记录等规定。

(7)变电站运行值班人员在本站存在设备缺陷的情况下,按缺陷处理流程执行,值班电力调度员在综合本系统运行情况后,必要时向有关领导汇报。

(8)供电系统内发生设备故障和异常运行情况时,应按调度管辖范围迅速逐级汇报,并按照故障处理流程执行。

(9)电力调度员在独立值班前,应经培训和考试合格,持证上岗,电力调度中心书面通知各有关单位。

4. 电力调度作业规范

(1)电力调度员在改变系统运行方式或倒闸操作前,应充分考虑该操作对系统运行是否安全，能否保证城市轨道交通牵引供电的可靠性和灵活性及各车站Ⅰ、Ⅱ类负荷的正常供电。

(2)电力调度员值班期间负责调整系统供电电压，使电压负荷供电标准——35 kV电压不能超过±5%，力求达到安全经济运行。

(3)电力调度员应根据运行情况合理投入或退出自动装置及继电保护。

(4)停用电压互感器时，电力调度员必须考虑对继电保护、自动装置和表计的影响。

(5)为保证调度操作的正确性，操作时均应执行双重称号和复诵制度；在调度联系时必须做好记录，发布命令时必须使用调度电话。

(6)进行倒闸操作，电力调度员应提前10 min通知施工人员做好操作准备。严禁约时停/送电、装拆接地线、开工检修和竣工送电。

(7)电力调度员、运行值班人员进行倒闸工作的过程中，应严格遵守发令、复诵、记录、汇报等程序，并使用调度标准用语。

(8)电力调度员在审核工作票和填写倒闸操作令时，要对照控制机PC界面逐项检查，不得主观臆测。发现疑问或对设备运行状态不清楚时，应与现场人员联系，共同核实设备的运行状态，以保证正确操作。

(9)电力调度员在决定系统倒闸操作前，应充分考虑对运行方式、列车牵引供电、车站负荷的影响，在得到现场操作完毕的汇报后，应及时核对模拟屏、PC界面的显示状态。

(10)电力调度员在组织维修施工作业前，应将所有的停电作业申请进行综合安排，审查作业内容和安全措施，确保施工计划中供电安排的停电范围正确无误。

5. 电力调度操作管理要求

(1)系统操作管理要求。

①当主变电站内的一台主变压器故障时，切除该故障变压器及主变电站供电区域内的三级负荷，合上该主变电站35 kV母联断路器，由另一台主变压器承担该主变电站供电区域内的一、二级负荷供电，可根据当时的负荷情况恢复车站三级负荷的供电。

②当主变电站的一路110 kV进线电缆故障时，切除该故障电缆，同时合上35 kV母线分段开关断路器。由主变电站的一路110 kV进线电缆带一台主变压器运行，一台主变压器承担该主变电站供电区域内的一、二级负荷供电，可根据当时的负荷情况恢复车站三级负荷的供电。

③降压变电所或牵引降压混合变电所一路35 kV进线电缆故障时，切除该故障电缆，合上该降压变电所或牵引降压混合变电所的35 kV母联断路器，恢复供电。

④降压变电所或牵引降压混合变电所内一台35/0.4 kV的变压器故障时，切除该变压器及该变电所供电区域内的三级负荷，合上0.4 kV母联断路器，由该变电所内另一台35/0.4 kV变压器承担该变电所供电区域内的一、二级负荷供电。

⑤牵引降压混合变电所内的两套整流机组故障时，切除该所内的两套整流机组，由相邻的牵引降压混合变电所通过该所的直流母排进行越区供电。

(2)断路器操作管理要求。

①电力调度员操作前应确认断路器性能良好。

②断路器合闸前，电力调度员应确认继电保护已按规定投入，断路器合/分闸后，应确认三相均接通或断开。合闸后自动装置应已按规定设置。变电所的值班人员在倒闸操作后必须到断路器现场确认断路器位置。

③装有电动操作的断路器，必须使用电动操作，当电动操作拒动时，可以采用机械按钮或紧急手柄进行分闸操作。

④电动操作断路器的操作电源在断路器检修时必须断开。

⑤停电操作顺序：先断开断路器，后断开隔离开关，先断负荷侧，后断电源侧，送电时与此顺序相反。

(3)隔离开关操作管理要求。

①隔离开关在合上或拉开前，必须检查和它相对应的断路器已在断开位置，设备停电时，先断开断路器，再断开隔离开关，最后拉母线隔离开关。复位时，先合母线隔离开关，再合线路隔离开关，最后合断路器。严防带负荷拉隔离开关。

②运行值班人员在隔离开关操作前及操作后，都应检查各相刀片的实际开闭位置。

③合上隔离开关必须迅速、准确地一次开闭到底，中途不得停留和发生冲击。

④除允许使用隔离开关拉合电压互感器、避雷器、空载母线、不超过 10 km 长的空载线路外，严禁用隔离开关切断或合上带负荷的线路及设备。

(4)母线操作管理要求。

①用断路器向母线充电时，应使断路器继电保护处于良好状态。迫不得已用隔离开关向母线充电时，必须检查确认母线绝缘正常。

②用断路器向母线充电前，应将空母线上只能用隔离开关充电的附属设备(如压互、避雷器等)先行投入。

(5)高压供电网线路操作管理要求。

①接触网线路检修后，送电前除有特殊规定外，一般不予以摇测绝缘。

②停用中的电缆超过一个星期但不满一个月时，在重新投入运行前应用摇表测量绝缘电阻。若有疑问须进行直流高压试验，检查绝缘是否良好；停电超过一个月但不满一年时，必须进行直流高压试验。

③对环网线路送电时，一般先合上送电端断路器，再合上受电端断路器，停电时顺序相反。

④线路送电时，断路器必须具备完善的继电保护。

(6)变压器操作管理要求。

①变压器并列操作条件。变压器并列操作条件为接线组别相同、变比相同、短路电压相等。

②变压器进行倒换操作时，在检查并入的变压器确实带上负荷后，才允许操作要停用的变压器。

③变压器投入运营时，一般先对电源侧充电再合上负荷侧断路器，停电时，应先切开负荷侧断路器，后切开电源侧断路器。

④新投产或大修后的变压器投入运行时，对可能造成相位变动者应先进行核相。

⑤车站动力变压器不允许并联运行。

⑥更改变压器(非有载调压)的运行分接头必须停电进行,并在测量三相直流电阻合格后方可将变压器投入。

(7)电压调整管理要求。

①供电系统 110 kV 进线电压波动必须在正负绝对值之和小于额定电压值的 10%范围内。非正常情况下,电压允许偏差为±10%。若电压变化超出上述范围,电力调度员必须及时通知供电局调度员采取措施。

②供电系统电压调整方法。供电系统电压调整方法包括供电局 110 kV 电压调整、主变电所主变压器 35 kV 有载调压、牵引所和降压所变压器无载调压、电力调度员优先采用有载调压进行电压调整。

③无载分接变压器,当分接头变换时,应先停电后操作。

④有载调压变压器要求。

• 有载分接开关投入前,应确保油枕油位正常,无渗漏油,控制箱防潮良好,用手动操作一个(升降)循环,档位指示与计数器应正确动作,极限位置的闭锁应可靠,手动与电动控制的联锁亦应可靠。

• 有载分接开关的电动控制应正确无误、电压可靠,各接线端子接触良好,驱动电机转动正常,转向正确。

• 有载分接开关的电动控制回路应设置电流闭锁装置,其电流整定值为主变压器额定电流的 1.2 倍,电流继电器返回系数应大于或等于 0.9。当采用自动调压时,主控盘上必须有动作计数器。

• 新装或大修后有载分接开关应在变压器空载运行时,在电动操作按钮及手动操作按钮试操作一个循环。

• 电力调度员应根据电压变化情况及时做出调整,每次操作应认真检查电压、电流变化情况,并做好记录。

• 值班人员进行分接开关操作时,在操作前后注意检查瓦斯保护是否动作,若瓦斯保护动作则应停止操作,分析原因,进行处理。

• 有载分接开关可进行自动操作或非自动操作,当非自动操作完毕后,必须打回自动位,以防止电压波幅过大。每次手动调节抽头后必须暂停至少 5 min,而且检查没有报警等异常情况后才可以进行下一次的调节,严禁连续地调节抽头。

⑤牵引所、降压所变压器无载调压由供电中心提出计划报电力调度员批准后停电执行。

1.2.4 设备维修调度员岗位工作

1. 设备维修调度员的工作职责

(1)接收物资设施部设施设备和自动售检票(automatic fare collection,AFC)系统故障(事故)报告,并记录有关情况。

(2)对接收的物资设施部设施设备的故障(事故)报告信息进行初步分析判断,报相关部

门并向各中心发布设备维修调度命令；同时跟踪设备维修调度命令的执行情况，对故障（事故）处理过程中发生的各类事项进行必要的协调。

（3）在故障（事故）处理完成后，向各有关部门通报处理情况并记录。

（4）对物资设施系统设施设备的故障（事故）进行分类、分析、统计，按时填写物资设施部故障（事故）分析日（月）报，并报物资设施部。

（5）校核物资设施部管理范围内的维修计划，并协调、配合计划实施，监督、跟踪作业令执行与完成情况，对作业令的执行进行必要的协调；对计划完成情况进行统计，将统计结果报物资设施部。

（6）合理调配工程抢险用车和其他用车。

（7）协助 OCC 主任（值班主任）校核检修计划和临时计划。

（8）处理业务范围内的其他工作。

2. 设备维修计划的制订

（1）设备维修计划的分类。这里按照时间对设备维修计划进行分类，设备维修计划可分为月计划、日补充计划、临时补修计划。

①月计划。对行车设备进行检查、维修、客车调试工作，应加强计划性。对于下列情况中属正常修程内的应提报月计划（月计划应结合运营部门设备检修计划编制）：

- 工作量大、条件复杂、运行线路上必须封锁线路的施工作业。
- 对行车影响较大的施工作业。
- 必须由施工列车配合的施工作业。
- 运营时间内在车站公共区域进行的影响运营服务的施工检修作业。
- 其他需要以书面形式申报的施工检修作业。

②日补充计划。对于未列入月计划的，因设备检修需要，应提报日补充计划。

③临时补修计划。运营时间对设备进行临时抢修后还未完全达到设备的正常运行功能，须在停运后继续设备维修的作业为临时补修计划。

（2）设备维修计划申报程序。

①每月 18 日上午 12:00 前，按照相关规定向客运部施工管理工程师报工程车及调试电客车开行计划；每月 19 日上午 12:00 前，客运部施工管理工程师将工程车及调试电客车开行计划的协调结果通知相关部门、中心的相关人员；每月 21 日 17:00 前，各部门、中心将下月所有申报的施工计划报客运部施工管理工程师，月施工计划申报表包括作业日期、作业部门、作业时间、作业区域、作业内容、供电安排、施工负责人、联系电话、防护措施、备注（主站、列车编组、配合部门及内容等）。

②日补充计划应于工作开始前一天的 12:00 以前，由办公室基地管理员、物资设施部设备维修调度员、车辆部调度协理员收集、调整、汇总后向客运部申报。

③属于 B3/C2 类的作业，不需要提报计划，施工负责人直接与基地信号楼调度员/车站行车值班员联系并登记，经基地信号楼调度员/车站行车值班员同意后开始施工。

外单位在实施属于 B3/C2 类的作业的施工时，必须按外单位作业申请程序的要求办理施工许可手续，凭对口专业管理部门签发的外单位施工作业许可单，在对口专业管理部门的协助下，方可到信号楼/车站办理相关施工申请。

④外单位作业申请程序。

• 外单位申报施工作业到运营部门对口专业管理部门办理，外单位的施工负责人必须是运营部门的专派人员。

• 由对口专业管理部门负责与施工单位签订施工安全、防火、治安协议书并报安保部备案。

• 以上手续完备之后才能进行申报计划，找配合部门配合。

• 对口专业管理部门负责协助申报施工作业计划。

• 长期(签订合同一年及以上)委外单位可参照运营部门内部各单位的施工执行，但施工负责人必须经对口专业管理部门安全教育培训合格。

(3)设备维修计划的编制。

①设备维修计划编制原则。

• 月维修作业计划应在确保安全的前提下，考虑均衡安排，避免集中作业。

• 处理好列车的开行时间和密度、施工封锁等方面的关系，避免抢时、争点现象，原则上车与车、人与车需有一个安全区间或安全站台。

• 为方便施工单位作业，月维修作业计划内各项作业应注明维修日期、作业起止时间、作业内容、作业区域、安全事项和其他应说明的问题，以及列车编组、行车计划、配合部门及详细配合要求、联系电话等。

• 经济、合理地使用机车车辆，避免浪费资源。

②设备维修计划编制审批程序。

• 月计划。

a. 每月 24 日 9:00，由施工计划协调工作小组组长召开施工计划协调会，根据提报计划的情况，组织相关部门协调。

b. 协调月计划时，对于安全上有特殊要求和规定的，在施工计划协调会议上提出讨论确定。月计划中应明确说明施工作业起止时间、地点。

c. 由客运部根据月施工计划协调会议的结果编制《施工行车通告》，经分管运营的副总经理或副总经理授权的领导签字后于每月月末发布到各专业中心，并且一经发布，若无特殊情况，不得随意修改。

d. 遇节假日顺延或提前，具体时间在上月的施工协调会议上确定。

• 日补充计划。

a. 日补充计划应于工作开始前一天的 12:00 以前，周六、周日和下周一的日补充计划应在周五的 12:00 前由办公室基地管理员、物资设施部设备维修调度员、车辆部检修调度协理员按部门分工并取得配合单位同意后，向客运部施工管理工程师申报，填写维修施工日补充计划表，如表 1-3 所示。

表 1-3 维修施工日补充计划表

YYZL/GL—行调—004

提报单位:________ ________年____月____日

作业日期	作业部门	作业时间	作业区域	作业内容	供电安排	申报人	防护措施	施工负责人	配合部门及配合要求	备注

审批人:

注 1:本表一式两份。

注 2:工程车运行计划时间列入备注栏。

注 3:施工负责人栏内须列明联系电话。

b. 客运部施工管理工程师接到申报后,应综合平衡安排,再由控制中心值班主任进行审批。接触网停送电应由电力调度员审核后再由控制中心值班主任进行审批。审批之后于提报当日的15:30前返还到施工管理工程师处。施工管理工程师于提报当日的16:00前通知各申报部门(特殊情况除外)。如果施工作业影响的范围广、涉及的部门多、存在难以解决的问题,施工单位应事先提出专题方案,由分公司分管领导召开方案协调会,最后定出具体的施工方案。

c. 日补充计划要在月计划的基础上进行安排,以提高月计划的兑现率。日补充计划申报的作业项目原则上不得超过同期同类月计划内日作业项目的20%。月计划因特殊情况需要变动的,以计划变更表(见表1-4)的形式提报。

表 1-4 计划变更表

YYZL/GL—行调—005

作业代码		作业部门	作业时间	作业内容	作业区域	供电安排	施工负责人	防护措施	备注
	变更前								
	变更后								
	变更前								
	变更后								
	变更前								
	变更后								

d. 日补充计划中应明确说明施工作业请销点的时间、作业地点、施工负责人。

e. 日补充计划原则上无工程车开行、正线电客车调试和接触网停送电的要求。

• 临时补修计划。临时补修计划由办公室基地管理员、物资设施部设备维修调度员、车辆部检修调度协理员向控制中心值班主任申报。控制中心值班主任对临时补修计划应及时优先安排,不受月计划和日补充计划的限制。

遇影响正线行车的事故,须将抢修恢复行车设备的作业安排为临时抢修。

3. 设备维修安全管理制度

(1)每项属于A类、B类、C类(B3、C2类除外)的作业均需设立1名施工负责人,辅站另设施工联络人。属于B3、C2类的作业需指定1名人员负责施工及施工安全管理。

(2)施工防护。

①接触网停电检修或需接触网停电配合挂地线时,由供电操作人员负责在该作业地段两端挂接地线。设置红闪灯的位置应在挂接地线的外方。

②站内线路施工时,由施工负责人在车站两端头轨道上设置红闪灯防护(特殊情况下,昼间高架车站派专人使用红色信号旗或红牌进行防护,以下同)。

③在站间线路施工时,除施工部门设置防护外,车站还负责在该施工地段两端车站的端墙门处设置红闪灯防护(遇特殊情况因曲线或建筑物遮挡影响瞭望时,防护信号设置地点可适当外移,但具体位置应在《车站行车工作细则》中明确,以下同)。施工前,由请点车站设置红闪灯,并通知作业区另一端车站值班员放置红闪灯防护。施工结束后,车站撤除红闪灯,并通知作业区另一端车站值班员撤除红闪灯。跨越站内站间时,车站应在车站内另一端墙门处设置红闪灯防护。

④下轨行区作业的人员应做好自身安全防护,固定作业地点的作业,施工单位负责在施工区域两端的轨道中央设置防护信号或派专人防护,轨道或设备巡检作业可以不在施工区域两端设置红闪灯防护,但施工区域两端的车站应做好防护,必要时在端墙门处设置红闪灯进行防护。

⑤车站值班人员到站台检查红闪灯是否按规定摆放,并检查红闪灯状态是否良好,同时需要对设置的红闪灯是否按规定摆放、状态是否良好进行不定期检查。

⑥基地内的设备检修施工和防护的有关规定按《基地运作办法》中的规定执行。特别注明,在试车线的隧道内进行施工作业时应在隧道口的线路中央放上防护信号进行隧道内的防护。施工负责人安排人员到隧道口对防护措施状态是否良好进行不定期检查。

⑦凡在运营时间内进行作业的,必须做好防护措施,确保地铁乘客的安全,最大限度地减少对乘客的影响。

⑧在运营结束后,如果当晚没有工程车开行,车站可以不设置红闪灯等防护措施进行防护,但施工单位自身要做好安全防护措施。

⑨施工作业时除严格执行以上规定及运营部门相关安全规定外,还要按施工部门有关施工操作程序的防护规定执行。

⑩特殊情况下,多家施工单位进入同一封锁区间内施工的,由主要施工单位负责防护和请、销点,主要施工单位由施工计划协调小组指定。

(3)为保证施工作业安全,遇下列情况,应将线路封锁并限定施工时间:

①工程车或调试列车在一个区段多次往返运行时。

②网轨检测车在测试区段或钢轨打磨车在打磨区段运行时。

③对于更换钢轨(接触网)施工项目,无论有无工程车开行,均须将所占用线路封锁,且封锁区段内只准有一项施工作业进行。

(4)施工安全。

①人、工程车在同一区域作业时,由施工负责人统一负责;需要动车时,由施工负责人向车长(司机)下达指令,司机按正确的指令执行。

• 按施工前进方向,列车在前,人员在后,原则上不得颠倒或列车运行前后皆有作业。

• 非随车施工人员与列车应有 50 m 以上的安全间隔距离,原则上列车不得随便后退;需要退行时,车长(司机)应听从现场施工负责人的指挥,按要求退行,确保人身安全。

• 作业人员应在自己现场作业区来车方向设置红闪灯防护。

②多个作业区域开行工程车作业时,在工程车运行的前方必须保证至少有一个站台区或站间区间空闲。

③凡进入线路施工的施工作业人员(包括外单位作业人员),必须按要求穿荧光衣,并根据作业性质及作业要求使用其他安全防护用品。

④施工单位在作业期间需要接触网停电或接触网停电挂地线的,应在施工申请表中明确提出配合要求,施工请点时要确认接触网已停电才能开始作业。如无停电要求,接触网一律视为带电体。

⑤施工作业过程中若要进行动火作业,必须按照有关规定办理动火令,严禁在无动火令的情况下进行动火作业。

⑥委外项目施工由对口专业管理部门负责安全管理、安全监督。

4. 设备维修组织制度

(1)对维修、调试、施工等作业按性质、地点分别组织。

①A 类作业须经行车调度员批准方可进行。

②B 类施工作业经信号楼调度员同意方可进行,若影响正线行车须报行车调度员批准。

③对于 C 类作业,运营部门内部的施工项目经车站值班站长(行车值班员)批准方可施工,外部单位施工作业按外单位工程施工作业管理流程进行,经车站值班站长(行车值班员)批准方可施工。

(2)各施工单位及部门的施工、检查作业,必须严格控制作业区范围及作业时间,外单位在城市轨道交通范围内进行施工时需向对口专业管理部门申报施工计划,最终得到批准后,凭施工计划向安保部申请办理施工人员临时出入证。

(3)施工人员进出站规定。

①施工负责人持作业令在作业令规定施工开始时间前 15 min 到达主站,施工联络人及维修人员在作业令规定施工开始时间前 10 min 到达辅站和相关车站,按规定程序办理施工作业手续。

②施工作业人员于关站前 10 min 进站。因工作需要确需关站后进入的,应与车站联系,车站根据联系的地点、时间,查验施工作业令和相关证件后开门放行。

(4)请点规定。

①属于 A 类的作业,施工负责人在作业令规定施工开始时间前 15 min 到车站填写施工登记表(见表 1-5)请点,由车站报行车调度员备案,当线路出清后行车调度员通知车站,车站值班员传达允许施工的命令,请点生效,可以施工。

表 1-5　车站施工登记表

______年____月____日　　　　　　　　　　　　　　YYZL/GL—行调—006

<table>
<tr><td rowspan="6">请点登记栏</td><td>作业项目</td><td colspan="2"></td><td>作业区域</td><td colspan="2"></td></tr>
<tr><td>作业代码</td><td></td><td>作业单位</td><td></td><td></td><td>共　人进场</td></tr>
<tr><td>施工负责人</td><td></td><td>证件号码</td><td></td><td>计划作业时间</td><td>时　分起
时　分讫</td></tr>
<tr><td>安全措施</td><td colspan="5"></td></tr>
<tr><td colspan="3">辅站</td><td colspan="3">主站</td></tr>
<tr><td colspan="3">接________站值班员通知本项作业已获行车调度员________批准，于________时________分至________时________分在所申报作业区域内进行，施工承认号码________。

车站值班员签署：
施工联络人签署：</td><td colspan="3">本项作业已由本站报 OCC 行车调度员备案，并获行车调度员________批准，于________时________分至________时________分在所申报作业区域内进行，施工承认号码____________，并已知会辅站________。

车站值班员签署：
施工负责人签署：</td></tr>
<tr><td rowspan="3">销点登记栏</td><td colspan="3">辅站</td><td colspan="3">主站</td></tr>
<tr><td colspan="3" rowspan="2">本作业点的作业已结束，并于________时________分出清作业区域(本作业点所有有关人员已撤离，有关设备已恢复正常，工器具、物料已撤走)。

施工联络人签署：
车站值班员签署：</td><td colspan="3">本项作业已结束，并于________时________分出清作业区域(所有本项作业各作业点有关人员已撤离，有关设备已恢复正常，工器具、物料已撤走)。

施工负责人签署：</td></tr>
<tr><td colspan="3">接施工负责人/________站值班员通知本项作业已结束并出清作业区域，由本人于________时________分报告行车调度员________销点。

车站值班员签署：</td></tr>
<tr><td>备注</td><td colspan="6"></td></tr>
</table>

注 1：一项作业只由一个车站进场施工时，该站视为主站。

注 2：向原请点站电话销点时在辅站栏填写。

②属于 A 类作业，但需由多个车站进入施工的作业项目，施工负责人除到主站办理外，还需核实辅站情况。辅站施工联络人在作业令规定施工开始时间前 10 min 到达辅站办理登记手续，辅站值班员向主站值班员核实施工事项并请点。主站接到行车调度员允许施工的命令后，传达给施工负责人及辅站。辅站值班员允许施工联络人开始该作业点的施工。

③属于 B 类的作业，施工负责人到信号楼调度员处填写施工登记表请点，经信号楼调度

员同意便可施工(基地内进行影响正线行车的作业应经行车调度员批准)。

④属于C类的作业,经批准,施工负责人到车站登记请点。

⑤作业区域同时包含正线和基地线路时,施工部门到信号楼调度员处请点,信号楼调度员在审核批准该项施工作业后,还须向行车调度员请点,征得同意后方可允许施工部门施工。

⑥有外单位作业时,由指定的施工配合部门人员协助办理请点后方可开始作业。

⑦作业请点站(主站)须持外单位作业许可单、施工负责人合格证、出入证、作业令原件(运营部门内部作业部门作业时主站可用复印件或传真件),辅站登记可用作业令复印件(传真件)。

(5)销点规定。

①A类作业,施工作业地点仅一个站的,施工负责人在施工区域出清完毕后报车站,由车站向行车调度员销点。

②B、C类作业施工完毕后,施工负责人确认施工区域出清后到基地信号楼调度员处或车站行车值班员处销点。

③属于上述请点规定中的第⑤项的施工的销点,施工负责人在施工区域出清完毕后,向基地销点,基地在办理销点手续时必须同时向行车调度员办理销点。

④当多站销点时,辅站施工联络人负责本段线路出清并报施工负责人后,在辅站销点。辅站值班员向主站值班员销点,施工负责人确认该项作业区域全部出清后,方可报主站值班员销点,主站值班员向行车调度员销点。

⑤需异地销点的施工作业,施工负责人(联络人)应在车站施工登记表备注栏中注明异地销点的地点、人数。登记进入施工的车站要及时通知异地销点的车站值班员。

⑥当施工作业只有一组人员进行,需异地销点时,销点的时间不得超过《施工行车通告》上规定的时间,作业结束后,施工负责人向销点站登记销点,销点站与施工负责人核对销点的施工内容、施工人数、施工地点全部无误后,记录施工负责人有效证件、姓名、作业令号码、作业人数等,并向请点站核对无误后准予销点,销点站向请点站销完点后还负责向行车调度员报告销点。

⑦当施工作业有多组人员进行,需异地销点时,销点的时间不得超过《施工行车通告》上规定的时间。作业结束后,由施工负责人统一向在主站登记的销点站登记销点,销点站与施工负责人核对销点的施工内容、施工人数、施工地点全部无误后,记录施工负责人有效证件、姓名、作业令号码、作业人数等,并向请点站核对无误后准予销点,销点站向请点站销完点后还负责向行车调度员报告销点。

1.3 城市轨道交通列车运行调度规范

城市轨道交通系统组成复杂、技术密集,各工作环节紧密联系、协同动作,因此城市轨道交通系统必须实行集中领导、统一指挥。运输调度是城市轨道交通系统日常运输工作的指挥中枢，凡与运输有关的各部门、各工种都必须在运输调度的统一指挥下进行日常生产活动。

1.3.1 城市轨道交通列车运行调度基本规定

在进行城市轨道交通列车运行调度时，应遵循以下基本规定：

(1)运营单位应根据运营线路路网规模，设置一个或多个运营控制中心，承担日常运营调度指挥工作。

(2)运营单位应根据运营业务的需要，合理设置运营控制中心岗位，明确岗位工作职责和技能要求，制订各岗位工作计划和流程。

(3)运营单位应根据线路设计运能、客流需求和设备技术条件绘制列车运行图，并应明确开行列车数、首末班车的时间、区间运行时间、列车停站时间、列车折返时间等参数，以及运行限速、列车运行交路等技术要求。

(4)运营单位应根据城市轨道交通沿线乘客出行规律及变化，以及路网其他相关线路的列车运行情况，及时调整和优化列车运行图。

(5)列车运行调度的管理层次宜分为一级和二级两个指挥层级，二级服从一级指挥。一级指挥为运营控制中心值班主任、行车调度员、电力调度员、环控调度员和维修调度员等；二级指挥为行车值班员、车辆基地调度员等。各岗位人员应根据职责开展工作，并服从运营控制中心值班主任协调和指挥。

(6)运营控制中心人员职责应包括以下内容：

①值班主任负责统一协调和管理，完成调度指挥任务，协调解决运行中出现的问题。在非正常情况和应急情况下，决策并组织执行应急处置方案等。

②行车调度员负责组织实施正线及辅助线的行车组织作业等。

③电力调度员负责正线及车辆基地供电设备的监控、供电系统施工作业管理等。

④环控调度员负责FAS系统的中心级监控，车站环控设备及隧道通风系统的中心级监控等。

⑤设备维修调度员负责组织实施车站、正线及辅助线等设施设备的检查、维修、施工作业的组织实施等。

(7)行车调度工作应遵守以下基本规则：

①指挥列车运行的命令和口头指示只能由行车调度员发布。

②行车调度员发布命令时，在车站由行车值班员或指定人员负责传达，在车辆基地由车辆基地调度员负责传达。

③行车调度员同时向多个车站行车值班员发布调度命令时，指定其中一名行车值班员复诵，其他行车值班员核对，确保无误。

(8)行车调度员应做好以下工作：

①检查各站执行列车运行图和行车相关施工计划的情况，及时发布行车命令和口头指示；行车调度员在发布命令前，应准确了解、掌握现场情况。

②严格按列车运行图指挥行车，发生非正常情况或应急情况时，按照预案及时、准确地处置，保障运营安全。

③监控列车在车站到发及区间内的运行情况，及时、准确地处理临时发生的问题，防止列车运行事故发生。

④必要时可授权实行降级控制，保证列车运行安全。

(9)当信号设备发生故障不能正常使用时，行车调度员发布调度命令停止基本闭塞法，采用电话闭塞法组织行车，列车司机以人工驾驶模式驾驶列车运行，相关操作应满足以下要求：

①行车调度员发布停止基本闭塞法，改用电话闭塞法组织行车命令前，应确认电话闭塞区段内全部列车到站停稳，且电话闭塞区段内所有区间空闲。

②行车值班员应将承认闭塞、列车出清站线、取消闭塞等情况记入行车日志。

③行车值班员应准确填写路票，确认无误并加盖站名印后，交由列车司机作为行车凭证。

④列车凭路票占用区间，一个区间只允许一列车运行。

⑤行车调度员确认设备已恢复正常并测试完毕后，方可取消电话闭塞。

⑥行车调度员应先向车站发布取消电话闭塞的调度命令，再向列车司机发布取消电话闭塞的调度命令。

(10)发生火灾时，调度员应按照应急预案进行如下操作：

①环控调度员应执行相应的通风排烟模式。

②行车调度员应指挥列车运行，及时疏散乘客，调整后续列车运行。

③电力调度员应切断牵引电流和设备电流，保证排烟系统的电源供应，监视供电设备和电缆的状态，防止乘客触电。

④设备维修调度员应启动抢修工作。

(11)列车在区间发生火灾时，若列车能继续运行，则应继续运行至就近车站并及时疏散乘客；若列车无法继续运行被迫在区间停车，则列车司机应按调度命令组织乘客就地疏散。

1.3.2 城市轨道交通调度命令制度

1. 对调度命令和口头指示的要求

(1)行车调度员发布调度命令时，在正线由车站值班站长(值班员)负责传达(口头命令行车调度员直接传达给列车司机，列车司机复诵核对)，传达给列车司机或其他有关人员的书面命令应加盖车站行车专用章。

(2)发布调度命令前必须做到以下事项：

①严格执行《行车组织规则》的相关规定，详细了解现场情况，听取有关人员的意见。

②按调度命令固定格式(见表1-6)要求书写并先拟后发。

③掌握好发布调度命令的时机，为缩短抄送命令的时间，可先发内容、号码，后发发令时间、行车调度员代码。

表 1-6 调度命令固定格式

______年______月______日______时______分

受令处所		命令号码	行车调度员姓名
		×××	×××
内容			

行车专用章______ 车站值班站长______

(3)行车调度员在日常工作中,为了确保安全、高效地进行调度指挥,提高沟通技巧、工作效率,确保调度指令能够迅速准确地下达和执行,必须使用标准调度用语。调度用语要求如下:

①调度工作用语使用普通话,严禁使用其他方言。

②受话者必须复诵,严禁使用"明白""清楚"代替。

③说话者吐字清晰,语速适中。

(4)行车调度员标准日常调度用语。

①施工调度用语。

• 办理施工请点,应按以下规定进行交流:

a. 同意施工请点时,行车调度员对车站:"作业代码××,作业单位××,作业地点××～××(车站)上/下行区间,作业时间×时×分～×时×分,同意××××(作业代码)计划请点作业。施工承认号××,同意作业时间×时×分～×时×分,行车调度员×××(工作号)。"

b. 请点备案时,行车调度员对车站:"作业代码××,作业单位××,作业地点××～××(车站)上/下行区间,作业时间×时×分～×时×分。××作业已备案,施工承认号××,同意作业时间,正式请点时再给行车调度员工作号。"

c. 不同意施工请点时,行车调度员对车站:"作业区域不具备安全条件(如未停电/未挂地线/须让道给工程车路过)。××(作业代码)作业等行车调度员通知。"

• 同意施工延迟销点时,行车调度员对车站:"同意××(施工承认号、作业代码)施工作业延迟到×时×分销点。行车调度员×××(工作号)。"

• 办理施工销点时,行车调度员对车站:"(确认线路出清后)同意××号(施工承认号、作业代码)施工销点,销点时间×时×分。行车调度员×××(工作号)。"

• 巡道作业销点时,行车调度员对巡道人员:"××～××(车站)线路情况怎么样?(线路正常时,巡道人员答:线路正常,可以行车。线路异常时,巡道人员如实报告情况)。"

②列车调整调度用语。

• 扣车。扣车时应按以下规定进行交流:

a. 由行车调度员扣车时,对车站:"(因××原因)××××次在××站上/下行站台由行车调度员扣车,(×时×分开)。行车调度员×××(工作号)。"

b. 由车站扣车时,对车站:"(因××原因)××站,××××次由你站扣停在上/下行站台(×时×分开)。行车调度员×××(工作号)。"

c. 行车调度员对司机："(因××原因)××××次在××站上/下行站台扣车(×时×分开)。行车调度员×××(工作号)。"

• 放行。放行时应按以下规定进行交流：

a. 由行车调度员放行时，对车站："××站上/下行站台的××××次由行车调度员取消扣车(×时×分开)。行车调度员×××(工作号)。"

b. 由车站立即放行时，对车站："××站，由你站立即取消上/下行站台的××××次扣车。行车调度员×××(工作号)。"

c. 行车调度员对列车司机："××××次司机，××站上/下行站台(××站～××站上/下行线)取消扣车(×时×分开)。行车调度员×××(工作号)。"

• 列车越站。列车越站时应按以下规定进行交流：

a. 行车调度员对车站："(因××原因)××××次在××站或至××站上/下行不停站通过，各站做好客运服务。行车调度员×××(工作号)。"

b. 行车调度员对列车司机："(因××原因)××××次在××站(或至××站)上/下行不停站通过，到××站待令/到××站退出(投入)服务，(做好乘客广播)注意安全。行车调度员×××(工作号)。"

• 晚点时，行车调度员对车站："(因××原因)××××次在××站上/下行晚点××分。行车调度员×××(工作号)。"

• 列车增加停站时间，行车调度员对列车司机："(因××原因)××××次/所有列车在××站(或至××站)上/下行多停××秒。行车调度员×××(工作号)。"

• 紧急停车，行车调度员对列车司机："××××次司机，立即紧急停车。行车调度员×××(工作号)。"

③联锁设备操作用语。

• 控制权的交接。

a. 正常情况下，行车调度员执行"交出控制"命令后对车站："××站接收控制权(负责监控联锁区内列车的运行)。行车调度员×××(工作号)。"

b. 行车调度员收回控制权："××站交出控制权。行车调度员×××(工作号)。"

• 紧急情况下，行车调度员对车站："××站强行站控，负责监控联锁区内列车的运行/使用××××(安全相关命令)操作×××(区段/信号机/道岔号码)，注意安全。行车调度员×××(工作号)。"

• 车站接收控制权情况下，授权操作安全相关命令，行车调度员对车站："××站，使用××××(安全相关命令)操作×××(区段/信号机/道岔号码)，注意安全。行车调度员×××(工作号)。"

④加开备用车用语。

• 行车调度员对车站："(因××原因)××站～××站上/下行加开××××次载客服务，××××次××站发车时间为×时×分。行车调度员×××(工作号)。"

• 行车调度员对司机："(因××原因)××站～××站上/下行线加开××××次，××××次在××站发车时间为×时×分。行车调度员×××(工作号)。"

• 行车调度员对派班室："（因××原因），××站～××站加开××××次，××××次××站发车时间为×时×分。行车调度员×××（工作号）。"

⑤列车改变驾驶模式用语。

• 行车调度员对司机。

a. RM 模式动车："××××次列车以 RM 模式动车，收到速度码后，恢复正常模式驾驶。行车调度员×××（工作号）。"

b. RM 模式运行："××××次列车以 RM 模式运行到××站（越过××信号机/轨道区段），接收到速度编码时，恢复 ATO 模式驾驶。行车调度员×××（工作号）。"

c. SM 模式运行（驾驶培训等）："××××次列车以 SM 模式，从××站运行到××站。行车调度员×××（工作号）。"

d. URM 模式运行，由车站添乘监控员时："××××次以 URM 模式运行到××站，在××站添乘监控员。命令号×××，行车调度员×××（工作号）。"

e. URM 模式运行，由副司机担任监控员时："××××次以 URM 模式运行到××站，由副司机担任监控员。行车调度员×××（工作号）。"

• 需转换 URM 模式监控运行时，行车调度员对车站："因××故障，××××次需以 URM 模式运行到××站，由你站派出 URM 监控员添乘。命令号×××，行车调度员×××（工作号）。"

⑥运营信息的收集与通报用语。

• 应急（重大故障/事件/事故）信息的收集/通报。

a. 行车调度员对车站/司机："××站/司机，请报告事件概况[内容包括发生时间（时/分）、地点、车次/车组号、概况及初步原因、设备损坏情况、是否需要救援等]。"

b. 行车调度员向值班主任报告："×时×分，××××次，在××站～××站上/下行线××（km）+××（m），发生××事（其他包括概况及初步原因、设备损坏情况、是否需要救援等）。"

• 故障信息的收集/通报。

a. 行车调度员向设备维修调度/检调报故障："×时×分，在××（车站/设备房/区间），××设备（××××次，车底是××）发生××（故障名称或等级）故障，影响××（范围及程度）。行车调度员×××（工作号）。"

b. 发布影响运营的设备故障（如信号故障/车门故障）信息，行车调度员对车站："××站～××站，因××设备故障，请各站做好客运服务。行车调度员×××（工作号）。"

c. 发布影响运营的设备故障（如信号故障/车门故障）信息，行车调度员对司机："各司机请注意（必要时'点名'），因××设备故障，请做好相关客运服务。行车调度员×××（工作号）。"

d. AFC 设备需要使用降级模式，行车调度员对车站："××站～××站，××站 AFC 设备现在使用降级模式，请各站做好配合。行车调度员×××（工作号）。"

• 使用纸票时，行车调度员对车站："××站～××站，××站现在出售纸票，请各站做好配合。行车调度员×××（工作号）。"

2. 调度命令的发布规定

调度命令的发布会因地域和城市轨道交通公司的不同而有所区别，这里以某城市轨道交通企业的调度命令发布为例进行介绍。

(1)发布口头命令的内容。发布口头命令的内容包括临时加开或停开列车(包括客车、工程车及救援列车)，客车推进运行、退行和工程车退行，若采用 RM/URM 列车驾驶模式，列车救援时，列车中途清客，变更列车进路。

(2)发布书面命令的内容(特殊情况下可先用口头命令，事后补发书面命令)。发布书面命令的内容包括发布线路限速或取消限速、封锁或开通线路、行车调度员认为有必要记录的命令。

(3)调度命令号码。值班主任为 101～199，行车调度为 201～299，信号楼调度为 301～399，电力调度的变电所倒闸命令为 401～499、接触网倒闸命令为 501～599、施工作业令为 601～699，环控调度为 701～799。

1.3.3 城市轨道交通列车运行组织的程序

1. 运营服务前的准备工作

运营服务前的准备工作是保证安全运营的前提，通过对技术设备、运营人员、车辆状况进行检查，达到开始运营的条件，才能维护正常的运营秩序。

(1)行车调度员根据正线施工作业一览表检查当晚所有的维修施工及调试作业是否完毕并已销点；线路巡视工作已完成并符合行车条件方可进行后续的运营前的准备工作。

(2)运营前 30 min，行车调度员应检查各车站信号楼运营前的准备工作。各车站值班站长(值班员)、信号楼调度员及派班员应及时向行车调度员进行汇报。

①车站值班站长(值班员)的汇报内容。

• 运营线路是否空闲、施工是否结束、线路是否出清、是否有防护、行车设备是否正常。

• 行车设备、备品是否齐全完好，正线上红闪灯等各种临时防护设施是否已经撤除并按要求摆放好。

• 相关人员到岗情况。

• 道岔功能是否正常，站台有无异物侵入限界。

②信号楼调度员的汇报内容。

• 当日使用列车、备用列车安排情况，信号楼调度传真列车出场顺序表。

• 设备运行情况。

• 人员到岗情况。

③派班员的汇报内容。司机配备及就位情况。

(3)试验进路、道岔的要求。

①行车调度员接到巡视完毕报告，确认线路出清后，通知联锁车站可以进行相关操作(试验进路、道岔)，并把相关信号设置为自排/追踪状态，行车调度员检查相关结果。

②若在试验期间发现异常，行车调度员应及时通知设备维修调度员，派人检查抢修；无

法修复时，应立即采取应急措施，尽可能把对运营的影响降到最小。

(4)确认当日列车运行图并核对时间的要求。

①根据运作命令的要求执行相应列车运行图。

②在每天运营前行车调度员用全呼功能与车站值班员、信号楼调度员、派班员核对当日列车运行图及钟表时间，说明相关注意事项。

2. 运营服务

(1)调度首班列车要求。

①行车调度员应严格按照列车运行图指挥行车，按时组织列车进入正线，到达指定位置。

②开行首班列车时，要求司机按照限速以监督下的人工模式驾驶，加强瞭望，注意线路情况。

(2)铺画列车实际运行图。

①根据《行车组织规则》中的有关规定，向各报点站(报点站根据《行车组织规则》规定)收点后，铺画列车实际运行图。

②按特定的符号铺画实际运行图。

(3)调整列车运行。正常情况下，列车的运行由列车 ATS 系统自动调整，必要时，行车调度员可人工介入，关闭列车自动调整功能，人工修改列车的运行时分、停站时分和折返时分，进行列车运行调整。行车调度员人工修改列车的运行时分、停站时分和折返时分的值必须在系统给出的缺省值的范围内。当列车发生早点时，行车调度员可以在 MMI 上扣车或通知联锁车站操作扣车，适当延长列车的站停时分，使列车在本站正点开出。当列车发生晚点时，列车在车站停稳后，行车调度员可以在 MMI 上取消列车的停车点，减少列车停站时分。此外，在确保安全的前提下，行车调度员还可以采用站前折返、备用列车顶替晚点列车、列车中途折返、抽线、单线双向运行、反方向运行等各种灵活的调整方法来调整列车运行。

3. 结束运营服务和列车回库安排

(1)结束运营服务。

①行车调度员根据列车运行图，组织尾班车正点运行，尾班列车禁止早点开出。

②密切关注相关大客流车站的关站情况，做好尾班车的客运服务工作。

(2)列车回库安排。列车回库时，按列车运行图的要求，下行或上行列车都可以按顺序进入车场。备用车最后回车场。

1.4 城市轨道交通车站行车组织规范

城市轨道交通车站行车组织工作包括监督行车设备运转状态、收集信息并上报运营控制中心、执行行车调度员命令调整列车运行、与列车司机执行联控措施等。

1.4.1 城市轨道交通车站行车组织的基本规定

城市轨道交通车站行车组织的基本规定包括以下内容：

(1)运营单位应制定车站行车工作细则，内容应包括车站技术设备的使用、管理，接发列车、调车及与行车有关的客运工作组织，技术作业程序和作业时间，并附车站线路平面图、联锁图表及接触网(轨)分段绝缘器位置等技术资料。

(2)车站应将车站行车工作细则按专业岗位摘录分发；车站行车工作相关人员应遵守车站行车工作细则的规定。

(3)车站实行层级负责制，宜分为站长、值班站长、行车值班员、车站客运服务人员。

(4)站长代表运营单位在车站行使属地管理权，应做好以下工作：

①组织领导车站员工开展工作，根据工作目标和工作要求制订车站工作计划。

②全面负责车站的安全管理工作，定期组织开展车站安全宣传、安全教育和安全检查，落实车站安全隐患的整改措施。

③全面负责车站的客运服务工作，监督指导车站客运服务人员，为乘客提供优质服务。

(5)值班站长应服从站长的领导，并做好以下工作：

①组织本班员工开展工作，及时按照程序要求向站长汇报工作情况。

②负责本班的车站运营组织工作，服从运营控制中心调度员的指挥，组织执行相关调度命令。

③负责本班的安全工作，车站发生突发事件时，根据应急预案和上级指令及时采取措施。

④负责本班的服务工作，监督指导车站客运服务人员，为乘客提供优质服务。

⑤负责巡视、检查车站设施设备的状况，发现故障、异常情况及时处理和报告。

(6)行车值班员应服从值班站长的领导，并做好以下工作：

①开展车站行车组织工作，服从行车调度员的指挥，执行相关调度命令。

②负责操作、监控车站相关行车设施设备，监视乘客乘降，掌握车站客流情况，发现故障、异常情况时及时与调度员进行联系，按有关程序处理和报告。

③负责车站施工作业登记及施工安全管理。

④负责记录交接班事项和其他需要记录的事项。

(7)车站应设置售票人员、站厅巡视人员、站台巡视人员等岗位，其职责如下：

①售票人员负责售票，处理与乘客相关的票务事务，填写票务报表，负责售票厅内设备、备品的管理。

②站厅巡视人员负责巡视站厅区域内的消防设备、乘客信息服务设备、AFC设备、标志标识、照明设备、电梯、自动扶梯等服务设施设备及可疑物品，注意乘客进出站情况，及时主动向有需要的乘客提供服务。

③站台巡视人员负责巡视站台区域内的消防设备、乘客信息服务设备、标志标识、照明设备、电梯、自动扶梯、屏蔽门(安全门)、站台候车椅等服务设施设备及可疑物品；负责按站

台接发列车规范接发列车，监视列车运行状态、乘客候车及上下车状态，提醒乘客注意安全，进行乘客疏导，及时处理站台区域发生的突发事件，及时主动地向有需要的乘客提供服务。

(8)列车停站时分超过规定时间时，车站行车值班员应向行车调度员报告。

(9)列车到站进行折返作业时，列车司机应按车站行车工作细则作业。

(10)信号系统出现故障时，车站可根据行车调度员的命令准备列车进路，办理接发列车手续。

1.4.2 城市轨道交通车站行车作业的基本要求

车站日常运输工作的目标是合理运用技术设备，按列车运行图接发列车，质量良好地完成运输任务，确保行车安全与乘客安全。车站行车组织工作在实现上述目标的过程中起着核心作用。车站行车作业的基本要求如下：

(1)执行命令，听从指挥。严格执行单一指挥制，车站行车工作由车站行车值班员统一指挥。列车在车站时，所有乘务人员应在车站行车值班员指挥下进行工作。车站行车值班员应认真执行行车调度员的命令和上级领导的指示。

(2)遵章守纪，按图行车。认真执行行车规章制度，遵守各项劳动纪律。办理作业正确、及时，严防错办和漏办，严禁违章作业。当班时必须精神集中、服装整洁、佩戴标志，保证车站安全、不间断地按列车运行图接发列车。

(3)作业联系及时、准确。联系各种行车事宜时，必须程序正确、用语规范、内容完整，严防误听、误解和臆测行事。

(4)接发列车目迎目送。接发列车须严肃认真、姿势端正。认真做好看、听、闻，确保列车安全运行。

(5)行车表报填写齐全。行车表报包括各种行车凭证、行车日志和登记簿。行车凭证有路票、绿色许可证、红色许可证和调度命令等，登记簿有调度命令登记簿、检修施工登记簿和交接班登记簿等。应按规定的内容、格式认真填写各种行车表报，保持完整、整洁。

1.4.3 城市轨道交通车站行车作业制度

为了加强车站行车作业组织规范性，必须建立和健全各项行车作业制度，做到行车作业制度化、程序化、标准化。车站行车作业的制度主要有车站行车值班员岗位责任制度、交接班制度、检修施工登记制度、道岔擦拭制度、巡视检查制度和行车事故处理制度等。

1. 车站行车值班员岗位责任制度

车站行车作业实行单一指挥制，车站行车值班员是车站行车作业的组织者和指挥者。根据行车作业的需要，车站还可设置助理车站行车值班员，但在采用列车自动控制(automatic train control，ATC)系统时，一般不设该岗位。

(1)车站行车值班员的岗位职责。车站行车值班员的岗位职责如下：

①执行行车调度员的命令和指示，统一指挥车站的行车作业。

②监视行车控制台的进路开通方向、道岔位置及信号显示，监视列车的运行状态和乘客

的乘降情况。

③在实行车站控制时，按列车运行图及行车调度员下达的列车运行计划完成闭塞、排列进路、开闭信号、接发列车任务。

④填写行车凭证和其他各种行车表报。

⑤办理设备检修施工登记。

⑥组织交接班工作。

(2)助理车站行车值班员的岗位职责。助理车站行车值班员的岗位职责如下：

①接送列车和监护列车运行。

②交递调度命令及行车凭证。

③通过手信号发车。

④组织现场调车作业。

⑤进行站线巡视和协助乘客乘降。

在不设助理车站行车值班员岗位时，上述职责由站台服务人员等承担。

2. 交接班制度

车站行车值班员交班时，应将列车运行和设备状态、上级指示和命令及完成情况等填记在交接班登记簿上，并口头向接班车站行车值班员交代清楚。

车站行车值班员接班时，要了解列车的运行情况，对行车设备、备品、报表进行检查后，签认接班。内、外勤车站行车值班员实行对口交接。

3. 检修施工登记制度

针对各项检修施工作业，车站行车值班员应根据检修施工计划向检修施工负责人交代有关注意事项后进行访客登记。凡影响行车作业的临时设备抢修，均要与行车调度员联系报告作业时间并获取同意后，方可登记。检修施工作业结束后，行车设备经试验并确认技术状态良好后，方可签认注销。

4. 道岔擦拭制度

道岔必须由专人负责定期擦拭。擦拭道岔必须与行车调度员联系，办理控制权下放手续。擦拭道岔时，车站控制室要有人监护，不准随意扳动道岔。擦拭道岔的人员一律穿绝缘鞋，携带防护用具。擦拭前施放木楔，无关人员不得擅自进入道岔区；如需换道岔，室内监护人员应与现场擦拭人员联系，说明道岔号码及定、反位，现场擦拭人员要离开岔道。道岔擦拭完毕，要认真清理现场，清点工具，撤除木楔，并检查有无妨碍列车运行及道岔转换的物品；试验道岔并确认连好后，与行车调度员办理控制权上交手续，有关按钮由信号人员加封并做好记录；填写道岔擦拭登记簿。

5. 巡视检查制度

送电前，车站行车值班员应进行站线巡视，检查线路上有无影响列车运行的异物。对站内检修施工后的现场进行巡视检查，查看是否符合检修施工登记注销情况。检查行车控制台是否有异常情况。

6. 行车事故处理制度

发生行车事故后，车站行车值班员应立即采取有效措施进行处理，同时向行车调度员及有关部门报告；认真记录事故发生的时间、地点、列车车次、车号、有关人员姓名及人员伤亡和设备损坏情况；赶赴现场，查找人证与物证，并做好记录；清理现场，尽快开通线路；对责任行车事故，应认真找出原因，提出处理意见，制定防范措施。

1.4.4 城市轨道交通车站接发列车作业制度

由于我国城市轨道交通信号系统普遍采用中央级控制，实行列车自动驾驶（automatic train operation，ATO）运行，城市轨道交通车站原则上不办理接发列车作业，只对列车运行情况进行监视，负责向 OCC 报点和各站间相互报点，当发生意外事件时，向 OCC 请示，经同意后暂不报点；站台站务员按有关规定迎送列车。只有在信号联锁发生故障，需人工排列进路组织列车运行及列车开到区间因故障要退回车站等特殊情况下，才进行接发列车作业。

1. 车站接发列车作业环节

一般来说，城市轨道交通车站接发列车的基本程序包括办理闭塞、布置与准备进路、开（闭）信号或交接凭证、迎送列车、开通区间 5 个步骤。具体接发列车作业程序与信号联锁设备及其状态有关。

（1）办理闭塞。闭塞的实质是同一区间在同一时间内只允许一列车占用。办理闭塞实际上就是使出发列车取得占用区间的许可权。

（2）布置与准备进路。

①接发列车进路的划分。进路是指列车运行或调车作业走行的路径，前者称为列车进路，后者称为调车进路。调车进路可分为接车进路、发车进路或通过进路。

• 接车进路。列车接入停车时，由进站信号机（或进站方向进路防护信号机）起至接车线末端警冲标或出站信号机（或另一端进路防护信号机）止的一段线路称为接车进路。

• 发车进路。列车发出时，该列车通过的车站两端进站信号机（或进路防护信号机）间的一段线路称为发车进路。

• 通过进路。列车通过时，该列车通过的车站两端进站信号机（或进路防护信号机）间的一段线路称为通过进路。

②进路的布置。在城市轨道交通系统中，接发列车的关键是正确、及时地准备好列车进路，值班站长或车站行车值班员必须亲自布置并确认进路准备妥当。布置进路时，一定要确定车次和列车占用线路情况。当车站一端有两个及以上列车运行方向或双线反方向行车时，还应确定方向。

③准备进路。准备进路与联锁设备有关。

• 采用电气集中联锁与计算机联锁准备进路时，按顺序按压进路始、终端按钮，道岔即自动转换并锁闭进路，进路一次性排列完毕，同时还能防护该进路的信号机自动开放。

• ATS 子系统能根据列车运行图自动排列进路、开放信号。当中央 ATS 系统出现故障时，可通过计算机联锁区域操作员工作站（local operator workstation，LOW）人工排列进路。

• 联锁全部发生故障或停电时，需要人工手摇道岔准备进路。

(3)开(闭)信号或交接凭证。

①开(闭)信号。当集中联锁站接发列车进路准备好后，信号自动开放。由于轨道电路的作用，当机车或车辆第一轮对越过信号机后，信号自动关闭。引导信号(含人工引导信号)应在列车头部越过信号机(或引导人员)后及时关闭(或收回)。

②交接凭证。这里所说的凭证是指发车信号机显示的进路信号以外的“证件”，如路票、列车进入封锁区间的调度命令等。交接凭证时要认真检查是否正确，注意安全，一般应停车交付。收回凭证后，要确认凭证是否正确，并及时注销保管。

(4)迎送列车。站台接发列车作业人员应在《车站行车工作细则》规定的地点立岗迎送列车，注意列车运行状态，发现危及行车安全的情况时立即采取紧急措施。

(5)开通区间。与办理自动闭塞相对应，接发列车作业完毕后，半自动闭塞区间和电话闭塞须开通区间，使区间恢复空闲，保证不间断地接发列车。半自动闭塞区间开通区间时，由区间两端站车站行车值班员拉出闭塞按钮或按压复原按钮，区间两端站的闭塞表示灯熄灭，即表示区间开通。

2. 车站接发列车作业程序及用语

中央信号联锁发生故障，联锁站联锁设备良好时，需人工在计算机联锁 LOW 上排列进路，在 ATP 下以 ATO 模式或 SM 模式运行，此时联锁站需办理接发列车作业。

(1)联锁站的接车作业程序及用语如表 1-7 所示。

表 1-7　联锁站的接车作业程序及用语

作业程序	作业程序细化及用语		站台站务员	说明事项
	值班站长	LOW 操作员(行车值班员)		
接车预告	(1)根据行车日志和 LOW 显示确认接车线路空闲； (2)听取发车站预告“××次预告”并复诵，通知 LOW 操作员“排列××次接车进路”			
准备进路、开放信号	(4)确认接车进路防护信号开放正确后，复诵“进路防护信号好了”，并通知发车站	(3)听取值班站长“排列××次接车进路”后，在 LOW 上排列列车进路，确认进路防护信号开放后口呼“进路防护信号好了”		

（续表）

作业程序	作业程序细化及用语		站台站务员	说明事项
	值班站长	LOW 操作员（行车值班员）		
	（办理发车作业程序）			（列车通过）
接车	（5）听取发车站报点，复诵并填写行车日志		（7）站台站务员复诵“××次开过来，准备接车”，并立岗接车	
	（6）通知站台站务员“××次开过来，准备接车”，并听取汇报		（8）监视列车到达（通过），并注意站台乘客安全	
	（9）监视列车到达	（10）监视列车通过		
报点	（11）向发车站报点“××次（×点）×分×秒到（通过）”，并填写行车日志			

注：括号中的数字表示相应顺序。

（2）联锁站的发车作业程序及用语如表 1-8 所示。

表 1-8　联锁站的发车作业程序及用语

作业程序	作业程序细化及用语		站台站务员
	值班站长	LOW 操作员（行车值班员）	
发车预告	（1）根据行车日志和 LOW 显示确认发车线路空闲，向前一 LOW 预告“××次预告”； （2）填写行车日志		
准备进路、开放信号	（3）听取前一发车报点“××次（×点）×分×秒开”并复诵，接到接车站准备好接车进路的通知，客车进站后排列列车发车进路； （4）通知 LOW 操作员“排列××次发车进路”； （6）确认发车进路好后，复诵“进路防护信号好了”	（5）听取值班站长“排列××次发车进路”的命令后，排列发车进路。进路排列好后，口呼“进路防护信号好了”	

（续表）

作业程序	作业程序细化及用语		站台站务员
	值班站长	LOW操作员（行车值班员）	
发车	（7）通知站台站务员"××次发车进路好了"		（8）确认后三节车门关闭好后，向司机显示"车门关闭好了"的手信号
	（11）监视列车运行	（10）监视列车运行，直至列车出清联锁区	（9）监视列车运行并注意站台乘客安全
报点	（12）向接车站报点"××次（×点）×分×秒开"		
	（13）填写行车日志		
	（14）向OCC报点"××次（×点）×分×秒开"		

注：括号中的数字表示相应顺序。

1.5 城市轨道交通车辆基地行车组织规范

城市轨道交通车辆基地也叫车辆段，是城市轨道交通行车系统的重要单位之一，主要负责列车车辆的运营、整备、检修等工作。车辆基地同时也是城市轨道交通系统（地铁、城市轻轨等）中对车辆进行运营管理、停放及维修、保养的场所。

1.5.1 城市轨道交通车辆基地行车组织基本规定

城市轨道交通车辆基地行车组织基本规定包括下列内容：

（1）车辆基地行车由车辆基地调度员统一指挥，并由其负责车辆基地日常运营和设备维修组织等工作。车辆基地的其他工作人员应服从车辆基地调度员的指挥，按照各自职责开展工作。

（2）车辆基地调度员应按车辆基地管理制度和调车作业规程办理作业。

（3）车辆基地应确保运用车状态良好，符合列车上线有关标准；确保备用车状态良好，并停放在车辆基地运用库指定位置，做好随时发车准备。

（4）车辆基地内作业应优先接发列车；接发列车时，应提前停止影响接发车进路的调车作业；发车时，应按规定时间提前开放发车信号。

（5）车辆基地接发列车应灵活运用股道，做到正点发车、不间断接车，减少转线作业。

（6）信号楼值班员应按照车辆基地调度员的指挥及接发列车计划、调车作业计划，准确及时地准备进路，做好接发列车组织工作。

(7)发车前，信号楼值班员应检查确认进路、道岔位置正确，影响进路的调车作业已经停止后方可开放发车信号；接车前，应检查确认接车线路空闲，进路、道岔位置正确，影响进路的调车作业已经停止后方可开放接车信号。

(8)列车司机不得在车辆基地道岔、咽喉区擅自停车；因特殊原因需要在道岔、咽喉区临时停车时，车辆基地调度员、信号楼值班员应向列车司机查明停车原因，并在列车具备运行条件后，指示列车司机启动列车。

1.5.2 城市轨道交通车辆基地行车作业

1. 车辆基地行车作业的内容

车辆基地行车作业是指按运行图制订的行车计划完成的日常车辆运行作业，其主要内容如下：

(1)负责所辖各运行线路内的电动列车运行、整修、整备任务，确保上线运用列车状态良好，准点出场、回库，能顺利进行运用列车的调整。

(2)配合维修人员完成列车的保养、维修、调试等工作。

(3)安排车场内调车作业及正线开行施工列车。

(4)协调车场内各专业技术工种在规定范围和规定界面的施工技术。

(5)协助正线事故救援工作。

(6)编排列车运行计划，按列车运行图要求配置列车及乘务人员。

(7)对车辆乘务人员及站场行车人员进行行政管理、技术管理等。

2. 车辆基地内的列车运转流程

由于列车主要在正线上运行，所以车辆基地调度行车工作主要是出车和收车，列车在车辆基地内的运转流程主要包括 4 个环节，分别是列车出车作业、正线运营作业、列车收车作业和列车整备作业。具体流程如图 1-2 所示。

(1)列车出车作业。列车出车作业包括编制并下达发车计划、司机办理出乘手续、司机检查列车、列车出库与出段，其流程如图 1-3 所示。

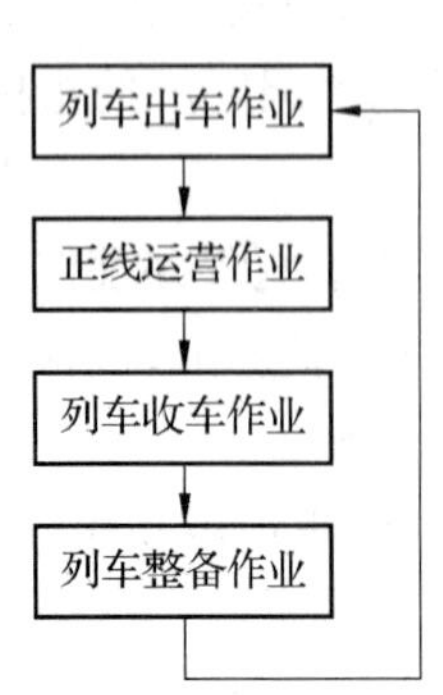

图 1-2 车辆基地内的列车运转具体流程

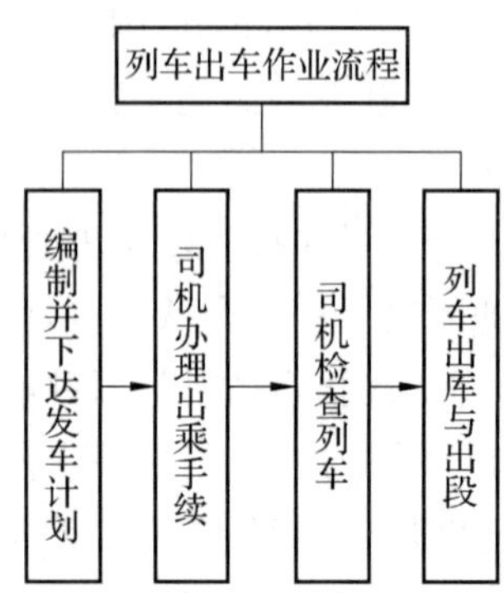

图 1-3 列车出车作业流程

①编制并下达发车计划。发车计划由车辆基地调度员根据列车运行图、运用检修用车安排、车场线路存车情况等编制。发车计划编制完毕后，应首先下达给信号楼值班员，还要把列车车次、车号、有无备车、备车车号情况上报行车调度员。

②司机办理出乘手续及检查列车。司机出乘应按照规定时间到规定地点办理出乘手续，领取相应物品。司机在办理出乘手续时应向派班员了解相关注意事项，具体包括车次、车号、停车股道、区间有无施工、限速要求和其他行车注意事项。

除此之外，司机还要确认派班员发放的行车备品是否齐全、状态是否良好、表单是否正确等。办妥出乘手续后，还应对列车进行检查，检查合格后方能发车。

③列车出库与出段。在报告信号楼值班员“×××车整备作业完毕，请指示”后，等待信号楼值班员的命令，得到出库命令前严禁动车。动车出库前要确认进路安全、库门开启到位、信号机开放白色信号、司机室门锁闭良好、模式开关在受限制的人工驾驶模式位。

确认以上事项后，以鸣笛声表示动车，限速运行。出段转换模式开关至点式列车自动防护(intermittent automatic train protection，IATP)模式，确认信号机显示绿色，鸣笛动车。

(2)正线运营作业。列车的正线运营作业主要包括列车运行交路、列车司机作业、司机交接班3个方面，各方面工作如下：

①列车运行时，正线运行的循环交路、在两端折返的时刻、出入段时间顺序由车辆周转图规定。

②列车司机作业方面，严禁司机违章行车，应确保行车安全和乘客安全，正司机应严格按照指示操作，副司机严格按照乘务员的命令完成各项工作。

③交接班时，司机应按要求出勤，需要将列车技术状态、有关行车命令、注意事项向派班员交代清楚。

(3)列车收车作业。列车收车作业主要包括列车入段与入库和库内作业两部分，其作业流程如图1-4所示。

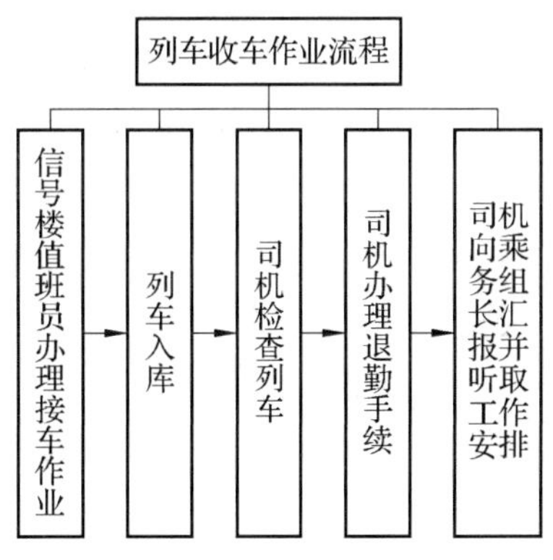

图1-4 列车收车作业流程

列车收车作业相关规定如下：

①正常情况下，列车入段与入库时通过入库线回段。在行车调度员准许的情况下，也可在出库线入段。信号楼值班员在办理接车作业时，应确认接车线路空闲，并停止影响接车进

路的调车作业。

②列车入库后，司机须对列车进行检查，确认无异常情况后，带齐列车钥匙及相关表单，办理退勤手续，然后向乘务组长汇报当日工作情况，听取次日工作安排与注意事项。若发现列车技术不良，则应报派班员，并做好相关记录。

(4)列车整备作业。车场内列车整备作业主要包括清洗、检修、车辆验收 3 个部分，其主要工作内容如下：

①对列车内、外部进行清洗、打扫。列车清洗应根据清洗计划进行，列车清洗计划应下达给信号楼值班员、调车司机、调车员及其他相关人员，由专人负责清洗工作。

②在列车回库停稳后，派班员应及时与检修调度员办理车辆交接手续，检修调度员按计划进行检修作业，检修完毕与派班员办理移交手续。

③派班室派专人对车辆技术状态再次检查、验收，确认车辆符合正线运行的要求。

1.5.3 城市轨道交通车辆基地接发车作业

1. 车辆基地接发车作业的一般规定

车辆基地接发车时应遵循以下规定：

(1)接发列车应灵活运用股道，做到不间断接车、正点发车、减少转线作业，备用车应停放在运用库线路发车的一端，升起弓，随时准备出车辆基地。

(2)当计算机联锁系统发生故障，采用应急台排列接发列车进路时，应按压引导总锁闭，并现场确认进路开通，人工准备进路时使用钩锁器对进路上的对向道岔进行加锁。

(3)采用应急台或人工准备接发列车进路办理接发列车作业时，应停止调车作业。

(4)联锁设备正常时，应在邻站开车或车辆基地开车点前 5 min 停止影响列车进路的调车作业，准备接发车进路。

(5)原则上不得在非接发车线上办理列车接发作业。特殊情况下应经车场调度员同意，得到行车调度员改变行车组织办法的命令，采用排列调车进路锁定发车进路道岔(当联锁功能失效时，人工加锁进路对向道岔)。列车凭行车调度命令及车场调度员(或车场值班员)的发车信号驶出车辆基地。

(6)列车进出检修库大门或通过平交道口前应一度停车，确认安全后方可通过。

2. 列车占用转换轨凭证的规定

列车占用转换轨凭证的规定如下：

(1)当车辆基地计算机联锁系统正常时，列车占用转换轨的凭证为出车辆基地信号机的黄灯。

(2)当车辆基地计算机联锁系统发生故障，开放不了出车辆基地信号时，列车占用转换轨的凭证为出车辆基地信号机的调车信号及车场值班员的允许出车辆基地命令。

(3)当车辆基地计算机联锁系统发生故障或邻站 LOW 发生故障，开放不了出车辆基地信号和调车信号时，改为电话联系(或区段闭塞)行车法组织行车，车场值班员得到行车调度员改变行车组织办法的命令，与邻站办理发车作业，列车占用转换轨的凭证为行车调度命令

（或路票）。

3. 列车停车的规定

列车停车的规定如下：

（1）列车驶进车辆基地后，应停于接车线信号机内侧，列车头部不得越过防护信号机。如果列车尾部停在信号机外侧，那么车场值班员应通知司机向前移动到信号机内侧。

（2）列车在车场内运行时要严禁其受电弓在分段绝缘器位置停车。

（3）列车停放在运用库时不得压住平交道口。

4. 列车退行的规定

列车退行的规定如下：

（1）列车自车辆基地开车后，因故被迫停车需退行，尾部未越过入段信号机时，经车场值班员同意，换端（或车长引导）后退至发车股道出段信号机内侧；尾部已越过入段信号机时，经车场调度员同意确定接车股道后，车场值班员按接入列车办理，通知司机凭入段信号退行入段。

（2）车场值班员接到列车需退行的报告后，应立即向车场调度员汇报，车场调度员确认接车股道空闲及延续段的列车或机车车辆停稳后，方可同意退行。

（3）车场调度员接到列车退行报告后，应立即组织人员对故障设备进行抢修，组织其他列车绕道出段，必要时配合司机退行，以减少对正线运营的影响。

1.5.4 城市轨道交通车辆基地调车作业

正线列车除在车站到、发、通过及在区间内运行和参与运营活动以外的所有为了编组、解体列车，摘挂、取送车辆，转线等而在线路上有目的的移动统称为车辆基地调车作业。

1. 车辆基地调车作业的要求

车辆基地调车作业的要求包括调车作业的基本要求、配合协作要求、确认的基本内容、终止作业条件及调车工作的指挥原则。

（1）调车作业的基本要求。调车作业的基本要求如下：

①调车作业必须按照调车作业计划及调车信号机或调车信号的现实要求进行，没有信号不准动车，信号不清立即停车。

②特殊情况下使用无线电对讲机联络进行调车作业时，司机与调车员必须保持联络畅通，联络中断时应及时采取调车作业停车措施。

③进行调车作业时，调车员必须正确、及时地显示信号，司机要认真确认信号并鸣笛回示。

（2）配合协作要求。具体的配合协作要求如下：

①调车作业是参加调车作业的相关人员（如司机、调车员、车场值班员等）之间相互配合、相互协作的过程。因此，无论是车辆动车、信号确认、进路确认，还是注意事项，都必须在作业前明确。

②车场值班员必须按规定正确、及时地安排调车进路，并且监视运行情况。

③在调车员看清计划、确认安全状态后，才允许显示信号，不得盲目指挥、盲目显示信号。

④司机必须确认信号，瞭望四周情况后才能启动机车。

(3)确认的基本内容。调车作业中，应该看清与确认的情况包括以下内容：

①线路情况、停留车位置情况。

②道岔开通情况、信号显示情况。

③车下障碍物与异物情况。

④检修线(所)进入线路作业情况及进、出库房大门情况。

⑤连挂的车辆情况。

⑥走行速度情况、道口四周情况。

⑦参与调车作业的人员情况。

(4)终止作业条件。终止作业条件包括以下内容：

①在调车作业中，调车员显示的信号得不到司机回示或认为车速过快及有其他异常情况时，必须立即显示停车信号。

②在司机无法瞭望信号、信号中断、联络中断或者认为有异常情况时，必须立刻停车。

③信号楼信号员发现调车作业人员或作业过程有违反安全规定的情况时，应立即采取措施终止调车作业。

④基地或车站管理人员发现有危及调车作业安全、设备安全、人身安全的情况时，应立刻通知有关人员停止调车作业。

(5)调车工作的指挥原则。调车工作的指挥原则是统一领导、单一指挥。

①统一领导。统一领导就是在同一车辆基地内，在同一时间只能由车辆基地的车场调度员统一领导全场的调车作业。与调车区域相关联的其他作业均按车场调度员的调度命令执行。

②单一指挥。单一指挥就是在同一时间内，一台机车或一组列车调度作业计划的执行、作业方法的拟订和布置，以及车辆的行动指挥，只能由一个人负责。

2. 车辆基地调车作业计划

由于调车作业都是通过调车作业计划来实现的，因而对于调车作业来说，调车作业计划是进行调车作业的凭证与依据。

调车作业计划是指从事调车工作的有关领导人员(运转值班员或行车值班员)向调车作业人员以书面的形式或口头布置的方式下达的调车作业通知，内容包括起止时间、担当列车(机车)作业顺序、股道号、摘挂辆数(编组车号或车位)、安全注意事项等。

(1)调车作业计划的编制和传达。

①调车作业计划的编制。

• 由于调车作业地点比较分散，涉及的作业部门较多，钩数不易记忆，环境因素对作业影响较大，因而一般规定调车作业钩数在三钩以上时，应由行车管理的有关部门制订调车作业计划。

• 调车作业计划的制订或编制应由运转值班室值班员或行车值班员根据生产部门提出的要求，结合运行实际状况正确、合理、及时地制订。

• 编制调车作业计划时，应充分考虑各方面的因素与条件，力求在确保行车安全的前提下提高调车作业效率，以最少的作业钩数和最短的调车行程完成相应的调车作业任务。

②调车作业计划的传达。

• 调车领导人员（运转值班员或行车值班员）在编制完成调车作业计划后，应向信号楼值班员、调车员等参加调车作业的人员传达清楚，参加调车作业的有关人员在接受调车计划后，必须复诵、核对正确无误后再执行。

• 为了正确、及时地完成调车作业任务和要求，调车指挥人在向参加调车作业的其他人员传达调车计划时，应预想作业安全事项、进行具体作业的方法、注意事项等情况的部署，并与调车员核对复诵计划。在调车作业开始之前，必须使参加调车作业的人员都做到心中有数，避免误听、误传而引起作业重复，以及其他不良后果。

（2）调车作业计划的变更。调车作业计划的变更主要是指变更作业股道、摘挂辆数、车辆号、作业方法、取送作业、转线的区域或线路。

①调车作业必须严格按照调车作业计划所规定的内容与要求进行，不准擅自改变作业内容与计划。

②当因运行状况及生产实际的需要必须变更调车作业计划时，应该停止进行中的作业。

③由运转值班员或行车值班员将变更后的计划向调车员及信号员重新布置、传达清楚，并且进行核对和复诵，确认无误后，方可继续作业。

④变更作业计划不超过三钩时，可以以口头方式传达；超过三钩时，应重新编制书面调车作业计划，取消执行原计划。

⑤为了贯彻集中统一指挥的原则，调车作业中，调车员在作业过程中决定必须变更原计划时，应及时向有关行车、运转调车领导人员反应，由调车领导人员重新编制书面计划后执行。

⑥所谓调车作业中的一钩作业，一般是指机车（列车）或所挂车辆的运行由线路的一股道到另一股道并且改变运行的方向。

3. 车辆基地调车作业过程的有关规定

（1）调车作业前的准备。调车作业前应做好以下准备作业：

①调车作业前，调车员应做好充分的准备（按规定着装、佩戴防护用品，确认无线对讲机状态良好），并认真检查调车组其他人员的准备情况。

②对线路进行检查，确认进路、车辆底部和顶部无障碍物。

③对车辆进行检查，内容包括是否做好车辆防溜措施、是否进行技术作业、是否有侵限物搭靠、装载加固是否良好、是否插有防护红牌（红灯）。

（2）调车进路确认。在调车作业中经常会遇到牵引车辆运行和推进车辆运行的情况，由于调车进路变化较多，车辆存放处所不同，连挂与牵出的地点各异，所以这两种情况在调车作业时常常交替进行。为了分清调车作业中对进路及周围情况确认的责任，更安全、有效地开展调车作业，通常对牵引与推进运行的瞭望及确认有以下规定：

①列车正向运行、单机运行或牵引车辆运行时，前方进路的确认由司机负责。司机在运行时要不中断瞭望，对发生的异常情况，如线路超限、信号显示状态异常、人员行走、道口不安全、调车路径不正确等，要果断采取措施处理。

②推进车辆运行时，前方进路的确认由最前方调车长（或调车员）负责，调车长应不中断瞭望，及时、正确地与司机联系或显示信号。如确认前方进路有困难，可指派参加调车作业的其他人员（调车员或连接员）确认、瞭望，并将情况正确、规范地传达给调车指挥人，由调车指挥人与司机联络。在一般情况下，调车指挥人应站立在易于瞭望进路又能使司机看清其信号显示的位置。

③在调车作业中，调车作业人员必须按调车信号的显示要求进行，运行中遇调车信号机灯光显示不明或熄灭、手信号灯光忽明忽暗或中断、无线电对讲机联系中断、信号没有得到回示，都应视为停车信号而采取措施，使机车（列车）停止作业。

④如果车站或基地信号机发生故障，应由调车员即刻通知信号值班人员，必要时应通知运转值班员或行车值班员组织检修，调车员必须等信号机恢复显示或由有关行车人员到场通知司机或显示允许通过该信号机的信号后，方可按照有关规定和制度越过该架信号机。

（3）调车作业进路的变更与终止。在实际调车作业中，由于线路情况变化及实际工作的需要必须取消调车作业进路时，进路控制和信号操纵人员必须遵守以下规则：

①进路控制和信号操纵人员确认列车或车辆尚未启动，通知调车司机与调车员，并得到回复。

②如果列车、车辆已经开始运行，必须立即通知司机和调车长，并且确认列车或车辆已经停止运行。

③如果必须使列车或车辆运行，应确认列车或车辆已经按规定进入规定位置停车。

④在执行以上三点基本规则之一后，进路控制和信号操纵人员才能关闭信号机，取消原先的调车进路。

⑤进行变更进路的排列，开放变更后的调车作业信号时，参加调车作业的司机和调车员在得到信号楼或有关信号操纵人员的通知后，应立即遵照执行，不得盲目动车或强行启动进入信号机内侧，防止产生由于进路变更而使列车或车辆冒进红灯或者由于道岔转换而造成挤岔或脱轨的事故。

（4）调车速度限制。

①调车速度限制的原因。

- 调车作业中，被调动列车自动制动机可能没有全部启动，造成制动力较小。
- 调车作业中，正向运行方向和逆向运行方向交互进行，有时瞭望不便。
- 一般情况下，调车线路标准、等级及道岔型号都低于运营正线，存在设备结构限制。
- 当推进运行时，需中转信号，在时间上有延误或需延长中转时间。
- 进行调车作业时，线路周围情况相对较复杂。

②调车速度限制的要求。在调车作业中，要严格控制运行速度，不得违反以下规定：

• 在空线上运行时，应严格按照线路、道岔的允许速度运行，速度不得超过 30 km/h。

• 调车作业中，因工作需要进出厂房、车库时，运行速度不得超过 5 km/h。

• 接近被连挂列车时，运行速度不得超过 3 km/h。

• 瞭望条件不良时，应适当降低速度。

• 电动列车出入基地无码区时，应按慢速前行方式限速 20 km/h。

• 正线车站内，调车按相关规定的速度运行。

• 尽头线调车时，速度不得超过 3 km/h。

(5)尽头线调车及其他规定。

①尽头线调车规定。

• 在尽头线上进行调车作业时，距离线路终端应有不少于 10 m 的安全距离，包括被摘挂车辆的停留。

• 在特殊情况下必须近于 10 m 时，要严格控制列车运行速度，以随时能停车的速度(3 km/h 以下)运行。

• 如果需摘挂车辆，应报告有关行车管理人员，且距离、位置有利于再次挂车时，进行预防性措施准备。

• 天气或环境情况恶劣导致瞭望距离较短时，通常不允许在距尽头线末端近于 10 m 处摘挂车辆或作业。

②手推调车规定。所谓手推调车，是指以人力推动列车走行至目的地的方法，一般只在短距离移动列车时采用。一般情况下，手推调车只在基地内列车检修作业中使用。操作时必须遵守以下安全规定：

• 与被移动列车相关的作业要停止，防止发生人身伤亡。

• 要严格掌握调车速度，必须有相应的安全措施确保制动良好，并指定专门人员负责。

• 手推调车速度不得超过 3 km/h，每批手推调车不得超过一辆重车或两辆空车，防止失控，造成不良后果。

• 车辆走行时，必须有专人进行指挥，并得到有关行车管理人员的同意。

• 手推调车指挥人员应与运转值班室及信号控制部门联系，安排作业计划，开通调车进路，开放调车信号。

• 禁止手推调车的情况有以下几项：

a. 暴风、雨、雪天气影响线路及周围瞭望时。

b. 夜间线路无照明设备时。

c. 线路坡度大于 2.5%时。

d. 制动措施不能保证随时停车时。

e. 能进入接发列车进路的线路上无脱轨器或无隔开设备时。

f. 车辆装载有易燃、易爆物品时。

g. 同一线路上两组车同时手推调车时。

• 手推调车时，必须有操作熟练的人员把关，在采取各项安全措施后才能进行，确保手推调车过程的安全。

③其他安全规定。

• 进行调车作业时，无论什么原因造成调车列车越过显示红灯的信号机造成挤岔，调车司机都应该停车，严禁擅自移动列车、机车，并立即报行车管理人员（行车调度员、行车值班员、运转值班员），等待来人确认情况后，根据现场处理指挥人员的命令和允许移动的信号，将列车、机车行驶至规定位置。

• 调车作业时，需停留的列车不得超越警冲标与压占道岔位置，以免造成走行线路堵塞，影响其他相邻进路的开放，如确实要越出警冲标或压占道岔位置，应得到有关行车管理人员的批准同意，并根据要求及时开通线路。

• 通常情况下，在城市轨道交通运输各车站和基地，禁止在调车过程中进行溜放作业。

• 调车作业中遇到同一线路上需连挂多节车辆时，禁止采用连续连挂的方式运行。

• 在基地线路上进行调车作业时，空车四辆以上（含四辆）、重车两辆以上（含两辆），须连接制动风管；在正线上进行调车及施工作业连挂列车时，必须全部连接制动风管。

• 调车作业中，在线路上停留的列车若不能以自动控制机、手动控制机进行制动防溜，则应采用铁止轮器对列车进行制动。

1.6 城市轨道交通列车驾驶规范

在非自动驾驶城市轨道交通系统中，列车司机是城市轨道交通运营服务最基本的工作人员之一，面对城市轨道交通线网的发展、客流量的增大、行车密度的增大，必须更有效地规范城市轨道交通列车司机的作业行为。

1.6.1 城市轨道交通列车驾驶基本规定

城市轨道交通列车驾驶基本规定包括下列内容：

（1）列车司机负责正线、辅助线和车辆基地内列车驾驶，应安全、正点完成驾驶作业任务。

（2）列车司机应根据列车运行图，严格执行调度命令，按信号显示要求行车，严禁臆测行车。

（3）列车司机应熟悉正线、辅助线和车辆基地线路、信号、股道、道岔状况和限速规定。

（4）列车司机出勤前应充分休息，严禁饮酒或服用影响精神状态的药物；出勤时应按规定着装，携带驾驶证、司机日志、手电筒等行车必备物品，禁止携带与工作无关的物品。

（5）列车司机在出勤前，应抄写调度命令、值乘计划及当日行车安全注意事项，了解车辆、线路技术状况，做好行车预想。

（6）列车司机在车辆基地出勤前，应熟知值乘车号、车次、列车停放股道等信息，领取列车钥匙等物品。

（7）列车司机在车辆基地出勤前应进行列车整备作业，包括以下内容：

①列车司机应检查确认列车走行部位、电气箱体及车体外观等无异常，确认车辆限界内无人员及异物侵入。

②列车司机应做好列车检查和试验，确保列车在投入运营前技术状态良好。

③列车司机应对两端驾驶室进行检查，确认操作手柄、开关处于规定位置，灭火器、随车工具等备品齐全、封条完好。

(8)列车司机在驾驶列车时应遵守以下规定：

①应精神集中，加强瞭望，注意观察仪表、指示灯、显示屏的显示和线路状态。

②应严格执行呼唤作业规定，手指眼看口呼吸，做到内容完整、时机准确、动作标准、声音清晰。

③运行中发生列车故障或危及运营安全的情况时，应按相应预案要求果断处理。

④接到调度命令时，应逐句复诵，确认无误后认真执行；对调度命令有疑问时，应该核实清楚后再认真执行；换班时，应准确交接调度命令。

⑤其他人员需登乘列车驾驶室时，应认真查验登乘凭证并做好记录。

(9)列车司机在运行中发现有影响行车的障碍物、区间有人员、线路有异常等情况时，应果断停车，并将情况立即报告行车调度员，按行车调度员的指示处理。

(10)列车发生故障时，列车司机应按行车调度员的指令采取措施。列车发生突发事件时，列车司机应及时通过广播向乘客说明情况。

(11)列车司机退勤时，应满足以下要求：

①交回行车备品，汇报运行情况，确认下次出勤时间及地点。

②若在驾驶过程中发现列车故障，则将故障及处理情况如实报告。

(12)运营单位应合理制订乘务组织计划，保证列车司机两次值乘之间有充足的休息时间，避免疲劳驾驶；在线路两端车站应设有列车司机休息、就餐、卫生等场所。

1.6.2 城市轨道交通列车司机出勤流程及携带的物品

1. 城市轨道交通列车司机出勤流程

签到，领取轮值班表，测试钥匙，阅读相关安全指引及通告，了解和抄阅有关行车命令、指示和安全注意事项，检查司机手提包，领取出车纸。签到、领取轮值班表时，认真回答运转值班员的提问，听取运转值班员传达的有关事项，向当值人员报告。其报告格式为：××组×××担当××××××任务，出库时间××××，申请出勤。经值班人员检查确认后，方可上岗，并领取有关行车用品(钥匙、时刻表、相关单据及其他行车用品)。

2. 城市轨道交通列车司机携带的物品

司机上车所带物品包括司机手提包、钥匙、手持电台、轮值表、出车纸、列车运行状态记录单、手信号灯、手电等。出发前登车查车，按时发车。

1.6.3 城市轨道交通列车司机在车站站台的作业程序

以表1-9为例，模拟演练司机在站台的作业过程，也可以根据其他线路操作规程规定的程序进行。

表 1-9　自动防护人工驾驶模式下的站台作业

序　号	作业内容	呼唤内容
1	使用司控器控制列车以 30～35 km/h 的速度进站	列车进站(对标停车)
2	缓慢制动,并控制列车车速在 20 km/h 时,距离码为 50 m 左右	无
3	缓慢制动,并控制列车在距离码为 10 m 时,车速为 10 km/h	无
4	实施制动,对标停车	无
5	观察列车司机操作盘(train operator display,TOD)(泊位或发车栏)显示 YES	开左门或开右门
6	按压(相应站台)侧开门按钮	无
7	站在驾驶室侧门处等待人机界面(human machine interface,HMI)显示列车门打开情况	门全开
8	开启驾驶室门,通过就地控制盘确认屏蔽门打开情况	门灯亮
9	查看乘客乘降情况,完毕后按关门按钮	关左门或关右门
10	通过就地控制盘确认屏蔽门关闭情况	门全关
11	确认车门与屏蔽门之间的缝隙	无异物
12	等(出站信号)开放后,关闭驾驶室侧门	无
13	观察(门全关闭指示)灯及 HMI 显示屏情况	门关好
14	观察 TOD 显示屏(发车栏)显示 YES 等情况	发车条件具备
15	确认一切正常后,驾驶列车出站	出站绿灯

1.6.4　城市轨道交通列车司机在终点站的作业程序

城市轨道交通列车司机在终点站的作业程序如下:

(1)在停车点范围内停车。

(2)车门开启后,司机走出驾驶室进行监护。

(3)确认全部乘客下车。

(4)广播播放关门通知。

(5)关门,完成终点站清客作业。

1.6.5　城市轨道交通列车司机交接班规定

城市轨道交通司机的交接班规定如下:

(1)接班时应按规定时间提前到站台规定位置候车。

(2)交班前值乘人员须将各种记录及交接内容准备好,向接班司机交接清楚并不得影响列车运行。

(3)确认列车到达时刻、列车编号、车次、车号。

(4)确认车辆运行情况、继续有效的行车调度命令及其他行车注意事项。

(5)交接钥匙(车门钥匙、屏蔽门就地控制盘钥匙、司机手推门钥匙等)、手持电台及其他工具备品。

1.6.6 城市轨道交通列车故障报修和司机退勤规定

城市轨道交通列车故障报修和司机退勤规定如下：

(1)值乘后,列车司机应将列车在运行中发生的故障及处理情况如实填写在规定的单据上。

(2)列车回库后,值乘司机应及时报修,并说明列车运行情况、运行中发生的故障及其他必要的事项。

(3)掉线列车入库后,值乘司机要与试车调车司机共同确认故障。

(4)交班后司机到规定地点退勤。

(5)退勤时,司机应将填写好的相关单据交值班人员,并将值乘中的车辆状况、运行情况等事宜汇报清楚;必要时(如发生事故、服务纠纷等)写出书面报告并服从安排。

1.6.7 城市轨道交通列车司机作业标准化

1. 接班作业标准化

(1)在接班时,要进行“六确认”和“一了解”,具体内容如下：

①确认列车到达时刻和运行早晚点情况。

②确认列车车号和车次。

③确认列车故障记录单和司机报单。

④确认车门钥匙、屏蔽门就地控制盘开关门钥匙、司机手推门钥匙等工具备品齐全。

⑤确认列车车辆技术状况。

⑥确认继续有效的调度命令。

⑦了解有关行车注意事项。

(2)出勤时唱诵。出勤轮乘组按规定时间到达出勤地点唱诵“××组×××担当平(节假、双休)日××轮乘日××时××分,申请出勤”。

(3)二次出勤。按接车规定时间提前 5 min 到轮乘值班室轮乘组唱诵“××组接××表××××次列车,提前 3 min 到接车位置”。

2. 交班作业标准化

在交班退勤时,应做到以下几点：

(1)交班司机必须到规定地点退勤。

(2)退勤时将填写好的司机报单交乘务调控员,并将值乘中的车辆状态、运行情况、出现的问题等事宜汇报清楚;发生事故或服务纠纷时,应写出书面报告,必要时回段退勤。退勤时,到轮乘值班室唱诵“××组值乘××车××××次列车运行正常,下次出勤时间××时

××分”。轮乘结束退勤唱诵“××组担当××表××车，列车运行正常，轮乘结束”。然后，填表后唱诵“××组×××于××××年××月××日担当(白、夜)××时××分，××地，出勤”。

3. 正线驾驶作业姿势标准化

关于正线驾驶作业姿势及要求有以下规定：

(1)正司机在正线驾驶时必须挺胸抬头，右手握住牵引手柄，不做呼唤应答时左手食指放于电笛按钮上；双脚平放，不得将双腿双脚交叉，不得抖动双腿。

(2)副司机在驾驶室立岗时，必须位于正司机左侧，姿势端正，双手自然下垂，不得将手放于裤兜或交叉在胸前；身体不得倚靠车内任何部位，不许东张西望，在电客车运行不稳时可用右手扶住司机台扶手；副司机也可将左脚向前跨立一小步，以保持身体平衡。

(3)司机值乘时，身上不允许背负任何包裹，手里禁止携带任何物品。司机不许接打任何与工作无关的电话，手机必须调为振动状态。在有副司机时，如有紧急情况，须让副司机接听并传达；严禁在驾驶室内闲聊、嬉笑打闹。禁止向轨行区内抛弃任何杂物。副司机应严格按照正司机的命令执行各项工作任务。

4. 呼唤应答动作标准化

司机呼唤应答时应左臂端平，左手握拳，食指中指并拢平伸，指尖须指向要确认的部位；同时眼看需确定的部位；口中呼唤确认内容，声音洪亮，吐字清晰。有副司机时，一般情况下正司机先呼唤，副司机复诵；只有在确认驾驶室门是否锁好时才由副司机先呼唤，正司机复诵。常见作业呼唤标准如表 1-10 所示。

表 1-10　常见作业呼唤标准

适用作业	呼唤时机	呼唤用语	动作标准
道岔防护信号呼唤	司机能看清信号机的显示时	(1)绿灯； (2)黄灯，注意限速； (3)红灯停车	手指眼看信号机，口呼信号颜色，绿灯通过 /黄灯限速/红灯停车
道岔位置呼唤	列车运行到司机能清晰地看出道岔位置时	(1)道岔好； (2)停车	手指眼看道岔，口呼“道岔好”，如果道岔位置不正确，立即停车
列车进站呼唤	(1)列车运行至最后一个进站预告标时(大约距离车站尾端墙 100 m 处)； (2)列车鸣笛	进站注意(注意的内容包括进站限速、车站轨行区是否有异物侵入限界、客流量大小和停车标位置等)	正司机端正坐姿，副司机摆正站姿，口呼“进站注意”
对标停车呼唤	列车运行至站台中部时	对标停车	手指眼看停车标，口呼“对标停车”，司机注意控制速度

（续表）

适用作业	呼唤时机	呼唤用语	动作标准
开门作业呼唤	列车停稳，还未打开驾驶室侧门时	开左/右门	副司机到达站台时眼看口呼“开左/右门”，正司机执行开门操作，副司机直接到安全门控制箱附近立岗，听到车门开门提示铃响两声时，打开安全门
确认车门已全部打开	正司机按压开门按钮，车门打开后	车门已开	手指眼看 TMS 屏上显示开门侧车门全部为黄色时口呼“车门已开”

学习评价

本模块学习完成后，请根据自己的学习所得，结合表 1-11 所列内容进行打分评价。

表 1-11 模块 1 学习评价表

评价内容	评价方式			评价等级
	自　评	小组评议	教师评议	
课前预习本模块相关知识、相关资料				A. 充分 B. 一般 C. 不足
了解城市轨道交通对行车组织的要求				A. 充分 B. 一般 C. 不足
熟悉城市轨道交通行车组织主要岗位工作				A. 充分 B. 一般 C. 不足
掌握城市轨道交通列车运行调度规范				A. 充分 B. 一般 C. 不足
掌握城市轨道交通车站行车组织规范				A. 充分 B. 一般 C. 不足

（续表）

评价内容	评价方式			评价等级
	自　评	小组评议	教师评议	
掌握城市轨道交通车辆基地行车组织规范				A. 充分 B. 一般 C. 不足
掌握城市轨道交通列车驾驶规范				A. 充分 B. 一般 C. 不足
参加教学中的讨论和练习，并积极完成				A. 充分 B. 一般 C. 不足
善于与同学合作				A. 充分 B. 一般 C. 不足
学习态度，完成作业				A. 充分 B. 一般 C. 不足
总评				

思考与练习

(1)简述城市轨道交通对行车组织的要求。

(2)简述行车调度员的工作职责。

(3)城市轨道交通列车运行调度的基本规定有哪些？

(4)城市轨道交通车站行车组织的基本规定有哪些？

(5)城市轨道交通车辆基地行车组织的基本规定有哪些？

(6)简述城市轨道交通列车驾驶的基本规定。

模块 2 城市轨道交通客运组织管理

学习目标

(1)了解城市轨道交通客运组织的概念、特点、原则和基本要求。
(2)熟悉城市轨道交通客运组织的基本规定。
(3)熟练认知城市轨道交通客运服务标志。
(4)掌握城市轨道交通客运服务质量的相关规定。
(5)掌握城市轨道交通客运服务设施、安全与环境的相关规定。

学习重点

(1)城市轨道交通客运服务标志。
(2)城市轨道交通客运服务质量规范。

2.1 城市轨道交通客运工作概述

城市轨道交通是用来为乘客出行服务的,因此,做好城市轨道交通客运组织工作对于安全顺利地运送乘客具有十分重要的作用。

2.1.1 城市轨道交通客运组织的概念和特点

1. 城市轨道交通客运组织的概念

城市轨道交通客运组织是在合理布置客运设备设施的前提下,通过运能及客流调查分析,掌握客流特点及变化规律,从而制定有效的方案,对客流进行分流、引导和控制,保证乘客运送安全、有序的工作过程。

客运组织工作是城市轨道交通运营生产一个十分重要的组成部分，客运服务的质量直接反映了城市轨道交通运营企业的管理水平。客运组织工作必须实行统一领导、分级管理的原则，控制指挥中心负责全线的客运组织工作，车站的客运组织由车站站长或值班站长负责。客运组织工作需建立健全各项工作制度，运营、乘务、维修等部门之间必须密切配合，共同维护好车站秩序，完善服务细节，提升工作效率和服务质量。

2. 城市轨道交通客运组织的特点

城市轨道交通客运组织具有以下 3 个特点：

(1)客运组织的服务对象是市内交通乘客，不办理行李包裹托运服务。

(2)全日客流分布在时间上有较为明显的高峰(一般为早、晚高峰)和低谷之分。

(3)全年客流分布在时间上按季、月、周、节假日有较大起伏。

2.1.2 城市轨道交通客运组织的原则和基本要求

1. 城市轨道交通客运组织的原则

城市轨道交通客运组织的原则包括以下几个：

(1)合理设置售检票岗位，使各种客流流动线简单、明确，尽量减少客流交叉、对流。

(2)满足乘客换乘其他交通工具的便利性。

(3)完善导向系统，快速分流，减少客流聚集及拥挤现象。

(4)满足乘客的安全性和舒适性等要求。

2. 城市轨道交通客运组织的基本要求

城市轨道交通客运组织的基本要求如下：

(1)站容整洁。车站内外应明亮、整洁，各种设备和设施摆放整齐、有序；站台、站厅、通道及出入口的墙壁光洁，地面无痰迹和废物；卫生间清洁、卫生。

(2)导向标志清晰、完备。车站内外应有清晰、完备的导向标志系统，能为乘客全过程、不中断地提供导向信息。车站外应有明显标志引导乘客进站，在车站出入口处应设置醒目的地铁标志；乘客进站后应有指示客服中心、进站方向、紧急出口等各方向的引导标志；在站台上应设置列车运行方向、换乘方向等导向标志。此外，还应设置示警性和服务性导向标志，如地铁运营线路图、列车运行时刻表、票价信息、卫生间位置、车站周边公交线路与公共设施指南等。

(3)遵章守纪。客运服务人员应认真执行各项客运规章制度，服从命令、听从指挥。执行客运工作任务时，客运服务人员应按规定着装并佩戴标志，仪表整洁，体现良好的精神风貌。

(4)优质服务。客运服务人员应遵守职业道德，文明礼貌，规范地为乘客提供服务；对老弱病残孕等需要帮助的乘客应主动、热情地提供协助，耐心、正确地回答乘客提出的问询，帮助乘客解决疑难问题；应经常征询乘客的意见，及时完善服务细节，不断提高客运服务水平。

(5)与其他部门紧密配合。客运作业人员应与城市轨道交通控制指挥中心、故障维修部门、公安部门、消防部门等加强联系,密切配合,协同工作,确保列车按图运行,保障行车安全与乘客安全。

(6)掌握客流规律。分析客流统计资料,掌握车站客流在时间、空间上的分布与变化,对可预见发生的大客流做好充分的准备工作,及时应对。

2.1.3 城市轨道交通客运组织的基本规定

城市轨道交通客运组织的基本规定包括下列内容:

(1)客运组织范围应包括如下几个方面:

①维护车站秩序,组织乘客有序乘降。

②提供售票、检票、充值、退票、补票等票务服务。

③处理乘客投诉、乘客纠纷,回答乘客咨询。

④提供无障碍乘车服务。

(2)运营单位应加强服务管理,改进和提高客运服务质量,并应采取以下措施:

①加强员工培训,增强爱岗敬业和优质服务意识。

②提高员工的规范服务技能和业务水平。

③建立与乘客沟通的渠道,加强与乘客的沟通。

④建立投诉监督机制,接受社会监督。

(3)运营单位应制定明确的客运组织服务标准,为乘客提供符合规范的服务设施、候车环境和乘车环境。

(4)运营单位应加强服务质量考核与管理,完善考核管理制度,定期开展考核工作;定期开展或委托第三方进行乘客满意度调查,并对发现的问题进行及时整改。

(5)运营单位应在站厅、站台和列车内显著位置公布监督投诉电话。

(6)运营单位应设置受理和处理乘客投诉的专职机构和专职人员。

(7)运营单位接到乘客投诉后,应在 24 h 内处理,7 个工作日内处理完毕,并将处理结果告知乘客。

2.2 城市轨道交通客运服务标志规范

设置城市轨道交通客运服务标志不仅可以方便乘客的出行,而且可以有效地提高城市轨道交通客运服务水平。

2.2.1 城市轨道交通客运服务标志设置的原则和总体要求

1. 城市轨道交通客运服务标志设置的原则

(1)城市轨道交通客运服务标志应能给乘客必要的导向、提示和警示,以方便乘客,确保安全,有利于客运组织。

(2)城市轨道交通客运服务标志应包括安全标志、导向标志、位置标志、综合信息标志，应形成完整的客运服务标志系统。

(3)城市轨道交通客运服务标志应规范、协调、清晰、明确、易懂、易辨、易记，设置适当；应根据需要进行及时调整，以利于持续改进和提高服务水平。

2. 城市轨道交通客运服务标志设置的总体要求

(1)标志的信息内容。

①标志提供的信息内容应根据乘客的行为模式、路线、区域和需求分级给出，防止信息不足或过量。

②各导向标志之间的信息内容应具有连续性，导向标志应与位置标志形成导向-位置系统。

③站外导向标志和站口位置标志中表示城市轨道交通的图形应一致。

④应根据需要将不同标志进行组合。标志组合时，应通过信息要素的排序或不同尺寸区分信息内容的主次。

⑤重要位置的安全标志、导向标志、位置标志宜独立设置。

⑥标志的信息内容应简明。

⑦标志中应优先使用图形符号。

(2)标志的版面设计。

①客运服务标志系统应制定版面设计方案，方案中涉及的要素的设计应符合相关标准的规定。

②标志中的图形符号应符合《标志用公共信息图形符号》(GB/T 10001)系列国标(所有部分)的规定。

③当需要制定《标志用公共信息图形符号》(GB/T 10001)系列国标(所有部分)中未涉及的图形符号时，应符合《标志用图形符号表示规则 第 2 部分：理解度测试方法》(GB/T 16903.2—2013)、《标志用图形符号表示规则 第 1 部分：公共信息图形符号的设计原则》(GB/T 16903.1—2008)和《图形符号表示规则 总则》(GB/T 16900—2008)的有关规定。

④有方向性的图形符号应避免其方向与实际场景的方向矛盾。当出现矛盾时，应采用该图形符号的镜像。

⑤图形符号内不得添加文字、数字。

⑥标志中的文字除汉语地名外，应同时使用中、英文两种文字，可根据需要增加其他语种。少数民族自治地区应增设少数民族文字。

⑦标志中的汉语地名应同时使用中文和汉语拼音。汉语拼音应符合《汉语拼音正词法基本规则》(GB/T 16159—2012)的有关规定，不标声调。

⑧标志中的汉字应以《简化字总表》《第一批异体字整理表》为准，词句、简称等均应规范。

⑨标志中的数字应使用阿拉伯数字。

⑩标志中的文字、数字的字体应分别统一，应使用等线体。

⑪标志中文字的高度和图形符号的高度可分别参考表 2-1 和表 2-2 确定。

表 2-1　标志中文字的高度与观察距离对应表

观察距离/m	汉字字高/mm	英文字高/mm
30	≥120	≥90
20	≥80	≥60
10	≥40	≥30
4～5	≥20	≥15
1～2	≥9	≥7

表 2-2　标志中图形符号的高度与观察距离对应表

观察距离/m	图形符号高度/mm
15	≥150
15～30	≥180
30～38	≥200

⑫客运服务标志系统应利用不同颜色区分乘车导向标志和出站导向标志。

⑬在实际外部光照或内部照明条件下，标志的底色与图形符号、文字使用的色彩对比应有较大差异。

⑭在城市轨道交通形成网络运输后，标志中应使用线路标志色区分不同线路。

⑮导向标志版面横向布置时，应遵循如下规则：

• 箭头指左向（含左上、左下），图形符号、文字、数字等应位于箭头的右侧，并按重要程度自左向右排列。

• 箭头指右向（含右上、右下），图形符号、文字、数字等应位于箭头的左侧，并按重要程度自左向右排列。

• 箭头指上向或下向，图形符号、文字、数字等宜位于箭头右侧，并按重要程度自左向右排列。

⑯导向标志版面纵向布置时，应遵循如下规则：

• 箭头指下向（含左下、右下），图形符号、文字、数字等宜位于箭头上方，并按重要程度自上向下排列。

• 其他情况，图形符号、文字、数字等均宜位于箭头下方，并按重要程度自上向下排列。

⑰位置标志版面横向布置时，图形符号宜位于左方，文字位于右方。

⑱位置标志版面纵向布置时，图形符号宜位于上方，文字位于下方。

⑲标志版面横向布置时，应中文在上，拼音或英文在下。

⑳标志版面纵向布置时，应中文在右，拼音或英文在左。拼音或英文字符较多时，应顺时针旋转 90°。

(3)标志的载体。

①标志的载体可根据标志的种类选用以下形式：

• 灯箱。在箱体内部安装照明灯具，通过内部光线的透射显示箱体表面的信息。这种形式宜用于疏散标志、重要的导向标志和位置标志。

• 牌、板。可将信息呈现在牌、板上。这种形式宜用于综合信息标志、安全标志和辅助导向标志等。

• 电子设备。可利用电子显示器(屏)等设备显示实时信息。这种形式宜用于综合信息标志和自动检票等设备的出、入状态标志。

• 物体表面。可将信息呈现在地面或其他表面。这种形式宜用于站台安全线、车门位置标志等。

②标志载体的尺寸规格应根据建筑物结构和标志的功能进行规范，规格尺寸不宜繁多。

③标志载体应采用安全、环保、耐用、不褪色、防眩光的材料制作，不应使用受潮或遇水变形、变质及易燃的材料。有触电危险的场所应使用绝缘材料。

(4)标志的照明。标志的照明可采用外部照明和内部照明。标志采用外部照明时，标志设置位置的照明条件应符合《城市轨道交通照明》(GB/T 16275—2008)的有关规定，并应避免反射眩光。标志采用内部照明时，应避免直接眩光。

(5)标志的设置与安装。

①标志可采用悬挂(吸顶)、落地、附着和摆放等方式设置。悬挂(吸顶)是通过拉杆、吊杠等将标志上端与建筑物或其他结构物连接的设置方式。落地是通过某种固定方法使标志矗立在地面或建筑物顶面的设置方式。附着是采用钉挂、镶嵌、粘贴、喷涂等方法直接将标志的一面或几面贴附在侧墙、物体表面、地面的设置方式。摆放是将标志直接放置在使用处的设置方式。

②标志的设置不得侵入相关限界，不得影响乘客正常通行和紧急疏散。

③标志应设置在醒目、不被其他物体遮挡的位置。

④标志不应与广告等其他图形、文字混设。

⑤重要的导向标志应设置在乘客通行区域各个空间转换点的中线位置，并与乘客流向垂直。

⑥除盲人标志外，标志的设置高度应由成人的平均视高、乘坐轮椅行动不便者的平均视高、观察角、偏移角、观察距离、建筑结构、列车车窗高度等因素决定。观察角和偏移角应符合《公共信息导向系统设置原则与要求 第 1 部分：总则》(GB/T 15566.1—2007)的有关规定。

⑦标志的依托物应稳固。

2.2.2 城市轨道交通客运安全标志的相关规定

城市轨道交通客运安全标志包括禁止标志(见图 2-1)、警告标志(见图 2-2)、提示标志(见图 2-3)和消防安全标志(见图 2-4)。

图 2-1 禁止标志

图 2-2 警告标志

图 2-3 提示标志

图 2-4 消防安全标志

(1)安全标志的图形符号、标志形状、颜色和设置要求应符合《安全标志及其使用导则》(GB 2894—2008)、《消防安全标志 第1部分:标志》(GB 13495.1—2015)、《消防安全标志设置要求》(GB 15630—1995)的有关规定。

(2)站台安全线应符合《地铁设计规范》(GB 50157—2013)的有关规定。

(3)城市轨道交通地下设施的疏散指示标志应符合《地铁设计规范》(GB 50157—2013)的有关规定。

(4)制定《安全标志及其使用导则》(GB 2894—2008)和《消防安全标志 第1部分:标志》(GB 13495.1—2015)中没有的图形符号时,应符合《图形符号 安全色和安全标志 第1部分:安全标志和安全标记的设计原则》(GB/T 2893.1—2013)、《标志用图形符号表示规则 第2部分:理解度测试方法》(GB/T 16903.2—2013)、《标志用图形符号表示规则 第1部分:公共信息图形符号的设计原则》(GB/T 16903.1—2008)、《图形符号表示规则 总则》(GB/T 16900—2008)的有关规定。

2.2.3 城市轨道交通客运导向标志的相关规定

1.站外导向标志

(1)宜在城市轨道交通车站周边500 m左右范围内的公交车站、商业设施、交叉路口等人流密集的地点连续设置。

(2)站外导向标志的信息内容应包括箭头和城市轨道交通位置标志;宜包括线路名称及

线路标志色和车站名称；可包括距车站的距离等。

（3）站外导向标志中的城市轨道交通位置标志应符合相关国家现行标准的规定，不得使用企业徽标代替。

2. 乘车、换乘导向标志

（1）乘车导向标志应设置在车站出入口、通道、站厅等通往站台通行区域的相应位置。换乘导向标志应设置在换乘站台通往目的站台通行区域的相应位置。当通行区域行程大于 30 m 时，宜重复设置。

（2）地面或侧墙上的附着式乘车、换乘导向标志可作为辅助导向标志，其颜色应使用线路标志色。

（3）乘车、换乘导向标志信息内容应包括箭头、线路名称及线路标志色；宜包括文字注释等，如图 2-5～图 2-7 所示。

图 2-5　乘车导向标志

图 2-6　换乘导向标志

图 2-7　换乘、出站导向标志

3. 客运服务设施导向标志

（1）自动售票机、自动查询机、自动充值机、乘客服务中心、自动扶梯、自动步道、楼梯、升降梯等导向标志应设置在乘客通往该设施的通行区域的相应位置。

（2）自动扶梯、自动步道、楼梯、升降梯导向标志可与乘车、换乘、出站导向标志组合。

（3）客运服务设施导向标志信息内容应包括箭头、图形符号；可包括文字注释等，如图 2-8 和图 2-9 所示。

图 2-8　售票设施导向标志

图 2-9　楼梯、自动扶梯、升降梯导向标志

4. 检(验)票设施导向标志

(1)检(验)票设施导向标志可根据实际运营需要选择设置。

(2)需要检(验)票设施导向标志时,检(验)票设施导向标志应设置在站厅非付费区乘客通往自动检(验)票设备或人工检(验)票口通行区域的相应位置。

(3)检(验)票设施导向标志的信息内容应包括箭头、文字注释等,如图 2-10 所示。

图 2-10　检(验)票设施导向标志

5. 站台导向标志

(1)站台导向标志应设置在乘客通往站台的通行区域的相应位置。

(2)站台导向标志信息内容应包括箭头、列车行进方向的文字注释;可包括线路名称及线路标志色等,如图 2-11 所示。

图 2-11　站台导向标志

6. 列车运行方向导向标志

(1)列车运行方向导向标志应根据站台形式和结构设置在站台的侧墙、立柱、屏蔽门或站台边缘上方等位置。

(2)站台上用于列车内乘客视读的列车运行方向导向标志设置的位置应使乘客都能透过车窗视读。

(3)列车运行方向导向标志信息内容应包括箭头、下一站站名、本站站名;宜包括线路标志色;可包括上一站站名,如图 2-12 和图 2-13 所示。

(4)本站站名的字号应大于下一站站名和上一站站名的字号,下一站站名宜比上一站站名醒目。

图 2-12　列车运行方向导向标志 1

图 2-13　列车运行方向导向标志 2

7. 出站导向标志

(1)出站导向标志应设置在站台通往出入口的通行区域的相应位置。当通行区域行程大于 30 m 时，可重复设置。

(2)出站导向标志信息内容应包括箭头、出入口编号；宜包括车站周边信息、文字注释、方位，如图 2-14 和图 2-15 所示。

图 2-14　出站导向标志 1

图 2-15　出站导向标志 2

8. 公共服务设施导向标志

(1)卫生间、公用电话、信息查询机、警务室等导向标志应设置在乘客通往该设施的通行区域的相应位置。

(2)公共服务设施导向标志信息内容应包括箭头、图形符号;可包括文字注释等,如图 2-16 所示。

图 2-16　卫生间导向标志

2.2.4　城市轨道交通客运位置标志的相关规定

1. 城市轨道交通位置标志

(1)城市轨道交通位置标志应设置在车站出入口的醒目位置。

(2)城市轨道交通位置标志信息内容应包括表示城市轨道交通的图形;可包括文字注释等。

(3)城市轨道交通位置标志中表示城市轨道交通的图形应符合相关国家标准的规定,不得用企业徽标代替。

(4)在城市轨道交通位置标志中增加企业徽标时,表示城市轨道交通的图形应布置在主要位置,企业徽标应布置在次要位置;企业徽标的面积不得大于表示城市轨道交通的图形面积的三分之一。

2. 车站位置标志

(1)车站位置标志应设置在车站出入口的醒目位置。

(2)车站位置标志信息内容应包括车站名称、线路名称及线路标志色;宜包括出入口编号、文字注释等,如图 2-17 所示。

图 2-17　车站位置标志

(3)车站位置标志可与城市轨道交通位置标志组合设置。

3. 客运服务设施位置标志

(1)自动售票机、自动查询机、自动充值机、乘客服务中心、升降梯等位置标志应设置在相应设施的上方或附近位置。

(2)客运服务设施位置标志信息内容应包括图形符号、文字注释,如图 2-18 所示。

图 2-18　乘客服务中心位置标志

4. 检(验)票设施位置标志

(1)检(验)票设施位置标志宜设在检(验)票设施的上方。

(2)根据运营需要改变检(验)票设施闸口的出/入状态时,检(验)票设施位置标志应能随之显示各闸口的出/入状态。

(3)在发生紧急情况时,检(验)票设施位置标志显示闸口出/入状态信息应与乘客疏散方向一致。

(4)检(验)票设施位置标志信息内容应包括图形符号或文字注释,如图 2-19 所示。

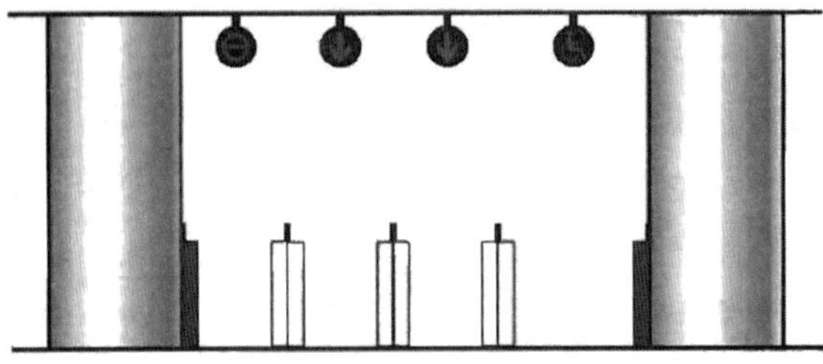

图 2-19　检(验)票设施位置标志

(5)轮椅通路使用无障碍图形符号。

5. 站台站名标志

(1)站台站名标志应根据站台形式和结构设置在站台的上方、侧墙、站柱等位置。

(2)用于列车上的乘客视读的站台站名标志的设置位置应能够使乘客透过车窗视读。

(3)站台站名标志信息内容应包括本站站名;宜包括线路标志色块等,如图 2-20 所示。

图 2-20　站台站名标志

6. 车门位置标志

(1)车门位置标志应设置在站台列车停车后车门所在位置的地面或屏蔽门上。

(2)车门位置标志信息内容应包括图案;宜包括箭头图形符号。

(3)车门位置标志设置在地面时,应设置在站台安全线以内;引导乘客上下车的箭头方向应表示中间下车,两侧上车,如图 2-21 所示。

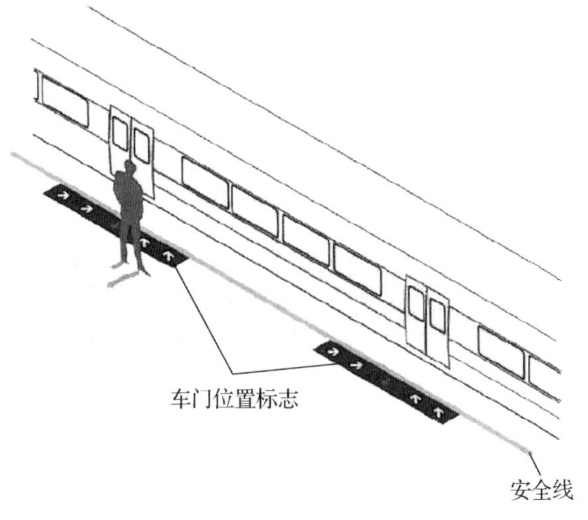

图 2-21　车门位置标志

7. 出口位置标志

(1)出口位置标志应设置在出入口内的相应位置。

(2)出口位置标志信息内容应包括出入口编号、文字注释;宜包括周边地理信息、方位,如图 2-22 所示。

图 2-22　出口位置标志

8. 公共服务设施位置标志

(1)卫生间、公共电话、信息查询机、警务室等位置标志应设置在相应设施的上方位置。

(2)公共服务设施位置标志信息内容应包括公共服务设施图形符号;可包括文字注释。

2.2.5　城市轨道交通客运综合信息标志的相关规定

1. 运营时间标志

(1)运营时间标志应包括本站首末车时间、车站开/关门时间标志。在城市轨道交通形成网络运输后,轨道交通运营时间表上还应包括轨道交通线路运营时间,如图 2-23 和图 2-24 所示。

(2)本站首末车时间、车站开/关门时间、轨道交通线路运营时间表宜设置在车站的出入口等适当位置。

(3)轨道交通线路运营时间标志宜设置在车厢等处。

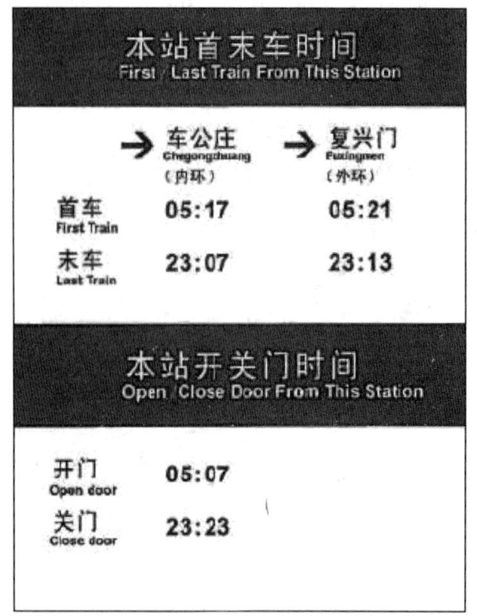

图 2-23　首末车时间、开/关门时间标志

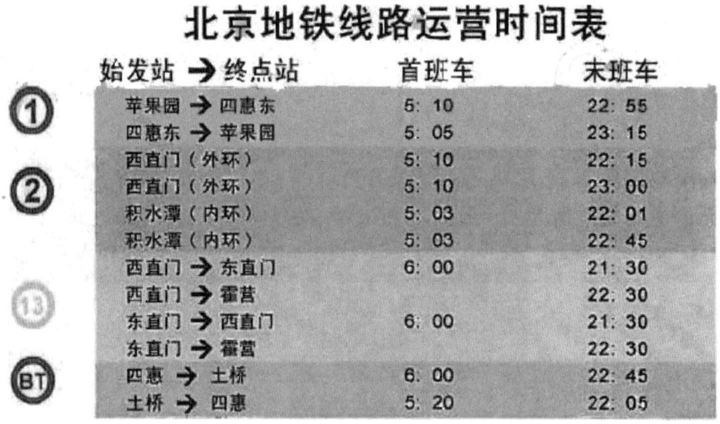

北京地铁线路运营时间表

	始发站 → 终点站	首班车	末班车
①	苹果园 → 四惠东	5: 10	22: 55
	四惠东 → 苹果园	5: 05	23: 15
②	西直门（外环）	5: 10	22: 15
	西直门（外环）	5: 10	23: 00
	积水潭（内环）	5: 03	22: 01
	积水潭（内环）	5: 03	22: 45
⑬	西直门 → 东直门	6: 00	21: 30
	西直门 → 霍营		22: 30
	东直门 → 西直门	6: 00	21: 30
	东直门 → 霍营		22: 30
BT	四惠 → 土桥	6: 00	22: 45
	土桥 → 四惠	5: 20	22: 05

图 2-24　城市轨道交通线路运营时间标志

2. 城市轨道交通线路网络图

(1)城市轨道交通线路网络图宜设置在车站的出入口内及通道、售票机(处)、站台、车厢等适当位置。

(2)城市轨道交通线路网络图中的各条线路应使用标志色。

(3)城市轨道交通线路网络图中可突出标注本站，图中的换乘车站应区别于非换乘车站，如图 2-25 所示。

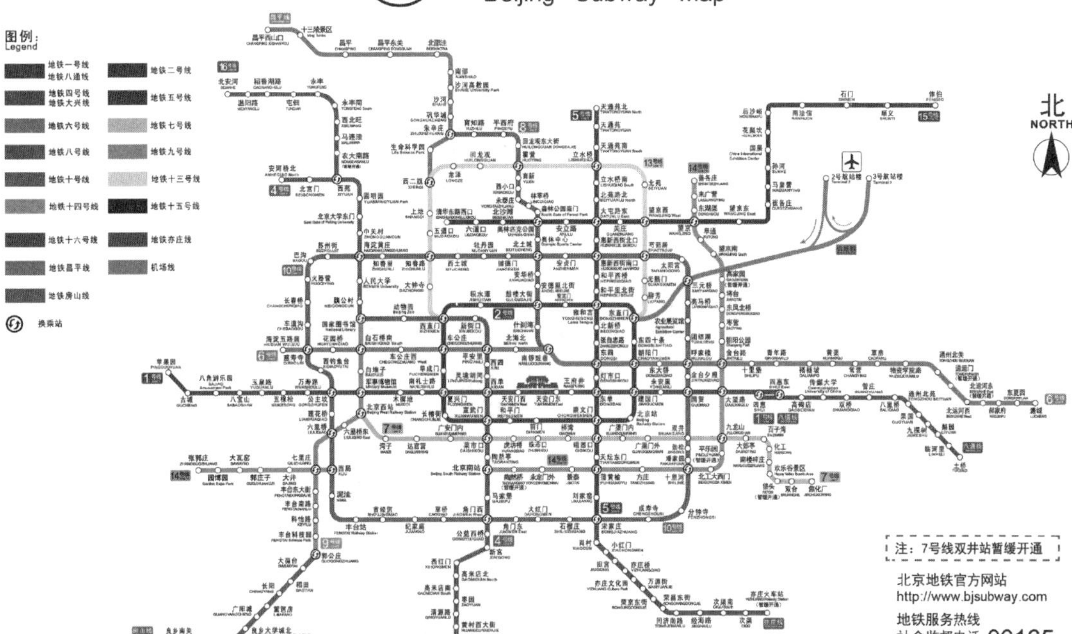

图 2-25　北京地铁线路图

3. 线路图

(1)宜将线路图设置在车站的出入口内及通道、售票机(处)、站台、车厢等适当位置。

(2)线路图中的各条线路应使用标志色。

(3)线路图中应突出标注本站，图中的换乘车站应区别于非换乘车站，如图 2-26 所示。

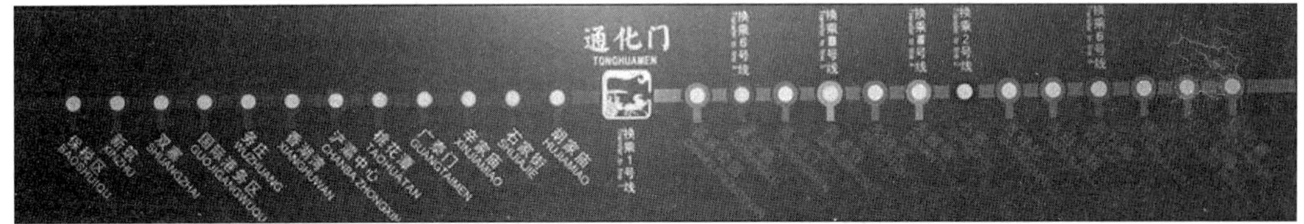

图 2-26　线路图

(4)站台上和车厢里的线路图可与列车运行方向标志结合。

4. 票价表(图)

(1)票价表(图)应设置在售票机(处)附近。

(2)实行计程票价制时，票价表(图)应突出标注出本站，并标注从本站到达各站的票价。

5. 站内示意图

(1)站内示意图应设置在车站的站厅、站台等适当位置。

(2)站内示意图应提供车站功能区域分布、服务设施分布等信息。

(3)站内示意图应标注乘客的当前位置。

(4)站内示意图中信息的方位应与乘客所在位置的实际场景一致,如图 2-27 所示。

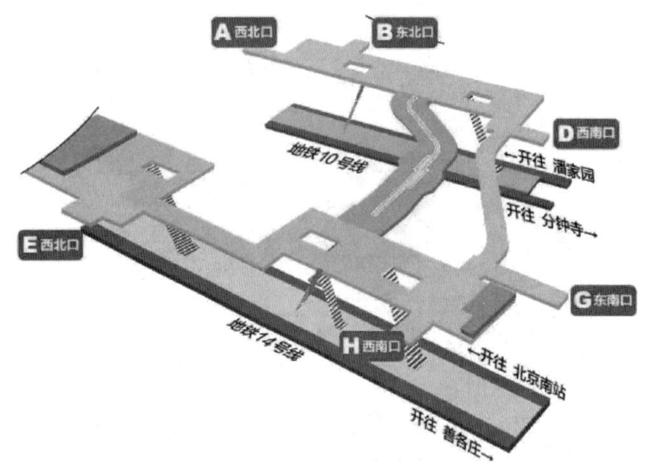

图 2-27　站内示意图

6. 车站所在街区导向图

(1)车站所在街区导向图宜设置在站台和站台通往出入口的通行区域的适当位置。

(2)车站所在街区导向图应包括车站周边道路、主要公共服务机构、著名景区、轨道交通与其他交通工具换乘等重要信息,如图 2-28 所示。

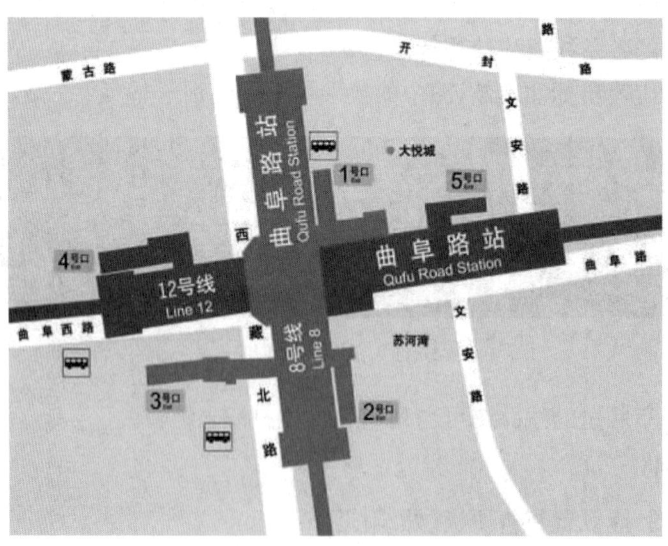

图 2-28　车站所在街区导向图

7. 实时运营信息

(1)实时运营信息宜在站台、车厢等处发布。

(2)发布的实时运营信息宜包括全线运营信息、车站运营信息、列车运营信息等。

8. 公告

(1)公告宜设置在出入口、通道、站厅、站台、车厢等适当位置。

(2)公告宜发布乘客在城市轨道交通公共场所应注意的事项、通知等信息。

2.2.6 城市轨道交通客运无障碍标志的相关规定

1. 无障碍设施导向标志

(1)无障碍设施导向标志应设置在通往无障碍设施(无障碍通路、自动检票机轮椅通路、升降梯、专用厕所、列车轮椅席等)的通行区域的相应位置。

(2)无障碍设施导向标志信息内容应包括箭头、无障碍设施图形符号;可包括文字注释等,如图2-29所示。

图2-29 专用电梯导向标志

2. 无障碍设施位置标志

(1)无障碍设施位置标志应设置在无障碍设施(无障碍通路、自动检票机轮椅通路、升降梯、专用厕所、列车轮椅席等)的上方等相应位置。

(2)无障碍设施位置标志信息内容应包括无障碍设施图形符号;可包括文字注释。

3. 视觉障碍者标志

(1)车站出入口至站台候车处应连续铺设用于引导视觉障碍者步行的盲道;合理设置行进盲道和提示盲道,以利于有视觉障碍的乘客顺利、安全地完成进站—乘车—出站的全过程。

(2)盲道的设计应符合《无障碍设计规范》(GB 50763—2012)的规定。

(3)车站出入口、站厅、站台、楼梯扶手的起点和终点、列车内车门等处应设置盲文触摸信息牌,可设置声音提示等信息装置。

(4)盲文应符合《中国盲文》(GB/T 15720—2008)的规定。

(5)城市轨道交通线路各车站的视觉障碍者专用标志的设置位置应尽可能一致,以利于视觉障碍者掌握设置规则,帮助他们发现和使用此标志。

2.3 城市轨道交通客运服务质量规范

要使城市轨道交通服务的质量不断提高与完善,加入管理的因素是必要的。服务不仅仅是停留在传统意义上的服务，不要单纯地认为为乘客提供了位移就是提供了服务，现在的服务已经远远超出了传统服务的意义，更注重服务的深层次内容。

2.3.1 城市轨道交通客运服务质量基本规定

1. 票务服务规定

(1)售票处(机)或其附近应有醒目、明确的车票种类、票价、售票方式、车票有效期等信息，方便乘客购票。

(2)自动售票机、自动充值设备上或自动售票机和自动充值设备附近应有醒目、明确、详尽的操作说明。

(3)人工售票、充值或售卡过程中，售票员应唱收唱付，做到准确、规范。

(4)对符合免费乘车规定，并持有效乘车证件的乘客，应验证后准乘。

(5)自动检(验)票机或其附近应有相应的标志或图示，方便乘客检(验)票。

(6)在特殊情况下，应及时采取有效措施，为乘客进行必要的票务处理。

2. 导乘服务规定

(1)车站的醒目位置应公布乘车常识和注意事项；必要时应通过广播等方式向乘客宣传乘车常识和注意事项。

(2)车站应提供即时、准确、有效的乘车信息。

(3)列车运营计划变更或列车运行不正常，对乘客造成影响时，应及时通知乘客；必要时应采取有效措施疏导乘客。

(4)车站出入口、售票处等醒目处应公示本车站首末车时间；车站宜公布列车间隔时间、各车站运行时间等信息。

(5)车站的醒目位置应公布车站周边公交线路的换乘信息。

(6)列车上，应向乘客提供列车运行方向、到站、换乘等清晰的广播或图文信息。

3. 行车服务规定

(1)城市轨道交通的运营时间应根据当地居民的出行规律及其变化来确定和调整，调整前应及时公示。

(2)应根据列车运行图组织列车运行，并根据客流变化等情况合理调整列车运行；对乘客有影响时，应及时公布。

(3)列车行驶应平稳，到站后应适时开关车门。

(4)列车发生故障时，应视情况采取救援、清客、继续运行到目的地等处理措施。

(5)一年内列车准点率(准点列车次数与全部开行列车次数之比，用以表示运营列车按规定时间准点运行的程度)应大于或等于98.5%，准点率的计算方法如下：

$$准点率=\frac{准点列车次数}{全部开行列车次数}\times 100\%$$

注意：凡按运行图图定的时间运行，早晚不超过规定时间界限的为准点列车，准点的时间界限指终点到站时间误差小于或等于2 min(市域快速轨道交通系统除外)；市域快速轨道交通系统准点的时间界限指终点到站时间误差小于或等于 3 min。

(6)一年内列车运行图兑现率(实际开行列车数与运行图图定开行列车数之比。实际开行的列车中不包括临时加开的列车数)应大于或等于 99%,列车运行图兑现率的计算方法如下：

$$列车运行图兑现率=\frac{实际开行列车数}{运行图图定开行列车数}\times 100\%$$

(7)列车拥挤度(线路高峰小时平均断面客运量与线路实际运输能力之比,列车按定员计算,用以表示列车的拥挤程度)不应大于 100%,列车拥挤度的计算方法如下：

$$列车拥挤度=\frac{高峰小时平均断面客运量}{线路实际运输能力}\times 100\%$$

4. 问询服务规定

城市轨道交通客运服务人员应提供现场问询服务和远程问询服务。

5. 特殊服务规定

(1)对残障等乘客应提供必要的服务,协助其顺利乘车。

(2)发现走失的儿童,应带领其至安全场所,并设法联系其监护人或报警。

(3)当遇到乘客身体不适时,应提供必要的帮助或拨打救助电话。

6. 应急服务规定

(1)应急服务应以保障乘客人身安全为首要目标。

(2)应分别就运营事故、重大活动、政府管制、恶劣天气、乘客伤亡、事故灾难等影响城市轨道交通正常运营的突发事件制定应急服务预案,并适时启动。

(3)当发生影响城市轨道交通正常运营的突发事件时,应及时告知乘客,并采取措施。

7. 服务用语规定

(1)服务语言应使用普通话。

(2)问询、播音宜提供英语服务。

(3)服务用语应表达规范、准确、清晰、文明、礼貌。

(4)服务文字应用中文书写,民族自治地区还应增加当地的民族文字。

(5)应根据本地区的特点提出服务忌语,对服务人员应进行防止使用忌语的培训。

8. 服务行为规定

(1)服务人员应按规定着装,正确佩戴服务标志。

(2)服务人员应坚守岗位,严格遵守规章制度。

(3)服务人员应做到精神饱满、端庄大方、举止文明、动作规范。

9. 服务承诺与监督规定

(1)服务组织应向乘客做出服务承诺,并通过多种方式向乘客和社会公布。服务承诺至少应包括列车准点率、列车运行图兑现率、乘客有效投诉回复率。

(2)乘客需要时,服务人员应说明或解释服务承诺。

(3)服务应接受乘客和社会的监督,服务组织应提供与乘客交流的有效途径。

(4)服务组织应建立内部服务监督制度,将服务评价纳入日常工作的评价、考核体系。

(5)服务组织应接受社会对服务的监督,应设置服务监督(投诉处理)机构,公布服务监督电话、服务监督机构通信地址。

(6)服务组织的自我评价,每年不应少于一次;评价结果应在车站公示,宜向社会公布。

(7)服务组织应有专人负责相关数据统计,并保证原始记录真实、准确。

(8)服务组织宜定期委托第三方进行评价,评价结果应在车站内公示,并应向社会公布。

(9)对不合格的服务项目应进行改进,对不合格服务的改进应制定行之有效的措施,并将改进结果记录存档。

(10)可采用乘客满意度进行服务评价,乘客满意度应通过抽样调查和统计分析获得;服务组织或监督机构可委托第三方进行乘客满意度测评。

(11)一年内有效乘客投诉率(有效乘客投诉次数与客运量之比)和有效乘客投诉回复率(已经回复的有效乘客投诉次数与有效乘客投诉次数之比)应满足下列要求:

①有效乘客投诉率应小于或等于百万分之三。

②有效乘客投诉回复率应为100%。

有效乘客投诉率和有效乘客投诉回复率的计算方法如下:

$$\text{有效乘客投诉率}=\frac{\text{有效乘客投诉次数}}{\text{客运量}}\times 100\%$$

$$\text{有效乘客投诉回复率}=\frac{\text{已回复的有效乘客投诉次数}}{\text{有效乘客投诉次数}}\times 100\%$$

注意:有效乘客投诉应在接到投诉之日起7个工作日内回复,超过7个工作日按未回复处理。

2.3.2 城市轨道交通客运服务质量控制

1.服务质量模式

服务质量模式是一个综合质量体系,是对轨道交通运营管理理念的研究和探讨,它由企业形象、技术性质量和功能性质量3个部分组成。

(1)企业形象。企业形象是指公司的整体形象及其整体魅力。城市轨道交通面向大众、服务大众的社会特征决定了城市轨道交通运营企业不仅要追求经济效益,更要考虑社会效益。企业文化的发展及企业良好的社会形象同样能体现出企业的管理水平。

(2)技术性质量。技术性质量即提供的服务是否具备适当的技术属性。这是服务质量在技术上的保证,通过采用新技术,可提高城市轨道交通运行安全的保障力度,并为乘客提供一个舒适的乘车、候车环境。

(3)功能性质量。功能性质量是研究如何提供服务的。城市轨道交通运营企业应对客运服务的整个流程进行分析研究,不断完善各项服务设备及辅助性服务设施,增强各类设施、设备的功能性和简便实用性,以更好地满足乘客的需求。

2. 客运服务质量评价

(1)服务质量的概念。研究质量管理的学者对服务质量有不同的定义,比较有代表性的是早期的符合性定义与后来的满足性定义。早期的符合性定义认为,服务质量以提供的服务是否符合设定标准为衡量依据,符合设定标准的程度反映了服务质量的水平。后来的满足性定义认为,服务质量以提供的服务是否满足顾客期望为衡量依据,满足顾客期望的程度反映了服务质量的水平。

上述两个定义均反映了服务质量概念的某一方面,存在一定的片面性。但满足性定义强调服务应以顾客为中心,顾客对服务的期望和体验是评价服务质量的基本依据,显然是一个进步。

国际标准化组织(International Organization for Standardization,ISO)下属的质量管理和质量保证技术委员会将服务质量定义为满足规定要求与隐含需要的特性总和。该定义综合了上述两个服务质量定义的内涵。

(2)服务质量评价指标。进行车站客运服务质量评价,首先应构建一组评价指标。构建评价指标应符合全面性、针对性、独立性和可操作性等原则。全面性是指评价指标应能系统地评价客运服务质量;针对性是指评价指标应能反映客运服务质量的主要方面;独立性是指各个评价指标的内涵不能相互替代;可操作性是指评价指标不宜太多,应使乘客评价意见易于被采集与处理。在构建评价指标时,应在分析车站客运服务内容的同时,重点分析乘客从进站到上车(或从下车到出站)过程中对车站客运服务的期望。根据分析,乘客对车站客运服务的期望主要是便捷、舒适与安全,而车站客运服务的内容主要是乘客导向、售检票、乘降组织、车站环境、对老弱病残孕乘客的特殊服务等。因此,车站客运服务质量可用便捷性、舒适性和安全性等指标来评价。

①便捷性。便捷性主要反映乘客在车站内所需时间和方便程度。对便捷性的评价可以考虑采用导向标志设置、售检票作业、列车信息提供、换乘时间等指标。

②舒适性。舒适性主要反映乘客对车站及候车环境的总体感知。对舒适性的评价可以考虑采用卫生、温度、湿度、新风量、照明、自动扶梯使用、高峰小时拥挤程度、无障碍化、服务态度、有责投诉及其处理等指标。

③安全性。安全性主要反映乘客在车站内免除危险的程度。对安全性的评价可以考虑采用候车秩序、站台安全、乘客疏导、应急救援措施等指标。

(3)服务质量评价方法。车站客运服务质量涉及多方面属性,因此评价指标体系是多层次结构。例如,在评价指标体系中,第一个层次是综合指标,即乘客满意度;第二个层次是要素指标,即便捷性、舒适性和安全性;第三个层次是各个特征指标。此外,乘客的评价意见是一种定性评价,具有一定的模糊性。

因此,车站客运服务质量评价是典型的多因素、多指标综合评价问题。可以采用模糊的综合评价方法来对服务质量进行评价。该评价方法根据模糊数学的隶属度理论把定性评价转化为定量评价,即用模糊数学对受到多种因素制约的事物或对象做出一个总体的评价。该评价方法具有数学模型简单、综合评价效果较好等特点。

2.3.3 城市轨道交通客运服务标准

在每个环节设置完善的硬件设施，制定客运服务标准，提高每个环节的服务质量，才能为乘客提供优质的服务，让乘客满意。表 2-3～表 2-10 分别列出了某城市轨道交通车站不同环节的客运服务标准。

表 2-3 进站环节客运服务标准

服务项目	客运服务标准	备注
乘客进站	(1)确认本站各出入口的地面导向标志指引是否清晰、正确，是否能正确地指引乘客找到地铁进站口，若地面导向标志损坏、指示错误或不明晰，车站员工应及时上报； (2)确保各出入口的拉门在运营时间内打开，每天开门时间为该站头班车出发之前 15 min； (3)确认出入口公告栏信息(票价、时刻表等)、地下导向标志的指引是否正确，确保通道、站厅处乘客乘车守则等宣传框清晰、齐备，严格按照站务室要求执行，若有误，车站员工应及时上报； (4)确保通道照明设施状态良好，有足够的光亮度； (5)确保各种悬挂设施牢固、稳定、完整，非悬挂设施完整无缺，没有伤及乘客的危险； (6)确保通道、站厅卫生清洁，无杂物、纸屑、积水，若发现地面不清洁或有积水，应立即通知保洁人员处理，并在有积水处放置“小心地滑”告示牌； (7)乘客询问如何乘车或厅巡员巡视时发现有不明确乘车程序的乘客，应主动给予帮助	当班的值班站长应该多巡站
乘客携带大件行李进站	(1)将物品度量器摆放在进、出闸机附近比较明显的地方，以便工作人员进行测量和乘客进行识别； (2)当乘客携带超长、超重的行李时，向乘客解释:“对不起，您不能携带超长(超重)的物品进站，请您改乘其他交通工具”； (3)符合规定的大件行李要求乘客购买行李票； (4)必要时厅巡员应协助携带被允许的大件物品的乘客进站	厅巡员发现乘客携带大件行李时应主动引导
乘客携带气球(宠物)进站	厅巡员应及时制止，并向乘客解释:“对不起，为了您的安全(保持车站的环境)，请不要携带气球(宠物)乘车，谢谢合作”	
乘客进站时乱扔乱吐	(1)厅巡员应及时制止，并解释“对不起，按市政府规定，在公共场所乱扔乱吐，您将被处以罚款”； (2)厅巡员应立即通知保洁人员进行清扫，不得影响车站的整洁环境	

（续表）

服务项目	客运服务标准	备　注
乘客询问工作人员自身不熟悉的乘车线路	按服务标准，对乘客的问题做到有问必答，如果出现工作人员自身不熟悉的地址或者乘车线路时，不能主观臆断地告诉乘客，而应回答："对不起，我不清楚，我帮您询问其他工作人员。"若车站其他员工都不知道时，应礼貌地向乘客解释	
乘客要求找人、找物	真正树立"想乘客之所想，急乘客之所急，帮乘客之所需"的主动服务意识。车站应记录乘客的找人、找物信息，立即向行车调度中心汇报，请行车调度中心将此信息通报各站，发动各站进行寻找，并请乘客留下地址、联系电话，以便联系	

表 2-4　购票环节客运服务标准

服务项目	客运服务标准	备　注
乘客询问如何购票	(1)当乘客询问如何购票时，应回答："如您需要购买单程票，请您到自动售票机购买；如您需要购买储值票，可直接在售票亭购买"； (2)对老人、小孩，厅巡员应给予积极主动的服务	厅巡员应多巡视，主动指引乘客到自动售票机处购买单程票
乘客使用的设备运行不良	(1)当乘客使用的自动售票机等设备运行不良时，厅巡员应该立即挂"暂停服务"牌，并请乘客使用其他机器； (2)将设备故障情况报站控室，及时通知相关人员维修	厅巡员应及时巡视，确保自动售票机等设备运行正常
乘客购买储值票	售票员严格执行"一收、二唱、三操作、四找零"的程序，并且将赋值成功的车票插入BOM后说"请看显示器显示是否为××元的车票"，在乘客确认无误后，说"找您××元，一张××元的车票"	
零钱不足	售票员应有礼貌地询问乘客："请问您有零钱吗?"或者说："对不起，这里的零钱刚刚找完，请您稍等，我们马上备好零钱。"也可以说："麻烦您到对面票亭去兑换"	车站必须尽量避免出现零钱储备不足的情况
硬币不足	(1)向乘客耐心解释："对不起，这里的硬币刚好兑换完，麻烦您到对面售票亭或银行去兑换硬币"； (2)立即通知客运值班员增配硬币	科学配币，及时巡视，避免出现硬币不足的情况
乘客付给假钞、残钞	(1)除对缺损四分之一以上，破旧、辨认不清面值的纸币可以拒收外，其余都应按规定收取； (2)售票员发现乘客使用假钞时，应耐心向乘客解释："您这张钱不能使用，请您另外换一张人民币。"若解释仍无效，则可报告值班站长或请求公安机关出面处理； (3)若遇到面值较大或数量较多的假钞，应立即报告值班站长或请求公安机关出面处理	

（续表）

服务项目	客运服务标准	备　注
因票款不符而与乘客发生纠纷	(1)车站工作人员向乘客解释:“对不起,我们的票款是当面点清的,请您再确认一下您的票款是否正确,如果确实有误,我们立即进行封窗查票”; (2)当发现乘客票款确实有误时,值班员级别以上人员应立即进行封窗查票,若售票员长款,应马上把多收钱款退还给乘客,向乘客解释:“对不起,由于我们工作的疏忽给您带来不便,希望您谅解,我们会避免再次发生此类事件。”若票款吻合,应做好安抚工作,耐心向乘客解释:“对不起,经我们查实,票款没有差错,请您谅解和合作。”若乘客故意为难员工,可找公安机关配合处理	在售票亭显眼处张贴“票款当面点清”的告示;要求售票员按照“一收、二唱、三操作、四找零”的程序操作
乘客购票时	(1)检查设备状态,若显示卡币,则按规定办理; (2)若显示正常,则先由厅巡员模拟购票给乘客看。若卡币,按规定为乘客办理;若无卡币,向乘客解释:“对不起,经核查,机器没有出现故障,按我公司的票务政策规定,不能为您办理,请您谅解和合作”	
乘客要求退票	(1)向乘客解释单程票一律不给予退票(因地铁运营故障等原因除外); (2)对于储值票,请乘客到票务处办理退票手续	

表 2-5　进闸环节客运服务标准

服务项目	客运服务标准	备　注
乘客进闸	(1)对第一次使用车票进闸的乘客,特别是老年乘客,厅巡员要协助他们使用车票,告知乘客:“请按车票上的箭头方向插票,通过后拿回车票,并妥善保管好车票”; (2)对携带了大件行李而不便进闸的乘客,厅巡员应引导乘客去宽通道闸机进闸,并告知乘客保管好车票	
超高小孩无票、成人逃票或违规使用车票	(1)当发现超高小孩无票或成年人故意逃票时,应马上上前制止,并要求其重新到票务处买票,解释:“对不起,您超过了×× m(您好,成年人应该买票),请您购票,请配合我们的工作”; (2)若发现违规使用车票(如成人使用学生票、年轻人使用老人票或老人半价票等有意逃票的行为)的乘客,可按执法程序执法,必要时找公安机关配合处理	在进闸机、售票亭处设立明显的标高标尺;加强对进闸机的巡视
乘客进闸时饮食	发现乘客进闸时饮食,厅巡员应该马上制止,并向乘客解释:“为了保持车站及车厢的卫生,请勿在入闸后饮食,谢谢合作”	加强对进闸机附近情况的巡视

（续表）

服务项目	客运服务标准	备　注
乘客乘坐电梯	在乘客进闸后乘坐电梯到达站台的过程中，通过电梯扶手处张贴的宣传画、乘电梯守则和站厅广播等向乘客宣传“右侧站稳，左侧通行”，车站员工要加强对乘客的引导	广播应按时播放
残障人士下楼	车站厅巡员、护卫应及时安排并帮助残障乘客乘坐残障人士专用电梯	
老年乘客坚持乘扶梯而拒绝走楼梯	(1)进闸后，劝老人走楼梯或由家人陪同前往站台，或由厅巡员陪同老人一起下楼梯，送至站台； (2)利用广播宣传“老人乘坐扶梯请由家人陪同”	
乘客摔伤	(1)一旦发现乘客摔伤，车站工作人员应立即搀扶其到车控室。若乘客伤势严重，立即拨打120急救电话；若乘客伤势较轻，可由车站提供治疗外伤的药品进行医治； (2)立即寻找两位目击证人，若是因地铁运行原因而造成乘客摔伤，通知保险公司，按地铁有关规定处理；若是因乘客自身原因所致，则安抚乘客下次小心，必要时通知其家人	

表 2-6　站台候车环节客运服务标准

服务项目	客运服务标准	备　注
确保乘客候车的良好环境	确保站台卫生清洁，无杂物、纸屑、积水，若发现站台不清洁或有积水，应立即通知保洁人员处理，并在有积水处设置“小心地滑”的告示牌	值班站长每班巡站不得少于3次
乘客站在黄色安全线边缘或以蹲姿候车时的安全教育	(1)通过车站固定录音广播、人工广播等不断向乘客宣传，强调：“为了您的安全，请在黄色安全线内候车(请勿蹲姿候车)”； (2)站台岗员工应不断加强巡视，发现有乘客越出黄色安全线或以蹲姿候车时，应立即用手提广播制止乘客的行为； (3)发现身体不适或年龄较大的乘客，可指引他们到候车椅上休息	车站应定时播放站台安全广播
乘客候车时吸烟	站台岗员工发现有乘客吸烟，应立即加以制止，并有礼貌地解释：“对不起，为了安全，地铁站不允许吸烟，请您灭掉香烟，谢谢合作”	
小孩在站台追跑	站务员应特别提醒家长带好自己的小孩，不要让他们随意在站台上奔跑，及时上前制止正在追逐打闹的小孩，用人工广播强调：“地面很滑，容易摔跤，请家长带好小孩，不要在站台追逐、打闹、奔跑”	

（续表）

服务项目	客运服务标准	备　注
站台有老人、小孩、精神异常者等特殊乘客	(1)发现有老人、小孩候车，应重点留意并指引他们到座位上等候； (2)发现有精神异常的乘客，应立即通知车控室处理，并重点留意他们的动态，同时加强维持站台的秩序； (3)发现有身体不适的乘客，应主动上前询问情况，并指引他们到座位上休息。若乘客感到非常不适，应立即通知车控室处理	站台岗员工应对站台候车乘客的动态加强观察
乘客有物品掉下轨道	(1)站台岗员工应立即提醒并安抚乘客："请勿私自跳下轨道，我们的工作人员将会尽快为您拾回物品，谢谢合作"； (2)站台岗员工再用对讲机通知车控室处理，同时要确保乘客不能有跳下轨道的行为	站台岗员工应对携带大件物品、推车、球类和在站台使用手机的乘客多提醒，多留意
列车晚点，延误乘客的乘车时间	(1)在列车晚点 10 min 以上时，值班站长应立即采取措施，通知各岗位列车晚点，做好对乘客的解释工作； (2)按列车故障、晚点规定，在车站计算机(station computer，SC)系统上设置列车故障模式； (3)用标准广播向乘客播放相关票务政策，为乘客提供全面的服务，让乘客满意	

表 2-7　乘车环节客运服务标准

服务项目	客运服务标准	备　注
列车开门	(1)列车自动开门后，司机确认气制动施加灯亮后，立即走出驾驶室，在站台立岗； (2)人工驾驶列车时，待列车停稳后，马上按规定程序(先确认，再呼唤，跨半步，再开门)打开车门，并立即进行立岗作业； (3)司机应注意力集中，保持良好的站姿，发现有异常情况，马上用对讲机报告车站并协助车站处理	
乘客上车	站台岗员工通过人工广播或站台广播向乘客宣传："上车时，请小心站台与列车之间的空隙，在车门即将关闭时，请不要强行上车，以防被车门夹伤，请耐心等待下一趟列车"	

（续表）

服务项目	客运服务标准	备　注
列车运行	(1)列车在车站动车前，司机要通过监视镜再次确认站台安全后才可动车。若发现有乘客突然越出黄色安全线，则马上采取措施并再次确认站台安全后才可继续动车； (2)人工驾驶列车时，司机应注意平稳操纵列车，做到起动、调速、进站停车平稳，准确对标，避免二次启动； (3)人工驾驶列车时，要按压主控手柄上的警惕按钮，严格控制速度，避免松开警惕按钮，以致超速而产生紧急制动； (4)列车在运行过程中，司机对前方线路要加强瞭望，进站前应鸣笛，发现有紧急情况时应马上采取紧急措施	
乘客在车厢内应遵守的地铁规章	通过车厢内的宣传标语、车站广播等多种方式向乘客宣传，严禁乘客在车厢内攀爬、悬吊、睡卧、追逐、打闹等	
列车广播	(1)列车开动后，司机要确认列车上的广播已经正确播放； (2)若自动广播发生故障，司机应进行人工广播，给予乘客正确指引	
车门夹人	(1)当乘客未被夹伤但要求有说法时，应耐心、认真听乘客叙述事情经过，并进行分析。若因乘客抢上抢下而被夹，应向其说明有关注意事项，希望乘客今后乘坐时提前做好上下车准备，避免再次出现此类现象；若确因地铁方面的原因造成乘客被夹，应向其表示歉意； (2)若乘客被夹伤，要求去看病时，首先要安慰被夹伤的乘客，并向乘客讲明自己正在当班，不能擅自离岗，通知值班员/值班站长处理。若因地铁方面的原因造成乘客夹伤，则通知保险公司，按地铁有关规定处理	

表 2-8　站台下车环节客运服务标准

服务项目	客运服务标准	备　注
乘客下车	(1)站台岗员工通过人工广播或站台广播向乘客宣传："乘客下车时，请小心站台与列车之间的空隙，车门即将关闭时，请不要强行下车，谨防被车门夹伤"； (2)对下车的老人和小孩，应用广播宣传："请老人、小孩走楼梯或由家人陪同乘坐电梯"	

（续表）

服务项目	客运服务标准	备　注
列车关门	(1)在确认乘客上下车完毕后，发车时间显示器(departure time indicator,DTI)显示 8～10 s时开始关门； (2)司机应掌握好关门时机，准确关门，发现有乘客抢上抢下时，要及时采用重开门按钮开门，避免夹伤乘客； (3)车门关好后，马上呈立正姿势再次确认列车所有车门黄色指示灯灭，所有乘客离开黄色安全线再进入驾驶室	
乘客乘坐电梯	在乘客下车后乘坐电梯到达站厅的过程中，通过电梯扶手处张贴的宣传画、乘电梯守则和站厅广播等向乘客宣传"右侧站稳，左侧通行"	定时多广播
残障人士上楼	车站厅巡员、护卫应及时安排并帮助残障乘客乘坐残障人士专用电梯上楼	
乘客下车后在站台逗留	站台岗员工注意下车乘客的动态，若发现有逗留在站台不出站的乘客，应主动上前询问情况，礼貌地告诉乘客不要在车站逗留，应该尽快出站	站台岗员工要提高警惕，避免发生逗留的乘客跳轨追车或跳至另一个站台等紧急情况

表 2-9　出闸环节客运服务标准

服务项目	客运服务标准	备　注
有秩序地组织乘客出闸	厅巡员应加强对出闸机的巡视，并通过人工广播的形式向乘客进行关于单程票回收和一张票只能允许一人通过闸机的宣传	
超高小孩无票、成人逃票或违规使用车票	(1)发现超高小孩无票或成年人故意逃票出闸时，应马上上前制止，解释："对不起，您超过了××m(或您好，成年人应该买票)，请您补票，按地铁票务政策规定，补票是补全程××元，请您配合我们的工作"； (2)若乘客态度不好且不愿补票，应耐心地向他们解释地铁的票务政策，若乘客故意为难工作人员，可找公安机关配合处理； (3)若发现违规使用车票的乘客(成人使用学生票、年轻人使用老人免费票或老人半价票等故意逃票的行为)，可按执法程序执法，必要时找公安机关配合处理	加强对出闸机附近情况的巡视
携带大件物品的乘客	对携带大件物品且不便出闸的乘客，厅巡员应引导其通过宽通道闸机，对已购买行李票的乘客，厅巡员应向乘客收回车票，并将车票放入出闸机回收	

（续表）

服务项目	客运服务标准	备　注
乘客卡票（含如何辨别是否真为卡票）	(1)在车站计算机上或到现场查看闸机状态，若发现确实卡票，可按照规定办理； (2)找到车票后，向乘客询问有关车票的信息，确认车票是否为该乘客的，并做好相应的解释工作； (3)若车站计算机无报警，打开闸机时也没找到车票，请AFC维修人员到现场确认，若情况属实，对乘客做好解释工作	
乘客手持车票出不了站	(1)厅巡员发现出不了站的乘客或听到求助门铃响后，应及时赶到现场，请乘客到票务处的补票窗口办理相应手续； (2)向乘客做好解释工作，说："对不起，您的车票已超乘，请按规定补交超乘车费××元。"或说"对不起，您的车票已超时，按规定需补款××元。"或说："对不起，您的车票有问题，我现在为您处理"	
售票员处理补票口车票	(1)当付费区与非付费区均有人时，对乘客要做好解释工作，向非付费区乘客解释："请稍等，待会儿帮您处理"； (2)经车票分析后，通过显示器告诉乘客需要补票或者车票过期等信息	

表 2-10　出站环节客运服务标准

服务项目	客运服务标准	备　注
乘客出站	(1)确认站厅的出入口导向标志等信息是否正确，是否完整；若导向标志损坏，或指示出错，车站员工应及时通过运营日况、书面报告、口头报告等形式报站务室； (2)若乘客不确定自己出站的方向，车站人员应给予主动、热情的指引，不能欺骗或敷衍乘客	车站员工应熟悉地铁连接的各大建筑物、商场、学校、医院等场所，以及采取的换乘方式
乘客在地铁站逗留	厅巡员发现有乘客在地铁站逗留时间较长而不出站，或坐在站厅的地上时，应及时问清乘客逗留的原因，礼貌地请乘客不要坐在站厅地面，请乘客尽快出站，以免影响车站正常的客运工作	
有乘客投诉	(1)全体站务人员应具备预防服务冲突的两种优良品质，即宽容大度和与人为善； (2)处理问题时应注意方式方法，采用"易人、易地、易性"的方式，耐心地做好乘客解释工作，寻求最佳的处理时机，避免投诉事件的发生。易人是指必要时将投诉事件交给其他站务人员处理；易地是指将乘客请到房间内或僻静处来处理问题，给乘客留面子；易性是指将原则性和灵活性进行有机结合	尽量避免在乘客聚集的场所处理投诉事件

2.4 城市轨道交通客运服务设施、安全与环境规范

城市轨道交通客运服务设施、安全与环境的好坏直接影响着乘客的客观感受，做好城市轨道交通客运服务设施、安全与环境方面的工作，对城市轨道交通客运服务的正常进行有着十分重要的作用。

2.4.1 城市轨道交通客运服务设施基本规定

1. 客运服务设施基本要求

(1)服务设施的布置和运行应与设计或验收时的标准保持一致。

(2)服务设施布置和运行的调整变化应是在设计或验收标准要求之上的改进与提高，不应降低服务水平和减少服务内容，不应随意减少服务场所的面积和使用空间。

2. 车站基本服务设施规定

(1)车站出入口、步行梯、通道、站厅、站台等场所应通畅，地面应保证完好、平整、防滑。

(2)自动扶梯、电梯、轮椅升降机等乘客输送设施应安全、可靠、运行平稳。

(3)屏蔽门应保证安全可靠、状态完好。

(4)无障碍服务设施应保证正常使用。

3. 票务设施规定

(1)票务设施应布局合理，满足通过能力和客流疏散要求。

(2)售检票设施应安全可靠、状态完好。

(3)当票务设施发生故障无法使用时，应有明显的标志引导乘客使用其他可用设施；必要时，票务闸机通道应处于全开通的状态。

4. 导乘设施规定

(1)导乘标志应醒目、明确、规范，引导乘客安全、便捷地出行；标志的设置应符合《城市轨道交通客运服务标志》(GB/T 18574—2008)的要求。

(2)车站的广播设施应具备对站台、站厅、换乘通道、出入口等处单独广播和集中广播的功能。自动广播发生故障时，应能够进行人工广播。

(3)广播设施应音质清晰、音量适中、不失真。

5. 问询服务设施规定

(1)车站应有人工问询或自助查询设备，并应标示问询点现时的工作状态。

(2)自助查询设备应性能可靠、操作简单、指示明确、状态完好。

6. 照明设施规定

(1)车站正常照明和紧急照明设施应状态完好；正常照明应采取节能措施，并持续改进。

(2)照明设施的设置、性能等应符合《城市轨道交通照明》(GB/T 16275—2008)的要求。

7. 列车规定

(1)列车上的座椅、扶手等设施应安全可靠,乘客信息系统应清晰、有效。

(2)列车上的残障等特殊乘客优先座椅应有明显标识。

(3)列车上的应急设备应保持有效,并设置醒目的标识和操作导引。

(4)列车上的空调、采暖、通风、照明、闭路电视(监控用)等设备应保持状态完好,并按规定开启。

(5)运营列车应保持技术状态完好。

8. 其他设施规定

(1)车站宜设置适量的乘客座椅,并保持完好。

(2)车站内设置的公共卫生间应清洁,并保证正常使用。

(3)通风、采暖与空调系统,以及 BAS 应按规定设置并开启。

(4)火灾报警系统应按规定设置,并保证处于正常运行状态。

(5)屏蔽门的应急开启装置应完好,操作导引应醒目、清晰。

9. 服务设施的可靠度规定

一年内服务设施的可靠度应满足下列规定:

(1)售票机可靠度应大于或等于 98%。

(2)储值卡充值机可靠度应大于或等于 98%。

(3)进出站闸机可靠度应大于或等于 99%。

(4)自动扶梯可靠度应大于或等于 98.5%。

(5)垂直电梯可靠度应大于或等于 99%。

(6)车站乘客信息系统可靠度应大于或等于 98%。

(7)列车乘客信息系统可靠度应大于或等于 98%。

(8)列车服务可靠度应大于 50 万车千米。

2.4.2 城市轨道交通客运服务安全基本规定

城市轨道交通客运服务安全基本规定如下:

(1)安全服务设施应保持 100%的可用性。

(2)手动火灾报警按钮旁边应设置明显的标志和使用说明。

(3)火灾时,供公众疏散使用的且平时需要关闭的疏散门,应确保在火灾时不需要任何器具就能手动迅速开启。

(4)列车客室内应设置乘客手动报警与司机或车站控制室通话的装置,紧急情况下乘客可向司机或车站控制室报警。

(5)服务组织应建立安全管理体系,明确安全责任。

(6)服务组织应向乘客进行安全宣传,定期组织应急疏散演习。

(7)服务组织应按规定及时妥善处理给乘客造成的损失或伤害,做到公正、诚实、守信。

2.4.3 城市轨道交通客运服务环境基本规定

1. 服务卫生规定

(1)服务组织应向乘客提供适宜的候车和乘车环境。

(2)服务组织宜向乘客提供温度、湿度、空气质量、噪声等级和天气状况等候车、乘车的环境信息。

(3)车站、列车上应保持空气清新。封闭式车站的温度、新风量应符合《地铁设计规范》(GB 50157—2013)的规定;列车客室内的温度、新风量应符合《地铁车辆通用技术条件》(GB/T 7928—2003)的规定。

(4)车站的候车和乘车环境应整洁,应及时清除尘土、污迹、垃圾等,不应有异味。

(5)车站、列车车厢、空调系统、公共卫生间等直接与乘客接触的服务设施、反复使用的车票应定期清洁、消毒。

(6)服务人员应持有效的健康证上岗,服务人员患有传染性疾病时,不应从事直接为乘客服务的工作。

2. 环境保护规定

(1)列车客室噪声限值应符合《城市轨道交通列车噪声限值和测量方法》(GB 14892—2006)的规定。

(2)车站噪声限值应符合《城市轨道交通车站站台声学要求和测量方法》(GB 14227—2006)的规定。

3. 其他环境规定

(1)宣传横幅、标语、广告等不应遮挡标志标识、指示牌、公告、通知等服务设施,或影响其使用。

(2)广告宣传灯箱及灯光的使用不应影响标志标识、指示牌、公告、通知及设施设备的辨认和使用。

学习评价

本模块学习完成后,请根据自己的学习所得,结合表 2-11 所列内容进行打分评价。

表 2-11 模块 2 学习评价表

评价内容	评价方式			评价等级
	自　评	小组评议	教师评议	
课前预习本模块相关知识、相关资料				A. 充分 B. 一般 C. 不足

（续表）

评价内容	评价方式			评价等级
	自　评	小组评议	教师评议	
了解城市轨道交通客运组织的概念、特点、原则和基本要求				A. 充分 B. 一般 C. 不足
熟悉城市轨道交通客运组织的基本规定				A. 充分 B. 一般 C. 不足
熟练认知城市轨道交通客运服务标志				A. 充分 B. 一般 C. 不足
掌握城市轨道交通客运服务质量的相关规定				A. 充分 B. 一般 C. 不足
掌握城市轨道交通客运服务设施、安全与环境的相关规定				A. 充分 B. 一般 C. 不足
参加教学中的讨论和练习，并积极完成				A. 充分 B. 一般 C. 不足
善于与同学合作				A. 充分 B. 一般 C. 不足
学习态度，完成作业				A. 充分 B. 一般 C. 不足
总评				

思考与练习

(1)简述城市轨道交通客运组织的特点。

(2)城市轨道交通客运安全标志包括哪些？

(3)城市轨道交通客运服务质量的基本规定有哪些？

(4)简述城市轨道交通客运服务标准。

(5)城市轨道交通客运服务设施的基本规定有哪些？

模块3 城市轨道交通车辆及车辆基地管理

学习目标

(1)掌握城市轨道交通车辆运用和维护的基本规定。
(2)熟悉城市轨道交通车辆编组、标识和编号的规定。
(3)了解城市轨道交通车辆检修制度。
(4)掌握城市轨道交通车辆基地管理的基本规定。
(5)了解城市轨道交通车辆基地各岗位设置及职责。

学习重点

(1)城市轨道交通车辆运用和维护的基本规定。
(2)城市轨道交通车辆编组、标识和编号的规定。
(3)城市轨道交通车辆基地管理的基本规定。

3.1 城市轨道交通车辆的运用和维护规范

城市轨道交通车辆是城市轨道交通系统中运送乘客的工具,是技术含量极高的综合型机电设备,也是城市轨道交通系统中最关键和最重要的设备,运用好和维护好城市轨道交通车辆对于城市轨道交通安全有着十分重要的作用。

3.1.1 城市轨道交通车辆运用和维护的基本规定

城市轨道交通车辆运用和维护的基本规定包括下列内容:
(1)运营单位应根据线路运营需要,制订运用车、维修车和备用车计划。
(2)车辆应定期维护,保持技术状态良好、设备齐全。

(3)列车内安全标识、引导标识、无障碍设施、广播设备和灭火器等应设置齐全。

(4)车辆履历本、列车司机操作手册、故障诊断手册等资料应齐全。

(5)运营单位应按照《地铁设计规范》(GB 50157—2013)和《地铁车辆通用技术条件》(GB/T 7928—2003)的要求,根据车辆实际技术状态、走行里程、使用时间确定检修周期,制定检修规程,可采用日检、双周检、月检、年检(定修)、架修或大修等。

(6)运营单位应根据车辆检修规程、场地、人员等条件编制车辆维修操作文件。

(7)车辆保养和维修应加强与信号、通信等系统的协调与配合。

(8)运营单位应建立车辆维修档案管理制度,严格记录和存档车辆维修、使用信息,维修记录应至少保存5年。

(9)运营单位应制定列车卫生保洁制度,规定列车车体和客室的保洁周期,定期对列车进行保洁。

(10)运营车辆保有量应按设计年度运能规模配置。当客运量规模预计达到设计年度计划时,应提前购置所需车辆,并补充、完善相应配套设施。

(11)运营单位应建立车辆维修基础资料档案管理制度,包括车辆维修与保养手册、易损易耗件目录、部件功能描述技术文件、车辆电器部件接线图、车辆各系统电路图、车辆布线图、车辆部件拆装工艺和流程等。

3.1.2 城市轨道交通车辆编组、标识和编号的规定

1. 车辆编组的规定

在城市轨道交通车辆中,动车M和拖车T通过车钩连接而成的一个相对固定的编组称为一个(动力)单元,一辆列车可以由一个或几个(动力)单元编组而成。目前,我国城市轨道交通列车常用的6辆编组列车主要是“3动3拖”和“4动2拖”,4辆编组列车主要是“2动2拖”。下面举例说明城市轨道交通车辆的编组情况。

(1)西安地铁1号线、2号线列车均采用“3动3拖”的编组形式,编组的表达式为

=Tc * Mp * M * T * Mp * Tc=

而西安地铁3号线增加了动力,采用“4动2拖”的编组形式,编组的表达式为

=Tc * Mp * M * M * Mp * Tc=

式中,Tc表示有司机室的拖车;Mp表示带受电弓的动车(空气压缩机装在Mp车);M表示不带受电弓的动车;T表示不带司机室的拖车。

注意:列车编组表达式中,“—”表示全自动车钩;“=”表示半自动车钩;“*”表示半永久车钩。

(2)广州地铁1号线列车采用“4动2拖”的编组形式,编组的表达式为

—A * B * C=C * B * A—

式中,A表示拖车,并且一端设有驾驶室,车顶上装有受电弓,车底装有一套空气压缩机组;B和C均表示动车,两者结构基本相同。

广州地铁2号线与广州地铁1号线基本一样,只是受电弓装于B车车顶,而空气压缩机组装于C车车底。

(3)上海地铁 1 号线、2 号线列车在开通初期为 6 辆编组,均采用“4 动 2 拖”的编组形式,编组的表达式为

$$-A=B*C=C*B=A-$$

而远期为 8 辆编组,均采用“6 动 2 拖”的编组形式,编组的表达式为

$$-A*B*C=B*C=B*C=A-$$

式中,A 表示拖车,一端设有驾驶室;B 表示动车,车顶装有受电弓;C 表示动车,车底装有一套空气压缩机组。

(4)天津滨海轻轨列车在开通初期为 4 辆编组,采用“2 动 2 拖”的编组形式,编组的表达式为

$$=Mcp*T=T*Mcp=$$

而远期为 6 辆编组,采用“3 动 3 拖”的编组形式,编组的表达式为

$$=Mcp*T=T*M=T*Mcp=$$

式中,Mcp 表示带司机室、受电弓的动车;T 表示不带司机室的拖车;M 表示不带司机、受电弓的动车。

2. 车辆车端、车侧的标识定义

下面以参考德国工业标准 DIN 25006 的广州地铁 2 号线车辆标识方法为例进行介绍。

(1)车端。如图 3-1(a)所示,每辆车的 1 位端定义为:A 车 1 位端是带有全自动车钩的一端,B 车 1 位端是与 A 车连接的一端,C 车 1 位端是连接半永久牵引杆的一端;另一端就是 2 位端。

(2)车侧。当车辆检修人员位于车辆的 2 位端、面向 1 位端时,其右侧就称为该车辆的右侧,左侧即为该车辆的左侧。

3. 列车车侧的定义

列车车侧的定义与车辆车侧的定义是不同的。如图 3-1(b)所示,列车车侧以司机为主体,司机坐于列车驾驶端座位上时,司机的右侧即为列车的右侧,司机的左侧即为列车的左侧。换句话说,列车车侧就是按列车的行驶方向来定义的,这与公路上汽车按行驶方向定义左右侧是相同的。

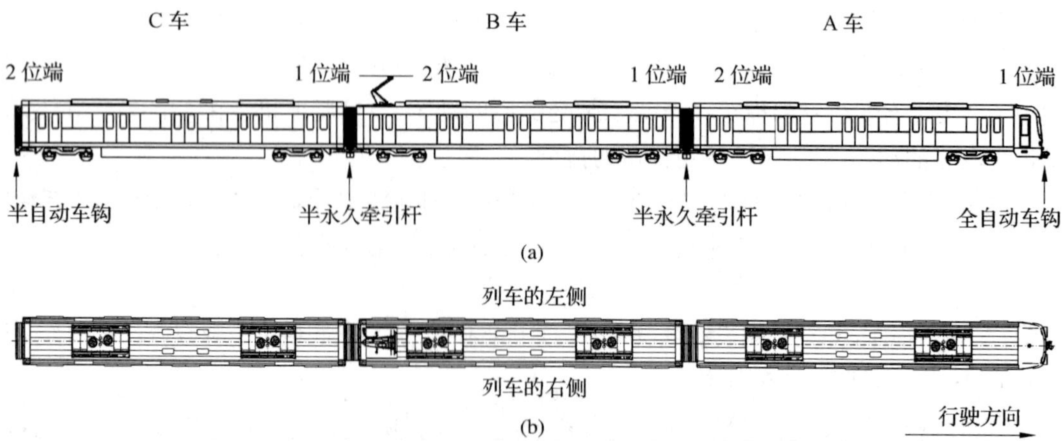

图 3-1 车辆车端和车侧的标识及列车车侧的定义

4. 车厢编号的规定

城市轨道交通车辆的每节车厢都有属于自己的固定编号，而且这个编号伴随这节车厢不会发生改变，直到车厢报废为止。但由于各城市轨道交通车辆的制造商或运营商不同，车厢的编号方式也不一样，下面以上海地铁为例说明几种典型的车辆编号方式与意义。

上海城市轨道交通系统是我国目前线路最长的城市轨道交通系统，其线路复杂，车辆品种多。上海地铁车辆先按线路对车辆进行车型编号，然后以 2004 年为时间节点对车厢进行编号。

(1)车型编号。

- DC01 型电动客车——1 号线西门子直流车。
- AC01 型电动客车——1 号线西门子交流车。
- AC02 型电动客车——2 号线西门子交流车。
- AC03 型电动客车——3 号线阿尔斯通交流车。
- AC04 型电动客车——1 号线庞巴迪交流车。
- AC05 型电动客车——4 号线西门子交流车。
- AC06 型电动客车——1 号线的新的阿尔斯通交流车(8 辆编组)。

由于 5 号线不属于地铁运营而属于现代轨道，因此它没有类似编号。

(2)车厢的号码。车厢的号码有两种：一种是车厢号，位于车厢内部两端、贯通道路的上方；另一种是车厢编号，位于车厢的外侧，具体位置随车型的不同而不同。

2004 年是上海地铁车辆编号的时间节点，2004 年以前上海的 1 号线、2 号线、3 号线的 DC01/AC01/AC02/AC03 与 5 号线列车车厢编号为 5 位数，采用 YYCCT 的形式。YY 为车辆出厂的年份；CC 为出厂时这一年的同类型车辆的生产顺序号；T 为车辆类型代号，其中 1 代表 A 车，表示带司机室的拖车，2 为 B 车，表示带受电弓的动车，3 为 C 车，表示不带受电弓的动车。如图 3-2 所示，车厢编号 00342 表示 2000 年出厂的第 34 辆该类型的车，最后的 2 表示 B 车，即带受电弓的动车。

图 3-2　上海地铁车厢编号(2004 年以前)

2004 年以后，上海地铁所有的车辆标识均改为 6 位数字，前两位数表示车辆的所属线路，中间第三、第四、第五位用三位数表示该车辆在该线路的车辆总编号，最后一位只能是 1、2 或 3，1 表示它是带司机室的拖车(A)，2 表示它是带受电弓的动车(B)，3 表示它是不带受电弓的动车(C)。如图 3-3 所示，编号 040011 中，04 表示该车属于 4 号线，001 表示 4 号线中的第一辆车，最后一位 1 则表示该车为带司机室的拖车。

图 3-3　上海地铁车辆的编号(2004 年以后)

图 3-4 所示为上海地铁 2004 年以前和 2004 年以后车辆编号的区别。

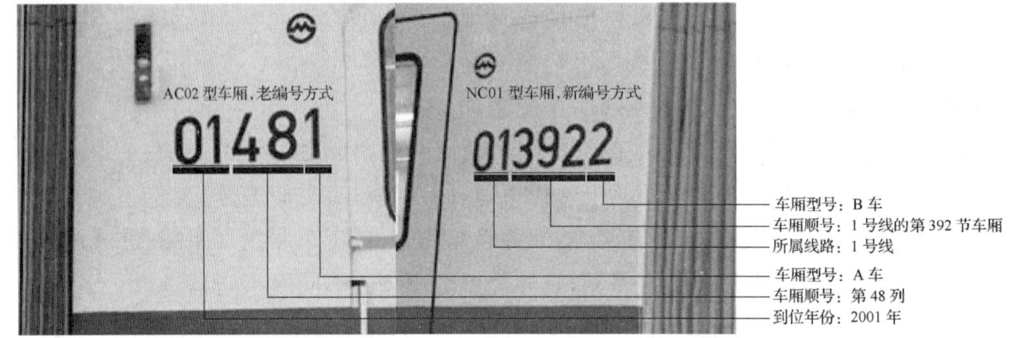

图 3-4　上海地铁 2004 年前和 2004 年后车辆编号的区别

另外，为方便乘客在紧急情况下逃生时找到逃生通道，上海地铁在每节车厢的端墙上部都编制了应急车厢号，以方便乘客准确掌握自己在列车上的位置。应急车厢号由 4 位数字组成，其中 1～9 号线的第一位数字表示所属线路情况(10 号线往后用两位数字表示)，第二、第三位表示该车在该线路上的列车编号，最后一位从 1 到 6，表示车辆的编组数，以后如果编组加长，会出现 1 到 8 或 10，从列车的 1 位端往 2 位端数。如图 3-5 所示，应急车厢号 4186 的具体含义为：4 表示 4 号线，18 则表示第 18 列车，6 表示第 18 列列车中的第 6 节车厢。

图 3-5　上海地铁车辆车厢内的应急车厢号

5. 转向架和轴编号的规定

如图 3-6 所示，每辆车的转向架都分为转向架 1 和转向架 2，转向架 1 在车辆的 1 位端，转向架 2 在车辆的 2 位端。每辆车的 4 根轴从 1 位端开始至 2 位端，依次连续编号为轴 1 至轴 4。

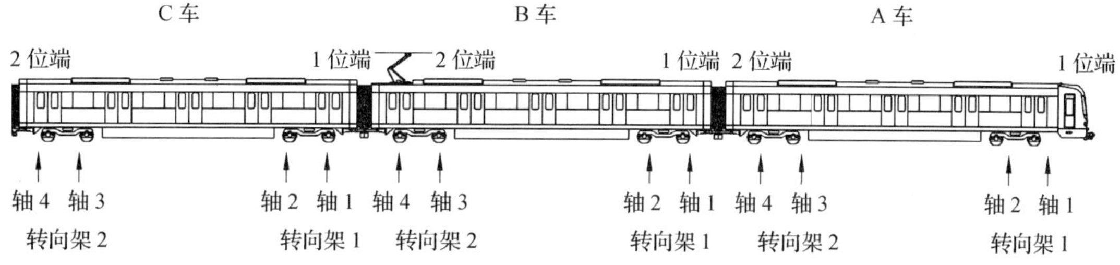

图 3-6 转向架和轴的编号

6. 车门门页编号的规定

如图 3-7 所示，城市轨道交通车辆车门门页的编号为：自 1 位端到 2 位端，沿着每辆车的左侧为由小到大的连续奇数，即 1、3、5、7、9、11、…、17、19；右侧为由小到大的连续偶数，即 2、4、6、8、10、12、…、18、20。

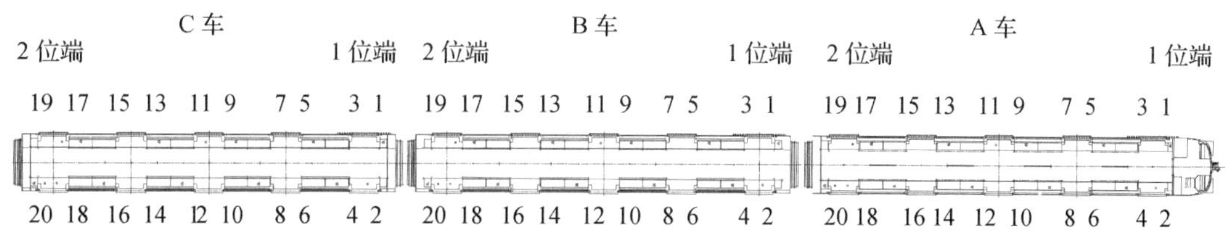

图 3-7 车门门页的编号

车门的编号则由该车门两个门页的号码合并而成：自 1 位端到 2 位端，左侧车门的编号为 1/3、5/7、9/11、…、17/19，而右侧车门的编号为 2/4、6/8、10/12、…、18/20。

7. 座椅编号的规定

如图 3-8 所示，广州地铁车辆的每辆车有 8 个座椅，纵向排列在车辆内部的两侧。自 1 位端到 2 位端，这些座椅的编号从 1 到 8，左侧是奇数，右侧是偶数。

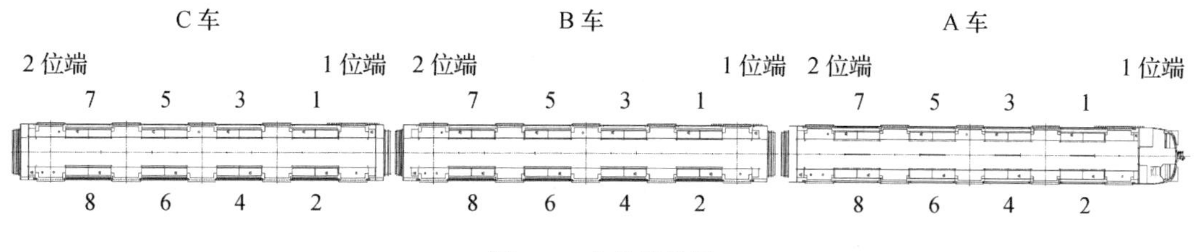

图 3-8 座椅的编号

8. 空调单元编号的规定

每辆车的车顶安装有两个空调单元。位于 1 位端的空调单元称为空调单元Ⅰ，位于 2

位端的空调单元称为空调单元Ⅱ。

9. 其他编号与标记的规定

车窗、扶手、立柱、吊环、照明灯、指示灯、扬声器等设备也采用同样的编号方法，而车辆的质量、顶车位置、应急设备位置等必须用相关符号或文字在规定位置做出明确的标记。

3.1.3 城市轨道交通车辆检修制度

1. 车辆检修制度概述

车辆检修是指为保持和恢复车辆完成运营规定功能的能力而采取的技术活动，包括维护保养和检查、修理。维护保养是指通过润滑、清洁等方式保持车辆的技术状态，使其在一定的时间内不发生失效故障；检查是指通过直接的感官或仪表测试判断车辆系统部件的技术状态是否符合规定的技术要求；修理是指车辆系统或零部件的技术状态劣化到某一临界值或者已经发生故障时，为恢复其功能而采取的技术活动。

在车辆的全寿命周期中，检修成本占据了较高比重。车辆检修制度是城市轨道交通车辆可靠运行的基本和重要的保障，也是确定车辆检修体制，保证车辆检修工作顺利进行的基础。车辆检修制度对车辆修程、检修等级、实施检修的车辆运营千米数或运营时间、修竣车辆的停运时间等均做出了具体规定。

车辆定期预防性维修的依据是车辆零部件产生磨损和发生故障的规律。车辆零部件产生磨损和发生故障的规律与车辆的技术标准、运营条件、检修技术密切相关。

车辆设计和生产的模块化、集成化程度，车辆设备及零部件良好的互换性，零部件互换修方式的采用，使车辆检修量降低，车辆检修的停运时间缩短，车辆运行的可靠性得以提高。同时，车辆零部件的少维修、免维修发展，也延长了它们的维修周期。

计算机控制和故障诊断技术及对车辆一些零部件进行在线自动测试技术的应用，又促进了一些零部件的检修逐步朝着状态修的目标发展。

应通过对车辆零部件磨损和车辆设备、零部件的故障记录、统计、分析，在总结车辆检修实践经验的基础上，对车辆的修程、检修周期、停运时间进行优化，改革现有检修制度，创新车辆修程，使车辆检修向均衡计划维修方式过渡。

2. 车辆的检修规程

国内城市轨道交通车辆检修制度基本沿用了传统铁路车辆的检修经验，虽然车辆检修采用了新技术，检修周期也不断延长，但车辆检修制度仍然是参照车辆运营千米数和运营时间来制定的。根据目的不同，检修一般分为预防性维修和故障性维修两大类。

(1)预防性维修。预防性维修是在故障率超过事先确定的指标之前，为了限制故障的产生而对设备采取的维修措施。

①预防性维修规程制定的依据。预防性维修规程制定的依据主要有以下几点：

- 车辆运行时间。
- 车辆走行千米数。

• 车辆制造者所提供的基础信息及建议。

• 设备当时的运行情况。如果系统的可靠性比较高，那么维修的周期可以相对延长，维修的内容增加；反之，则要相对缩短维修周期。

• 系统运行的可靠性或故障率要求。

②预防性维修的分类。预防性维修具体可以分为计划修和状态修两种形式。

• 计划修。计划修是指根据事先制订的计划，当达到一个事先确定的时间或者车辆运行千米数时(按先达到者为准)，对相关设备进行检查和处理。对故障发生与工作时间有密切关系且无法监控的零部件，可以采用计划修的形式。

各种车型的计划修要求内容不大相同，下面以广州地铁 2 号线 A 型车辆为例进行介绍。该车辆计划修主要包括日检、双周检、三月检、年检、架修、大修等修程，其中日检、双周检称为日常检修，三月检、年检、架修、大修称为定期检修。车辆计划修的相关指标如表 3-1 所示。

表 3-1 车辆计划修的相关指标

修　　程	检修周期		修理时间	维修地点
	里程/km	时　　间		
日检		1 天	1.5 h	各线车辆段或停车场
双周检	0.4×10^4	2 周	3～4 h	各线车辆段或停车场
三月检	3×10^4	3 月	3 天	各线车辆段或停车场
年检	12×10^4	1 年	5 天	车辆段
架修	60×10^4	约 5 年	约 30 天	维修基地
大修	120×10^4	约 10 年	约 40 天	综合维修基地

根据列车的实际运行情况，综合考虑维修停时、车辆利用率，车辆维修人员可合理编制相关修程的内容，各修程具体内容如下：

a. 日检。日检包括对与列车行车安全相关的零部件进行外观检查和车辆有电功能检查。这种检查一般在列车运营结束回车库后进行。

b. 双周检。双周检包括对车辆走行部的检查，对主逆变器相关接触器的检查和清洁，对受电弓、空调系统的检查并更换空调滤网等。为了提高车辆利用率，双周检可安排在运营早晚高峰之间的时间段进行。

c. 三月检。三月检包括对车辆主要零部件及系统进行清洁和功能检查，特别是车门、车钩的清洁和润滑等。

d. 年检。年检包括对车辆的各系统进行状态检查、检测和功能调整，对各零部件进行全面检查、清洁和润滑，对部分部件如空调机组、继电器进行清洁、测试和修理，以及对列车全面调试。为了减少维修停时和保证周末正线用车，年检可合理安排在 5 天内完成。

e. 架修。架修的目的是恢复车辆的性能。架修包括的内容有：对转向架、轮对、通道、车钩、制动装置、牵引电动机、牵引逆变器、辅助逆变器、蓄电池等主要部件解体后进行全面和仔细的检修，转向架及轮对还需探伤；更换一些密封橡胶件、磨耗件、一次性使用件和工作寿命到期的零部件；对车辆各系统进行全面检测、调试及试验。

为了缩短车辆架修的停时和提高车辆利用率，架修尽可能采用部件互换的修理方式，即从车辆上拆下待修部件整件，用地面上预先修理好的备件装车，使整车能在较短时间内完成修程并重新投入运营，专业班组再对拆下的系统部件进行分解维修，作为下一列车架修的更换备件。

f. 大修。大修的目的是全面恢复车辆的尺寸和性能，是在车辆设计寿命周期内保持车辆性能稳定的重要维修形式。在架修的基础上，需要通过大修对整列车进行分解、检查和修复，进行全面清洗(包括部件、空气管道等)、压力密封检测和车体重新油漆等，进行结合技术改造和对部分系统全面升级或更换，对车辆各系统进行全面检测、调试和试验。此类维修需在综合维修基地进行。

除以上修程外，对一些进行过特殊检修(如镟轮)的列车，更换过轮对和转向架或进行过试验的列车，还可按照特殊检修的要求安排特殊的检查，主要是对列车走行部等进行外观检查，以保证列车安全运行。此外，节假日到来前，还可安排对列车的一些重要零部件，如车底紧固件、车门、牵引/制动回路继电器等进行普查，以保证节假日期间列车性能稳定。

各城市轨道交通运营单位可根据所选的不同车型和车辆利用率的不同要求，灵活制定各种修程。另外，有些城市轨道交通车辆还采用均衡修的方式，即将架修、大修内容分解到年检各修程中去，以减少列车的停时，提高车辆利用率。

• 状态修。状态修是指在对设备进行检测的基础上，一旦某一参数超过了事先确定的限定警戒值，就介入维修，并根据参数的变化趋势及情况对设备进行检修。对故障发生能以参数或标准进行状态检查的零部件，也可以采用状态修形式。

从一定程度上来说，状态修是对计划修的一种探索和尝试，当对状态修的尝试达到一定程度积累之后，经过总结归纳，可将其列为计划修的一部分，以此循序渐进，优化维护检修体系。一个好的维护检修模式既能保持和修复列车的工作能力与状态，又能使总费用减至最小。实施灵活的计划修和状态修相结合的方式，能有效克服状态修带来的维修不足，减少计划修引起的过剩维修，保证城市轨道交通车辆的维修质量，同时减少车辆维修停时，从而提高车辆的利用率。

(2)故障性维修。故障性维修是在某个部件出现故障之后所采取的维修方式，即人们所说的临修(临时维修)。故障性维修的工作负荷一般是无法预计和评价的，使用者(运营者)发现故障之后并报告，维修就此展开。故障性维修可以是彻底的维修，也可以是临时性的维修，临时性的维修即设备在临时维修之后仍然可以投入运营，并等待彻底维修。在这些不同的维修程序结束之后，可以认为设备恢复了可使用状态，可以投入正常的运营。在故障性维修中，一般通过换件来快速处理故障。对不危及安全的故障，且通过连续监控可以在故障发生后进行维修的零部件，或者发生事故后的修理，可以采用故障性维修形式进行。这种维修一般在各线车辆段或停车场进行。

预防性维修与故障性维修的主要优缺点和适用范围如表 3-2 所示。

表 3-2 预防性维修与故障性维修的主要优缺点和适用范围

检修制度		优　点	缺　点	适用范围
预防性维修	计划修	管理相对简单，计划性强，能保证车辆运行良好，能满足运营要求	维修成本极高，一时难以掌握维修周期与深度的合理性	无备份且运营要求非常严格的系统设备
	状态修	对症下药，故障设备修复周期短；设备故障消除在发生之前，能确保运营要求，维修成本低	检测工作量大，要求的检测装备和水平最高，技术管理难度大；检测周期和深度难确定	具有自动检测功能的与运营安全密切关联的系统设备
故障性维修		平时维护工作量最少，维护成本最低	要考虑备用设备，故初期投资较大，维修周期较长	与行车无直接联系，设备运行稳定且考虑了足够备份的系统设备

对运营稳定的线路，从人力成本及设备类型而言，最佳的维修方式为状态修，其自动化程度高，维修成本低，设备性能保持好。对于一些还达不到状态修条件的运营单位，可先采取计划修的形式，对具有自动检测功能的系统要积累数据及经验，向状态修过渡。目前大多数国内城市轨道交通运营单位采用计划修的方式。

(3)其他检修制度。在上述检修制度的保证下，还需要建立车辆维修信息管理系统，对维修计划、走行里程、备件管理、故障信息等建立数据库并进行信息管理。根据实际情况，可以配置一些专业化的检测设备进行定期诊断，为车辆检修提供可靠的检修信息。例如，可以配备车辆在线检测系统，对车辆轮对踏面情况、受电弓运行情况等进行动态检测，这样能对轴承、轮对踏面、传动齿轮和受电弓的早期故障进行在线监测和预警，避免走行部和受电弓带故障运行。

另外，还可建立计算机网络化的城市轨道交通列车诊断系统，设计的最小可诊断单元应是最小可更换单元，可以了解每个在线修可更换单元、二级可更换单元或部件的状态，便于查出故障部位。车载无线设备可实时传送车辆状态信息到地面，为车辆状态修提供依据。

3. 车辆的检修工艺

城市轨道交通车辆在使用过程中，其机械部件会逐渐产生磨损、变形、蚀损，甚至断裂；其电气部件会发生断线、接地、烧损、绝缘老化或破损。城市轨道交通车辆检修中心的任务是发现和处理各种零部件的损伤。在确定检修制度后，要正确对车辆进行修理，必须编制合适的、完整的检修工艺文件，规定在各级修程中修什么、怎么修、修到什么状态。为此，必须了解城市轨道交通车辆零部件损伤规律，以确定修理部件、检修限度、检修工艺方法、检修技术要求等。

(1)检修工艺概述。

①检修的基本技术标准。检修的基本技术标准主要规定车辆检修的基本技术要求、检修限度、各修程的备件互换范围等，是制定其他工艺文件的基础。

②检修工艺规程。城市轨道交通车辆检修工艺规程可按修程编制，如日检规程、双周检规程、一年检规程、三年检规程、架修规程、厂修规程等；也可以按零部件编制，形式上可用表格式、流程图式、文字描述式；还可以将检修工艺与检修范围分开编制，检修工艺分车上检修(检查)工艺和车下部件检修工艺，而检修范围则规定每个修程哪些部件需要进行检修或维修，这样编制的优点是便于维修者记忆及对工艺等技术文件的管理。

检修工艺规程内容包括检修部件的名称，检查或检修项目的顺序方法，使用的工具、材料，检修作业内容，检修技术要求和其他注意事项。

③操作工艺文件。操作工艺文件是具体指导工人进行操作的工艺文件，对于关键作业工序的内容应单独制定操作工艺文件，如车体高度调整规则、车轮镟削标准等。

④工艺措施文件。工艺措施文件是针对城市轨道交通车辆修理中某项具体问题或解决运行中出现的某种故障而制定的检查和检修措施，它是对检修工艺规程的一种补充，如《解决车辆轴箱轴承过热烧损的技术措施》。这类文件应分析故障或问题根源，提出解决问题的具体工艺措施。

⑤检修工艺文件。检修工艺文件是指导车辆维修的主要技术文件，是生产组织、技术管理、质量管理的基本依据。检修人员必须熟悉自己所从事作业的工艺，并在检修生产中严格按照工艺要求进行检修作业，使各检修过程规范化、标准化，确保检修作业质量。对专用工具、量具、设备要定期校验维修，使其经常保持良好状态。技术部门要定期检查和分析工艺执行情况。

(2)车辆修理工艺过程。

①车辆修理工艺过程概述。车辆的日检、双周检、年检等修程均以定期检查为主，架修和大修一般在检修工厂或车辆段内进行。自待修车辆送至修理场地起，直到车辆修理竣工后的全部过程，称为车辆大修或架修的生产过程，通常包括以下几部分：

- 送修或接修待修列车。
- 修理开工前的准备工作，包括清扫、外观检查和制订检修作业计划。
- 将列车分解成车辆，再将车辆分解为零部件。
- 进行零部件的清洗、检查，并确定修理范围。
- 进行零件修理或部件组装。
- 进行车辆组装及刷油漆。
- 修竣车辆的技术鉴定和交接。

在上述生产过程中，从 c 项到 f 项的各种作业过程的总和，称为车辆修理工艺过程。

②车辆修理工艺过程的类型。根据车辆的设计特点和车辆零部件修理作业方式的不同，以及车辆修理条件和环境的不同，目前车辆修理的工艺过程基本上分为现车修理工艺过程和部件互换修理工艺过程两种类型。

• 车辆的现车修理工艺过程。车辆的现车修理工艺过程(见图 3-9)是指从待修车上拆卸下的零部件经过修理消除其缺陷后，重新装回原车上的修理过程。

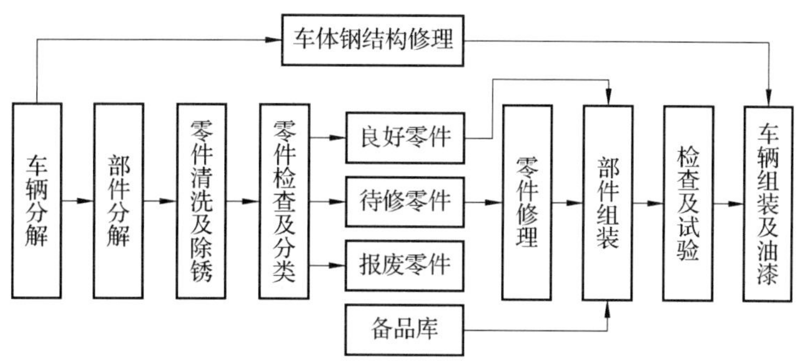

图 3-9 车辆的现车修理工艺过程

现车修理工艺过程不需要储备过多的备用零件，但常因零部件的修理时间长而导致车辆总的修理时间延长，并且各零部件的在修时间不同，简单易修的零件就要等待复杂难修的零件修竣后才能组装。如果采取抢修等措施缩短停修时间，那么又可能导致零部件的修理质量得不到可靠保证。这种方式主要用于修理更换零部件不多的新车或修理工作量不大的车辆。

• 车辆的部件互换修理工艺过程。目前车辆检修普遍采用部件互换修理工艺过程。该工艺过程是指从待修车辆分解下来的各种零部件修竣后可装于同类型车型的任何车上，而不必立即装回原车。这样，除车体结构外的绝大部分零部件均只需按照技术条件进行修理，与该零部件原属于哪辆车无关。城市轨道交通车辆的部件互换修理工艺过程如图 3-10 所示。

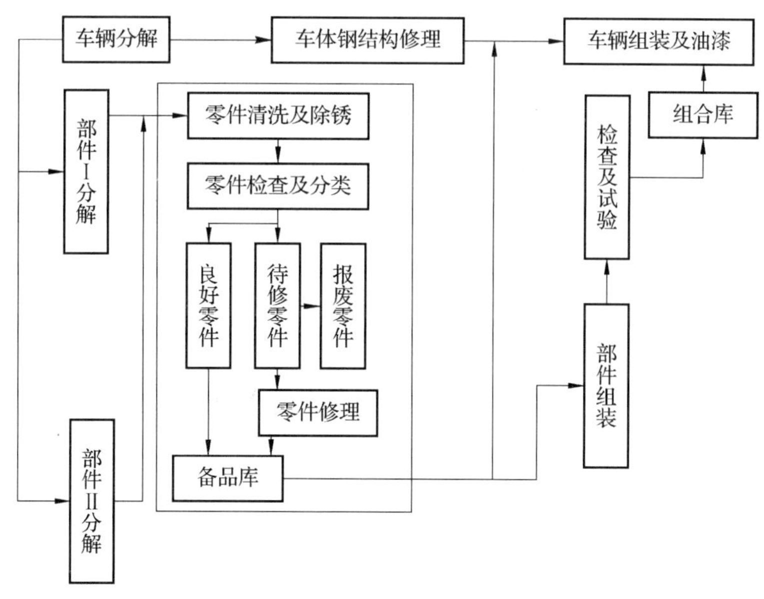

图 3-10 城市轨道交通车辆的部件互换修理工艺过程

实行车辆部件互换修理工艺过程，零部件需要一定的储备周转量，车辆在修的生产周期取决于车辆分解、车体结构修理，以及车体组装及油漆作业的延续时间，而不受其他零部件修理时间的影响。因此，互换制修理的最大优点是能最大限度地缩短车辆停修时间，但是要求有大量的备用零件和一定数量的互换零件。目前，轮对、轴箱装置、制动装置、车钩缓冲器装置、空调装置及部分车体配件、车内设备等均实行部件互换修理工艺过程。

4. 车辆检修限度

城市轨道交通车辆检修限度是指车辆在运用中和定期检修时，根据零件允许存在的损伤程度和零件位置允许变化的程度规定的尺寸标准。例如，车轮踏面损伤深度小于 0.5 mm、擦伤长度小于 40 mm，车轮直径大于 770 mm，轮缘厚度大于 26 mm 等，都是车辆检修限度。车辆检修限度是车辆检修工艺规程中很重要的内容。在日常检查保养时用检修限度来判断零件是否可以继续使用，在定期检修中用检修限度来判定零件是否需要修理及检修后质量是否合格。车辆检修限度规定是否合理与车辆的技术质量和车辆检修的经济效益非常密切。制定车辆检修限度是一件复杂的工作，要根据理论计算和长期实践经验来确定。

(1)车辆检修限度的种类。城市轨道交通车辆的检修限度按照使用场合不同可分为运用限度和修理限度。一般在车辆检修限度表上还附有零件原形尺寸及配合原形间隙。各零件原形尺寸及配合原形间隙是指车辆各零部件的设计尺寸和制造允许公差，以及组装时的允许间隙。原形尺寸是根据车辆设计性能要求、零件材质、加工工艺水平、使用条件、长期运用积累的经验资料确定的。

①运用限度。运用限度是指车辆零件的损伤已达到极限或车辆及部件的位置达到了极限状态，超过了这个极限状态，车辆便不能继续使用，必须进行修理和更换才能保证车辆的正常使用和行车安全。

②修理限度。修理限度是指城市轨道交通车辆进行各种定期检修时应控制的检修限度。修理限度按不同修程又可分为定修限度、架修限度和大修限度。车辆定修时超过或不符合定修限度的须予以修理或更换。架修限度是指车辆架修时各零部件出厂的限度尺寸，它确定的原则是零件的配合磨合程度，在这个限度内其磨损表面应有足够的磨损余量，保证继续使用到下次修程并保证行车安全。大修限度是指车辆大修时的限度尺寸，其确定原则是恢复到设计所规定的原形尺寸和配合尺寸。

(2)确定车辆检修限度的原则。

①确定车辆运用限度的原则。确定车辆运用限度的原则是以该零件发生的损伤对零件的正常使用和行车安全的影响为主要根据的。其主要考虑的问题如下：

• 零件本身应工作正常，并且不会造成损伤的急剧发展。

• 零件与其他部分的配合应正常。

• 车辆运行的安全性和平稳性应良好。

• 车辆检修和运输的经济效益应良好。

②确定车辆修理限度的原则。确定车辆修理限度的原则是符合该修程所要求的技术质量。车辆修理限度是决定零件在各级修程中修与不修及其装配条件是否合格的标准。制定车辆修理限度主要考虑的问题如下：

• 保证零件安全运行到下一次定期检修。

• 各级修程间相互配合。

• 在保证质量的前提下节约检修原材料。

3.2 城市轨道交通车辆基地管理规范

城市轨道交通车辆基地作为城市轨道交通车辆停放和检修基地、设备维修和材料供应基地、人员培训基地，具有占地面积大、工程造价高、设备及技术接口复杂等特点。

3.2.1 城市轨道交通车辆基地管理的基本规定

城市轨道交通车辆基地管理应遵守以下基本规定：

(1)车辆基地的设置应满足行车、维修和应急抢修的需要。

(2)车辆基地的设施设备配置应满足以下要求：保证试车线不被占用，配备应急所需的救援设备和器材，备品备件、特殊工具和仪器仪表种类齐全。

(3)车辆基地周界应设围蔽设施；试车线与周围建、构筑物之间应有隔离设施；车辆基地有电区和无电区之间应有隔离设施；库内车顶作业平台两侧应设安全防护设施；车顶作业面上方宜设安全防护设施。

(4)车辆基地应具有列车清扫、洗涤的专用场所，根据洗车作业需要，合理配置相应的设施设备。

(5)在寒冷地区，车辆基地应具备车辆存放的供暖条件。

(6)车辆基地内设置的物资总库应满足运营需求，其中危险品应设专用仓库存放，并设专人严格管理，确保安全。

(7)车辆基地宜设置大型物件运输出入的通道及装卸场地。

(8)运营单位应保证车辆基地内试车线处于正常工作状态，若试车线不能满足列车最高运行速度测试，则应选择适当的运营空闲时段和区段利用正线进行必要的试车，达到试车规定后方可上线载客运营。

(9)车辆检修设备的使用管理应满足以下要求：

①由专人负责管理，建立设备台账、履历簿、操作手册，对各类设备分别制定管理制度，建立各级检修保养规程和工艺流程。

②保持良好状态，并由专业人员保养维修。特重设备应由具备资质的专业单位负责保养维修，并按规定进行安全检测。

③检修设备上的计量器具应根据规定的周期进行计量检定。

3.2.2 城市轨道交通车辆基地各岗位设置及职责

1. 行政管理机构

城市轨道交通车辆基地行政管理机构按照车辆运用规模设主管一名、副主管若干名及相关办事人员。上述人员负责部门内日常行政管理、人事、教育培训、安全、技术等工作，协调与相关单位的工作关系，科学合理地制定工作流程，安排好人力，按运行图要求组织好每日车辆运用工作。

2. 乘务组

根据列车配置数量和运行图的要求设若干班组，由乘务长进行管理指挥。乘务组的主要职责是按运行图的要求安全、快速、正点地驾驶列车，并配合车辆调试、验收、保养等工作。

3. 运转值班室

运转值班室设内勤值班员和外勤值班员，主要负责运营列车的编排、乘务人员的调配、行车信息的收集及统计等工作。

4. 信号控制室

信号控制室设值班员和助理值班员，主要负责车辆段或停车场内行车指挥、进路排列和列车接发工作。

5. 工程车辆组

工程车辆组负责牵引机车与工程车辆的驾驶，配合车辆维修、线路施工及列车救援等工作。

6. 检修组

检修组负责车辆入场检修、定修和临修工作，为城市轨道交通运营提供数量足够、性能良好的车辆。

7. 技术室

技术室应有相关专业的技术人员，负责车辆运用技术管理、站场行车组织管理及行车安全管理工作。

8. 后勤部门

后勤部门主要负责生产物资准备、司机公寓管理、工作人员生活保障等。

学习评价

本模块学习完成后，请根据自己的学习所得，结合表 3-3 所列内容进行打分评价。

表 3-3　模块 3 学习评价表

评价内容	评价方式			评价等级
	自　评	小组评议	教师评议	
课前预习本模块相关知识、相关资料				A. 充分 B. 一般 C. 不足

（续表）

评价内容	评价方式			评价等级
	自　　评	小组评议	教师评议	
掌握城市轨道交通车辆运用和维护的基本规定				A. 充分 B. 一般 C. 不足
熟悉城市轨道交通车辆编组、标识和编号的规定				A. 充分 B. 一般 C. 不足
了解城市轨道交通车辆检修制度				A. 充分 B. 一般 C. 不足
掌握城市轨道交通车辆基地管理的基本规定				A. 充分 B. 一般 C. 不足
了解城市轨道交通车辆基地各岗位设置及职责				A. 充分 B. 一般 C. 不足
参加教学中的讨论和练习，并积极完成				A. 充分 B. 一般 C. 不足
善于与同学合作				A. 充分 B. 一般 C. 不足
学习态度，完成作业				A. 充分 B. 一般 C. 不足
总评				

思考与练习

(1)简述城市轨道交通车辆运用和维护的基本规定。

(2)城市轨道交通车辆车厢的编号有哪几种？

(3)预防性维修规程制定的依据主要有哪些？

(4)简述城市轨道交通车辆基地管理的基本规定。

(5)城市轨道交通车辆基地的岗位有哪些？

模块 4 城市轨道交通设施设备管理

学习目标

(1)了解城市轨道交通设施设备管理的一般性要求。

(2)熟悉城市轨道交通供电系统的基本要求,掌握城市轨道交通供电系统管理的基本规定,了解城市轨道交通供电系统维护检修管理要求。

(3)熟悉城市轨道交通通信系统的要求和作用,掌握城市轨道交通通信系统管理的基本规定,了解城市轨道交通通信系统维护检修管理要求。

(4)熟悉城市轨道交通信号系统的要求和作用,掌握城市轨道交通信号系统管理的基本规定,了解城市轨道交通信号系统维护检修管理要求。

(5)熟悉城市轨道交通 AFC 系统业务管理的主要内容,掌握城市轨道交通 AFC 系统管理的基本规定,了解城市轨道交通 AFC 系统维护检修管理要求。

(6)掌握城市轨道交通电梯、自动扶梯管理的基本规定,了解城市轨道交通电梯维护检修管理要求。

(7)掌握城市轨道交通屏蔽门系统管理的基本规定,了解城市轨道交通屏蔽门系统维护检修管理要求。

学习重点

(1)城市轨道交通通信系统管理规范。

(2)城市轨道交通信号系统管理规范。

(3)城市轨道交通 AFC 系统管理规范。

4.1 城市轨道交通设施设备管理的一般性要求

城市轨道交通设施设备管理范围包括供电系统、通信系统、信号系统、通风空调与采暖

系统、消防及给排水系统、FAS、BAS、AFC 系统、电梯、自动扶梯及屏蔽门(安全门)等。对以上设施设备的管理应满足以下一般性要求：

(1)运营单位应建立城市轨道交通设施设备管理范围内的设备的台账,包括设备名称、数量、分布地点、接收时间、预计使用寿命和备品备件清单等内容。

(2)运营单位应保障设施设备技术状态良好,功能使用正常,无侵界现象。

(3)不得随意对系统设置进行修改,不得干预系统设备正常运行;不得随意在系统中使用与系统运行无关的存储介质及软件,防止病毒对系统的干扰,保证各系统软件运行安全。

(4)运营单位应对城市轨道交通线路沿线控制保护区域内设施设备进行日常巡查、测试和维修,保障设施设备技术状况良好和运行正常。

(5)线路成网运营后,运营单位可建立集中式的综合运营维修基地,也可将线网划分成不同的区域,实行区域化维修管理。

(6)设备维修方式一般分为计划修、状态修和故障性维修 3 种。

①计划修。运营单位应制定设备检修周期,明确检修范围和内容,并制定日常保养、小修、中修和大修等修程。

②状态修。运营单位应根据设备有关元器件、部件的使用寿命特点,结合实际使用经验,采取主动更换元器件及进行其他维护性工作等措施,保持设备状态良好。

③故障性维修。设备或部件出现故障导致其全部或部分使用功能丧失时,运营单位应进行修复性工作。直接影响行车且无备用的设备,不应采取故障性维修方式。

运营单位应根据不同设备的使用特点,逐步实现由计划修向状态修的转变。

(7)设备维修管理模式一般分为自主维修和委外维修两种。除特种设备、高电压等级的电力设备应采取委外维修外,其他设备的维修宜采取自主维修方式。

(8)对采取委外维修方式的,运营单位应能有效控制维修活动,且维修活动不应影响运营安全。

(9)运营单位应明确维修施工组织模式,根据施工作业影响范围和时间划分施工计划的类别,明确施工维修作业的手续和凭证,对施工计划执行情况进行统计分析。

(10)影响行车的维修施工,应经 OCC 行车调度员确认后方可进行;不影响行车的维修施工,经车站值班站长确认后方可进行。

(11)运营单位应保持设施设备的采购合同、安装调试验交手册、竣工资料、操作手册、维修保养手册、图纸和培训手册等基础资料完整。

(12)设施设备运营指标的年度统计数据应满足以下要求：

①列车服务可靠度,即全部列车总行车里程与发生 5 min 以上延误次数之比不应低于 8 万列千米/次。

②列车退出正线运营故障率不应高于 0.4 次/万列千米。

③车辆系统故障率,即因车辆故障造成 2 min 以上晚点事件次数应低于 4 次/万列千米。

④信号系统故障率不应高于 0.8 次/万列千米。

⑤供电系统故障率不应高于 0.16 次/万列千米。

⑥屏蔽门故障率不应高于 0.8 次/万次。

4.2 城市轨道交通供电系统管理规范

城市轨道交通供电系统是由电力系统经高压输电网、主变电所降压、配电网络和牵引变电所降压、整流等环节向城市轨道交通系统输送电力的能源系统。

4.2.1 城市轨道交通供电系统的基本要求

1. 供电系统必须安全可靠

城市轨道交通电动列车和车站设备都是为乘客提供服务的设备，它们在运营过程中一旦发生供电中断，受影响最大的是行车和客运两个部门。因此，城市轨道交通供电系统必须具有高度的安全可靠性，以保证供电的连续性和稳定性。为此，各变电站均应采用两路进线，并互为备用；设计电源容量时应为发展留有余地；应选用先进、可靠的电气设备，采用模块化的计算机控制系统，实现实时监控、调度自动化的运行模式；以专人定时巡视检查来进一步保障供电运行的安全可靠。

2. 供电系统必须经济适用

经济是指在满足供电系统安全可靠的前提下，实现项目全生命周期内供电系统费用的最低化。经济性不但要求节省初期的工程投资，还要求尽量降低运营成本，以保证项目全生命周期内实现最佳的技术经济效果。

适用是指城市轨道交通供电系统的建设应满足业主的建设目的和对性能的要求。这项要求主要通过系统设计来实现。

3. 供电系统必须满足不同用户的需求

无论是车站的用电设备还是列车的用电设备，对供电都有不同的要求，为了分析其用电要求，首先应对供电负荷进行分类。根据供电对象的重要性可将用电负荷分为一级负荷、二级负荷、三级负荷 3 类。用电负荷的具体分类及应满足的相关供电要求如下：

（1）一级负荷。一级负荷必须连续供电，不可间断，一旦停电将造成重大人员伤亡和经济损失。城市轨道交通电动列车、通信设备、信号设备、车站通风设备、消防设备等的用电负荷属于一级负荷，必须确保不间断供电。为此，必须采取两路电源供电，当任何一路电源失电后，应自动、迅速切换至另一路电源。除由两个电源供电外，还应增设应急电源，并严禁将其他负荷接入应急供电系统。可作为应急电源的有独立于正常电源的大电机组、供电网络中独立于正常电源的专用馈电线路、蓄电池、干电池。

（2）二级负荷。二级负荷为不可停电负荷，一旦停电将造成较大人员伤亡和经济损失。城市轨道交通车站照明、自动扶梯等设备的用电负荷属于二级负荷。对于二级负荷，应确保连续供电，如果停电会在一定程度上影响客运服务质量，但并不会影响列车运行安全。设计时，一般采用两路进线电源，再分片分区供电。

（3）三级负荷。三级负荷是除一、二级负荷以外的负荷。城市轨道交通的商业用电、广告照明等设备的用电负荷属于此类负荷。对于三级负荷，应确保其正常供电，在维修保养或其他特殊期间(如负荷高峰)可以停电。停电后不会影响客运服务质量和列车运行,其用电可根据电网负荷情况进行调整。

城市轨道交通供电系统只有依据不同的用电需求区别对待,才能满足和保障用户的用电需求,实现城市轨道交通的正常运营。

4.2.2 城市轨道交通供电系统管理的基本规定

城市轨道交通供电系统的管理应符合以下基本规定:

(1)运营单位应按照技术规程对主变电所、牵引降压混合变电所、降压变电所、接触网(轨)、电力监控系统等设施设备进行巡视与维护,确保列车不间断运行。

(2)各变电所均应有两路独立可靠的电源供电,一级负荷应确保由双电源双回路供电,主变电所数量和牵引变电所数量应满足负载需要。当有外电源点退出、相邻外电源点跨区供电时仍能满足负载需要。

(3)运营单位应通过巡视、检测等手段对接触网(轨)进行状态监测,并满足以下要求:

①定期对接触网(轨)进行巡视,对接触网(轨)外观等情况进行检查,对巡视检查中发现的影响行车安全的缺陷应立即处理;对一般性缺陷,应纳入检修计划,及时处理;遇有大风、暴雨、大雾、大雪等恶劣天气,运营单位应加强巡视。

②定期对接触网(轨)进行检测,利用测量仪器等在静止状态下测量接触网(轨)的技术状态;利用检测车等动态检测装置在运行中测量接触网(轨)的技术状态;准确记录检测结果,做好数据分析,及时处理问题。

③发生事故或自然灾害(暴风、洪水、雷击等)后,应对相应接触网(轨)的状态变化、损伤、损坏情况进行全面检查。

④定期对接触网(轨)进行保养维护,并根据接触网(轨)状态进行必要的参数调整、防腐处理、注油和零部件紧固、更换等。

(4)在双边供电情况下,供电系统的容量应满足线路高峰小时列车最小行车间隔的牵引用电量。

(5)运营单位不得擅自增加用电负荷或向外单位转供电。

(6)运营单位应对电能质量进行监测,对电能进行计量、统计和分析,并采取相应的节能措施。

(7)低压 AC380/220V 插座的电源应与照明电源分路供电,不得超负荷运行。

(8)牵引变电所接地应保证设备工作可靠和人员安全,同时满足杂散电流腐蚀防护要求,当杂散电流腐蚀防护与安全接地有矛盾时应以安全接地为主。

(9)接地、安全标识应齐全、清晰,配备必要的安全工具,并放置到位。

(10)电力监控系统应功能完善,具备对设备遥控、遥信和遥测的功能。

(11)运营单位应采取防护措施防止杂散电流腐蚀,对杂散电流进行实时监测和定期分析。

(12)运营单位应确保供电系统的继电保护自动装置完好,设备故障时保证实现投/退保护功能。

(13)车站级区间照明系统的照度应符合《城市轨道交通照明》(GB/T 16275—2008)的

要求，并出具照度测试报告；应急照明、应急电源和电能计量装置的配置应符合规范要求。

(14)运营单位应确保人员停留、通行和工作场所的常规照明与应急照明。

(15)运营单位应确保变电所内、外部设备间整洁，设备间距符合规定，电缆沟及隐蔽工程内清洁、无杂物，变电所外部满足防火要求，具备巡视和检修条件。

(16)运营单位应及时封堵电缆孔洞，安装防鼠板，悬挂电缆走向标示牌。

(17)供电系统维修班组应根据供电设备沿线分布特点合理设置，以便发生故障时能快速反应、及时处置。

(18)运营单位应建立供电系统的基础资料档案管理制度，包括维修与保养手册、部件功能描述、配线图、模块电路图、设备台账和供电设备易损件清单等。

4.2.3 城市轨道交通供电系统维护检修管理要求

1. 一般规定

(1)供电系统管理范围包括 10 kV 供电系统、直流牵引供电系统、架空接触网系统、低压供电系统、电力监控系统、杂散电流防护系统与接地、再生电能吸收装置、区间设备、综合接地网。

(2)供电系统的维护检修修程包括日检、月检、季检、半年检、年检。

(3)供电系统的大修即对系统设备的全面定期检查、测试、维修，周期应不大于 10 年。

2. 具体维护检修要求

(1)10 kV 供电系统。

①对开关柜进行内外部清扫，对设备元器件进行外观检查，周期应不大于 2 年，应达到开关柜内外部清洁，设备元器件外观无损坏。

②对开关柜母排及一次引线进行安装状态检查，对断路器触头进行润滑，周期应不大于 2 年，应达到接线牢固。

③对开关柜进行功能测试，周期应不大于 2 年，应达到功能正常。

④对开关柜进行母线绝缘测试、断路器耐压试验、断路器回路电阻测试、继电保护定值的校验、保护逻辑关系的测试，周期应不大于 3 年，母线绝缘、断路器耐压、断路器回路电阻应达到《高电压试验技术 第 1 部分：一般定义及试验要求》(GB/T 16927.1—2011)中规定的要求，继电器保护定值、保护逻辑关系应符合设计要求。

(2)直流牵引供电系统。

①对整流变压器进行外部清扫，周期应不大于 1 年，应达到外部清洁。

②对整流变压器进行安装状态检查，周期应不大于 1 年，应达到连接牢固。

③对整流变压器进行绝缘电阻测试，周期应不大于 1 年，绝缘电阻应符合要求。

④对整流变压器进行绕组直流电阻测量、绝缘电阻测量、吸收比及工频耐压试验，周期应不大于 3 年，各项结果应达到《高电压试验技术 第 1 部分：一般定义及试验要求》(GB/T 16927.1—2011)中规定的要求。

⑤对整流器进行内外部清扫，周期应不大于 1 年，应达到内外部清洁。

⑥对整流器母排、一次引线进行安装状态检查，周期应不大于 1 年，应达到各连接处牢

固无松动。

⑦对整流器进行二次回路测试,周期应不大于1年,应达到二次回路正常。

⑧对整流器进行辅助回路功能检查,周期应不大于3年,辅助回路功能应达到设计要求。

⑨对整流器进行绝缘电阻测试,周期应不大于3年,绝缘电阻应符合要求。

⑩对直流开关柜进行内外部清扫、设备元器件进行外观检查,周期应不大于1年,应达到内外部清洁,设备元器件外观无损坏。

⑪对直流开关柜母排、一次引线及二次接线进行安装状态检查,周期应不大于1年,应达到接线牢固。

⑫对直流开关柜进行断路器回路电阻测试、继电器接触电阻测试,周期应不大于1年,测试结果应符合要求。

⑬对直流开关柜进行保护定值校验、保护逻辑关系测试,周期应不大于3年,定值及逻辑关系应达到设计要求。

⑭对电动隔离开关柜进行内外部清扫、设备元器件进行外观检查,周期应不大于3个月,应达到内外部清洁,设备元器件外观无损坏。

⑮对手动隔离开关柜进行内外部清扫、设备元器件进行外观检查,周期应不大于6个月,应达到内外部清洁,设备元器件外观无损坏。

⑯对隔离开关柜母排、一次引线及二次接线进行安装状态检查,周期应不大于6个月,应达到接线牢固。

⑰对隔离开关柜的隔离刀闸触头及附件进行状态检查,周期应不大于6个月,应达到触头无腐蚀、无损伤、无过热现象,附件机械连接灵活。

(3)架空接触网系统。

①对刚性接触网进行步行巡视,检查各零部件有无损坏、绝缘部件有无破损和闪络、有无侵入限界及阻碍受电弓运行,周期应不大于2个月,应达到各部件无损坏、无侵入限界情况。

②对刚性接触网进行检修作业车乘车巡视,检查接触网悬挂、支持装置、定位装置、线岔、关节及其他零部件的状态,接触网终点标等标志是否齐全,周期应不大于3个月,应达到各部件连接良好、无损坏。

③每日对刚性接触网进行电客车乘车巡视,检查和观察接触网悬挂及其支持装置与定位装置的状态,以及电动车组的取流状况,应达到定位装置状态良好,电动车取流良好。

④对刚性接触网进行接触网动态数据检测,周期应不大于1个月,检测数据应符合要求。

⑤对刚性接触网进行接触网导高及拉出值测量,周期应不大于6个月,测量数据应符合要求。

⑥对刚性接触网的刚性绝缘部件、标志牌进行状态检查,周期应不大于1年,应达到各部件连接牢固、清洁,外观无损坏。

⑦对刚性接触网的刚性架空地线及接地跳线、刚性中心锚结、刚性锚段关节进行状态检查,周期应不大于1年,应达到连接牢固、表面整洁、外观无损坏。

⑧对刚性接触网接触线磨耗进行测量，周期应不大于3年，测量数据应符合要求。

⑨对刚柔过渡装置、电连接及其连接部件进行检查，周期应不大于6个月，应达到连接牢固。

⑩对刚性分段绝缘器进行磨耗、受力情况、与轨面平行的检查，周期应不大于6个月，应达到分段绝缘器状态良好。

⑪对刚性分段绝缘器进行绝缘测试，周期应不大于6个月，绝缘应符合要求。

⑫对刚性接触网电动及手动隔离开关的开关本体、操作机构、引线、联锁进行功能检查，周期应不大于3个月，应达到开关功能良好。

⑬对刚性接触网电动及手动隔离开关进行绝缘测试，周期应不大于3个月，绝缘应符合要求。

⑭对柔性接触网进行步行巡视，检查各零部件有无损坏、绝缘部件有无破损和闪络、有无侵入限界及阻碍受电弓运行，周期应不大于10天，应达到各部件无损坏、无侵入限界情况。

⑮对柔性接触网进行检修作业车乘车巡视，巡视检查有无其他异物侵入限界、阻碍受电弓运行，检查各种线索和零件有无烧损、折断、松脱，周期应不大于1个月，应达到各部件外观无损坏，连接牢固，各种线索无松脱。

⑯对柔性接触网进行检修作业车乘车巡视，巡视检查补偿器动作情况、接触悬挂及支撑定位装置的状态，周期应不大于1个月，应达到各部件外观无损坏，连接牢固，各种线索无松脱。

⑰对柔性接触网进行接触网动态数据检测，周期应不大于1个月，检测数据应符合要求。

⑱对柔性接触网进行接触网导高及拉出值测量，周期应不大于6个月，测量数据应符合要求。

⑲对柔性接触网进行接触线磨耗测量，周期应不大于3年，测量数据应符合要求。

⑳对柔性接触网的高架柔性接触悬挂支持定位装置、绝缘部件、附加导线及跳线进行外观检查、安装状态检查，周期应不大于6个月，达到外观无损耗，连接牢固。

㉑对柔性接触网的标志牌、高架柔性中心锚结、避雷装置及火花间隙、锚段关节、下锚装置进行外观和安装状态检查，周期应不大于6个月，应达到外观无损坏，安装牢固。

㉒对柔性承力索进行承力索位置测量，周期应不大于3年，测量数据应符合要求。

㉓对柔性线岔的各零部件进行外观和安装状态检查，对线岔定位点拉出值进行测量，周期应不大于6个月，应达到外观无损坏、连接牢固，测量数据符合标准要求。

㉔对柔性分段绝缘器进行磨耗、受力情况、与轨面平行检查，以及绝缘测试，周期应不大于6个月，应达到分段绝缘器状态良好，测试结果应符合要求。

㉕对柔性接触网电动及手动隔离开关的开关本体、操作机构、引线、联锁进行功能检查，周期应不大于1年，应达到开关功能良好。

㉖对柔性接触网电动及手动隔离开关进行绝缘测试，周期应不大于1年，绝缘应符合要求。

㉗对柔性接触网支柱的支柱状况、支柱基础情况、支柱限界进行状态检查，周期应不大

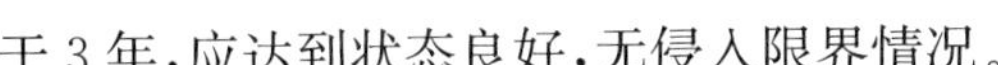

于 3 年，应达到状态良好，无侵入限界情况。

㉘对柔性接触网软、硬横跨的承力索、各定位绳及各零部件进行外观检查、清扫，周期应不大于 3 年，应达到外观状态良好、清洁。

㉙对柔性接触网接地装置的接地引下线进行接线检查，周期应不大于 3 年，应达到接地引下线连接牢固。

㉚对柔性接触网接地装置的接地引下线接地进行电阻测试，周期应不大于 3 年，电阻值应符合要求。

(4)低压供电系统。

①对配电变压器进行内外部清扫、安装状态检查，周期应不大于 1 年，应达到内外部清洁，连接牢固。

②对配电变压器进行绝缘电阻测试，周期应不大于 1 年，绝缘应符合要求。

③对配电变压器进行绕组直流电阻测量、绝缘电阻测量及吸收比和工频耐压试验，周期应不大于 3 年，各项结果应符合《高电压试验技术 第 1 部分：一般定义及试验要求》(GB/T 16927.1—2011)中规定的要求。

④对低压开关柜进行内外部清扫，对设备元器件进行外观检查，周期应不大于 1 年，达到内外部清洁，设备元器件外观无损坏。

⑤对低压开关柜的母排、一次引线及二次接线进行安装状态检查，对断路器触头进行状态检查，周期应不大于 1 年，达到接线紧固，断路器触头状态良好。

⑥对低压开关柜进行备自投功能测试，周期应不大于 2 年，测试结果应符合要求。

⑦对操作电源屏进行内部清扫、设备元器件进行外观检查，周期应不大于 1 年，达到内部清洁，设备元器件外观无损坏。

⑧对操作电源屏进行交流屏双切功能测试，周期应不大于 1 年，测试结果应符合要求。

⑨对蓄电池进行充放电试验，周期应不大于 3 年，试验结果应符合要求。

(5)电力监控系统。

①对车站级监控设备进行清扫、二次接线安装状态检查，周期应不大于 6 个月，应达到设备清洁，接线牢固。

②对车站级监控设备进行设备运行状态检查，周期应不大于 6 个月，应达到设备运行状态良好。

③对车站级监控设备进行功能测试，周期应不大于 6 个月，测试结果应符合要求。

④对车站级监控设备进行数据备份，周期应不大于 6 个月，应达到数据备份完整，存档规范。

⑤对中心级电力监控设备进行清扫，周期应不大于 1 个月，应达到设备清洁。

⑥对中心级电力监控设备进行设备状态检查，周期应不大于 1 个月，应达到设备运行状态良好。

⑦对中心级电力监控设备进行监控软件功能测试、主备切换功能测试，周期应不大于 3 个月，测试结果应符合要求。

⑧对中心级电力监控设备进行数据备份，周期应不大于 1 年，应达到数据备份完整，存

档规范。

(6)杂散电流防护与接地。

①对排流柜进行内外部清扫,对设备元器件进行外观检查,周期应不大于2年,应达到内外部清洁,设备元器件外观无损坏。

②对排流柜的母排、一次引线及二次接线进行安装状态检查,周期应不大于2年,应达到接线牢固。

③对排流柜进行功能测试,周期应不大于2年,测试结果应符合要求。

④对单向导通装置进行内外部清扫,对设备元器件进行外观检查,周期应不大于1年,应达到内外部清洁,设备元器件外观无损坏。

⑤对单向导通装置设备的母排、一次引线及二次接线进行安装状态检查,周期应不大于1年,应达到接线牢固。

⑥对单向导通装置设备进行功能测试,周期应不大于1年,测试结果应符合要求。

⑦对接地装置进行接线检查,周期应不大于1年,应达到接线牢固。

⑧对接地装置进行接地电阻测试,周期应不大于1年,电阻值应符合要求。

(7)再生电能吸收装置。

①对再生电能吸收装置柜体进行内外部清扫,对设备元器件进行外观检查,周期应不大于1年,应达到内外部清洁,设备元器件外观无损坏。

②对二次端子排、二次线进行扫描、安装状态检查,周期应不大于1年,应达到二次接线表面清洁,二次线连接牢固。

③对再生电能利用装置柜内元器件、接地线、绝缘支撑、电缆支撑、电缆牌、防火泥封堵进行状态检查,周期应不大于1年,达到设备表面清洁、安装牢固、状态良好。

④对能馈直流柜、能馈变压器柜、主能馈变流柜、从能馈变流柜进行状态检查,周期应不大于3个月,应达到设备状态良好。

⑤对变流器模块、交流断路器、充电接触器、电动隔离开关、空气开关、风机等主要部件进行状态检查,周期应不大于3个月,达到设备状态良好。

(8)区间设备。

①对10 kV电缆、直流电缆、光缆设备、电缆支架、杂散电流连接电缆、参比电极、回流箱、均流箱等区间设备进行外观、接线及安装状态检查,周期应不大于6个月,应达到设备连接牢固,外观无破损,电缆接头处无发热情况,电缆、光缆无脱落。

②对中压电缆进行绝缘测试,周期应不大于3年,测试结果应达到绝缘要求。

(9)综合接地网。对车站综合接地网进行接地电阻测试,周期应不大于4年,测试结果应达到《建筑物防雷装置检测技术规范》(GB/T 21431—2015)中规定的要求。

3. 设备运行指标

供电系统可靠性指标有两个:2 min延误故障次数不大于8次/年,5 min延误故障次数不大于1次/年。

4.3 城市轨道交通通信系统管理规范

城市轨道交通通信系统是进行轨道交通对外联络、内部工作联系、设备运行状态监控、故障检测与维修、事故抢险与救援、行车组织信息传播、客运组织管理数据输入、站区视频监督、运营信息播报等的重要通信工具，是城市轨道交通得以正常运行的重要保障。

4.3.1 城市轨道交通通信系统的要求和作用

1. 城市轨道交通通信系统的要求

城市轨道交通通信系统应能迅速、准确、可靠地传递和交换各种信息，在正常情况下能将各站的客流量、沿线列车的运行状况等信息及时地传送到调度中心，并将调度中心发布的各项调度命令及各种控制信号传送至各个车站的执行部门及机构，从而使城市轨道交通系统的运行始终处于有条不紊的状态，为乘客出行提供高质量的服务保证；在突发火灾或事故的情况下应能作为应急处理、抢险救灾的联络手段。

2. 城市轨道交通通信系统的作用

城市轨道交通通信系统具有以下几个作用：

(1)行车调度指挥。城市轨道交通通信系统所提供的专用电话功能为运营控制中心各类调度提供与传递调度生产命令，提供有线语音通信手段，且这种语言通信是无阻塞的，以确保畅通。无线列调功能为运营控制中心行车调度提供了与列车司机联络的无线通话手段，是行车调度指挥的重要功能，其作用日益凸显。

(2)运营服务管理、内外联络。城市轨道交通通信系统中的公务电话系统提供了城市轨道交通内外部公务业务联系的服务；广播系统、乘客导乘系统为乘客提供运营服务信息；视频监控系统为运营管理者提供重要的管理辅助手段，同时也是城市轨道交通安全防范系统的主要组成部分，为城市轨道交通安全运营提供了技术手段。

(3)信息传送。城市轨道交通通信系统中的传输系统是线路站间的长距离传送平台，为各类交通内专业系统(如信号、电力控制、AFC 系统)提供了传输通道。

(4)应急通信。城市轨道交通在发生事故和灾害时需要提供相应的应急通信手段，城市轨道交通通信系统除承担日常运营作用外，还需提供一定的应急通信功能，但目前设计的通信系统只在各通信子系统中提供有限的应急通信功能(除消防无线系统外)，且没有单独的应急通信系统。例如，在电话系统中提供轨旁电话的车站应急电话功能。

4.3.2 城市轨道交通通信系统管理的基本规定

城市轨道交通通信系统管理应符合下列基本规定：

(1)通信系统包括传输、公务电话、专用电话、无线通信、广播、时钟、闭路电视、乘客信息等子系统。运营单位应确保通信系统正常使用，满足调度指挥、信息传送和安全保障的功能要求。

(2)通信系统应按一级负荷供电;通信电源应具有集中监控管理功能,并应保证通信设备不间断、无瞬变地供电;通信电源的后备供电时间不应少于 2 h。

(3)通信系统应确保 24 h 不间断运行,各项功能均应达到设计要求,符合《城市轨道交通通信工程质量验收规范》(GB 50382—2016)和《城市轨道交通技术规范》(GB 50490—2009)的规定。

(4)通信设备机房的温度、湿度和防电磁干扰应满足《地铁设计规范》(GB 50157—2013)的要求。

(5)录音设备应能实时对调度电话、无线调度电话进行不间断录音。录音资料应至少保存 3 个月。

(6)时钟系统应实现母钟、子钟各项功能和网络管理功能,为工作人员、乘客及相关系统设备提供统一的标准时间信息。

(7)闭路电视系统应为调度员、车站值班员和列车司机等提供有关列车运行、防灾救灾及乘客疏导等方面的视觉信息,系统应进行不间断录像。录像资料应至少保存 7 天。

(8)运营单位应确保换乘站实现直通电话互联互通,宜实现闭路电视监控图像互联互通。

(9)乘客信息系统应为乘客提供运营服务信息,确保信息发布安全可靠,并应优先提供运营和禁忌信息的发布。

(10)列车采用无人驾驶运行模式时,列车车厢应具有运营控制中心行车调度员对列车内乘客进行广播的功能;列车采用人工驾驶运行模式时,列车车厢内应具有运营控制中心行车调度员及列车司机对列车内乘客进行广播的功能。列车司机对列车内乘客进行广播的功能具有最高优先权。

(11)列车应能实现列车司机与乘客双向语音通信功能。

(12)需要加锁、加封的通信设备,应确保加锁、加封可靠,并由使用设备的人员负责保证其完整。当加封设备启封使用时,应登记;加封设备启封使用后,应及时通知维修人员加封。

(13)通信设备保养与维修应按无线通信、闭路电视和调度电话等子系统逐级负责的原则组建通信维修班组,配置所需的专用工具及测试设备,按照有关规章制度和操作办法组织作业。

(14)通信维修班组应制定工作职责与维修管理办法,建立日常维修记录、设备及设备维修台账和设备故障记录等。

(15)运营单位应制订通信设备维修计划,明确设备检修周期并严格执行。

(16)运营单位应建立通信系统的基础资料档案管理制度,包括维修与保养手册、部件功能描述、配线图、模块电路图和设备台账等。

4.3.3 城市轨道交通通信系统维护检修管理要求

1. 一般规定

(1)通信系统维护检修管理的范围包括传输系统、专用无线、公专电话、闭路电视、广播、时钟、通信电源、大屏幕、集中录音、集中告警。

(2)通信系统的维护检修修程包括月检、季检、年检。

(3)通信各系统的大修,即对系统设备的全面定期检查、测试、维修,周期应不大于4年。

2. 具体维护检修要求

(1)传输系统检修要求。

①对传输设备进行外部清扫,周期应不大于3个月,应达到外部清洁。

②对传输设备的风扇单元、部件、滤网进行清扫,周期应不大于3个月,应达到风扇单元、部件、滤网清洁。

③对传输设备进行安装状态检查,周期应不大于3个月,应达到安装牢固。

④对传输设备的指示灯进行状态检查,周期应不大于3个月,应达到指示灯显示正常。

⑤对传输设备进行勤务电话单点呼叫、全线群呼功能测试,周期应不大于6个月,应达到呼叫号码正确,通话语音清晰。

⑥对传输设备进行系统性能测试,周期应不大于1年,系统性能测试指标应达到《城市轨道交通通信工程质量验收规范》(GB 50382—2016)的要求。

⑦对传输设备进行保护功能测试,周期应不大于1年,应达到保护功能正常。

⑧对网管设备进行网元、业务单板、网管数据备份及存档,周期应不大于1年,应达到数据备份完整,存档规范。

⑨对同步时钟设备进行外部清扫,周期应不大于3个月,应达到外部清洁。

⑩对同步时钟设备进行安装状态检查,周期应不大于3个月,应达到安装牢固。

⑪对同步时钟设备的指示灯进行状态检查,周期应不大于3个月,应达到指示灯状态正常。

⑫对同步时钟设备进行主备倒换保护功能测试,周期应不大于1年,应达到主备设备倒换冗余保护功能正常。

⑬对配电单元的指示灯进行状态检查,周期应不大于3个月,应达到指示灯状态正常。

⑭对配电单元进行接线检查,周期应不大于3个月,应达到电源线缆连接牢固。

⑮对设备机柜、配线架(光纤配线架、数字配线架、网络配线架等)及配线进行外部清扫,周期应不大于3个月,应达到机柜、各配线架及配线外部清洁。

⑯对配线架(光纤配线架、数字配线架、网络配线架等)及接线进行状态检查,周期应不大于3个月,应达到各配线架线缆连接牢固。

⑰对区间光、电缆进行状态检查,周期应不大于3个月,应达到区间光、电缆敷设规范、无异状和侵界。

⑱对区间托板、托架进行状态检查,周期应不大于3个月,应达到区间托板、托架安装牢固。

⑲对光纤链路进行性能测试,周期应不大于1年,测试指标应达到《城市轨道交通通信工程质量验收规范》(GB 50382—2016)的要求。

(2)专用无线检修要求。

①对无线集群交换机进行外部清扫,周期应不大于3个月,应达到外部清洁。

②对无线集群交换机进行安装状态检查,周期应不大于3个月,应达到安装牢固。

③对无线集群交换机的指示灯进行状态检查,周期应不大于3个月,应达到指示灯状态

正常。

④对无线集群交换机的风扇单元、部件、滤网进行清扫，周期应不大于 1 年，应达到风扇单元、部件、滤网清洁。

⑤对无线集群交换机进行节点服务器冗余保护功能测试，周期应不大于 1 年，应达到节点服务器倒换冗余保护功能正常。

⑥对数字集群基站进行外部清扫，周期应不大于 3 个月，应达到外部清洁。

⑦对数字集群基站设备进行安装状态检查，周期应不大于 3 个月，应达到安装牢固。

⑧对数字集群基站的指示灯进行状态检查，周期应不大于 3 个月，应达到指示灯状态正常。

⑨对数字集群基站的风扇单元、部件、滤网进行清扫，周期应不大于 1 年，应达到风扇单元、部件、滤网清洁。

⑩对数字集群基站的基站控制器、收发信机、电源模块进行保护功能测试，周期应不大于 1 年，应达到基站控制器、收发信机、电源模块冗余保护功能正常。

⑪对光纤直放站设备进行外部清扫，周期应不大于 3 个月，应达到外部清洁。

⑫对光纤直放站设备进行安装状态检查，周期应不大于 3 个月，应达到安装牢固。

⑬对光纤直放站设备的指示灯进行状态检查，周期应不大于 3 个月，应达到指示灯状态正常。

⑭对光纤直放站设备进行主备倒换保护功能测试，周期应不大于 1 年，应达到主备设备倒换冗余保护功能正常。

⑮对无线覆盖设备的馈线、跳线、无源器件、漏缆、天线等进行状态检查，周期应不大于 2 个月，应达到设备安装牢固，线缆连接牢固。

⑯对无线覆盖设备进行各覆盖区域场强指标测试和通话测试，周期应不大于 1 年，测试结果应达到《城市轨道交通通信工程质量验收规范》(GB 50382—2016)的要求。

⑰对二次开发设备进行外部清扫，周期应不大于 3 个月，应达到外部清洁。

⑱对二次开发设备进行安装状态检查，周期应不大于 3 个月，应达到安装牢固。

⑲对二次开发设备的指示灯进行状态检查，周期应不大于 3 个月，应达到指示灯状态正常。

⑳对二次开发设备的风扇单元、部件、滤网进行清扫，周期应不大于 1 年，应达到风扇单元、部件、滤网清洁。

㉑对无线终端设备(调度台、车载台、固定台、广播台等)进行外部清扫，周期应不大于 3 个月，应达到外部清洁。

㉒对无线终端设备(调度台、车载台、固定台、广播台等)进行安装状态检查，周期应不大于 3 个月，应达到安装牢固。

㉓对无线终端设备(调度台、车载台、固定台、广播台等)的指示灯进行状态检查，周期应不大于 3 个月，应达到指示灯状态正常。

㉔对无线系统进行个呼、组呼及数据功能测试，周期应不大于 3 个月，应达到中断设备号码正确，通话语音清晰，数据传送正常。

㉕对网管设备进行单元设备、服务器、网管数据备份，周期应不大于 1 年，应达到数据备

份完整、存档规范。

㉖对配电单元的指示灯进行状态检查，周期应不大于3个月，应达到指示灯状态正常。

㉗对配电单元进行接线检查，周期应不大于3个月，应达到电源线缆连接牢固。

㉘对设备机柜、配线架及配线进行外部清扫，周期应不大于3个月，应达到机柜、各配线架及配线外部清洁。

㉙对设备通道线缆、配线架线缆进行接线检查，周期应不大于3个月，应达到设备通道线缆、配线架线缆连接牢固。

(3)公专电话检修要求。

①对交换机设备进行外部清扫，周期应不大于3个月，应达到外部清洁。

②对交换机设备进行安装状态检查，周期应不大于3个月，应达到安装牢固。

③对交换机设备的指示灯进行状态检查，周期应不大于3个月，应达到指示灯状态正常。

④对交换机设备进行CPU、时隙交换矩阵冗余保护功能测试，周期应不大于1年，应达到CPU、时隙交换矩阵冗余保护功能正常。

⑤对终端设备进行通话功能测试，周期应不大于3个月，应达到号码和通话方向正确、通话语音清晰。

⑥对区间电话进行外观检查，周期应不大于3个月，应达到外观无破损、无明显变形。

⑦对区间电话进行安装状态检查，周期应不大于3个月，应达到安装牢固。

⑧对网管、计费、查号设备进行数据备份，周期应不大于1年，应达到数据备份完整，存档规范。

⑨对配电单元的指示灯进行状态检查，周期应不大于3个月，应达到指示灯状态正常。

⑩对配电单元进行接线检查，周期应不大于3个月，应达到电源线缆连接牢固。

⑪对设备机柜、配线架(音频配线架)及配线进行外部清扫，周期应不大于3个月，应达到机柜、各配线架及配线外部清洁。

⑫对配线架(音频配线架)及配线进行接线检查，周期应不大于3个月，应达到配线架线缆连接牢固。

(4)闭路电视检修要求。

①对视频存储设备进行录像存储、调用功能测试，周期应不大于1个月，应达到录像存储、调用功能正常，存储数据完整。

②对视频存储设备进行磁盘阵列、存储服务器运行状态检查，周期应不大于1个月，应达到磁盘阵列、存储服务器运行正常。

③对视频存储设备进行外部清扫，周期应不大于3个月，应达到外部清洁。

④对视频存储设备进行安装状态检查，周期应不大于3个月，应达到安装牢固。

⑤对编解码设备进行外部清扫，周期应不大于3个月，应达到外部清洁。

⑥对编解码设备进行安装状态检查，周期应不大于3个月，应达到安装牢固。

⑦对编解码设备的指示灯进行状态检查，周期应不大于3个月，应达到指示灯状态正常。

⑧对字符叠加、视频控制、矩阵输出设备进行外部清扫，周期应不大于3个月，应达到外

部清洁。

⑨对字符叠加、视频控制、矩阵输出设备进行安装状态检查，周期应不大于3个月，应达到安装牢固。

⑩对字符叠加、视频控制、矩阵输出设备的指示灯进行状态检查，周期应不大于3个月，应达到指示灯状态正常。

⑪对交换机设备进行外部清扫，周期应不大于3个月，应达到外部清洁。

⑫对交换机设备进行安装状态检查，周期应不大于3个月，应达到安装牢固。

⑬对交换机设备的指示灯进行状态检查，周期应不大于3个月，应达到指示灯状态正常。

⑭对摄像机外罩及显露部位进行外部清扫，周期应不大于3个月，应达到摄像机外罩及显露部位清洁。

⑮对摄像机的防护罩内部及摄像机进行清扫，周期应不大于6个月，应达到摄像机防护罩内部及摄像机清洁。

⑯对摄像机进行图像清晰度矫正，周期应不大于6个月，应达到摄像机图像清晰。

⑰对室外摄像机的立杆防雷接地进行外观检查，周期应不大于6个月，应达到地线连接牢固、外观无破损。

⑱对室外摄像机的立杆防雷接地进行电阻测试，周期应不大于6个月，接地电阻值应不大于10 Ω。

⑲对摄像机的安装、吊装架与土建结构进行安装强度检查，周期应不大于2年，应达到摄像机安装及安装接口牢固、无断裂。

⑳对操作终端进行功能测试，周期应不大于1个月，应达到操作终端功能正常。

㉑对各显示终端进行图像质量、显示信息核查，周期应不大于1年，应达到各显示终端的图像清晰度，图像监控位置及字符描述正确。

㉒对网管设备、服务器类设备进行数据备份，周期应不大于1年，应达到数据及日志备份完整，存档规范。

㉓对配电单元的指示灯进行状态检查，周期应不大于3个月，应达到指示灯状态正常。

㉔对配电单元进行接线检查，周期应不大于3个月，应达到电源线缆连接牢固。

㉕对设备机柜、辅助配线设备进行外部清扫，周期应不大于3个月，应达到机柜及辅助配线设备外部清洁。

㉖对设备通道线缆及接线进行检查，周期应不大于3个月，应达到通道线缆、配线连接牢固。

(5)广播检修要求。

①对广播控制设备(控制单元、功率放大器、工控机等)进行外部清扫，周期应不大于3个月，应达到外部清洁。

②对广播控制设备(控制单元、功率放大器、工控机等)进行安装状态检查，周期应不大于3个月，应达到安装牢固。

③对广播控制设备(控制单元、功率放大器、工控机等)的指示灯进行状态检查，周期应不大于3个月，应达到指示灯状态正常。

④对广播控制设备进行主备设备冗余保护功能测试,周期应不大于1年,应达到主备设备冗余保护功能正常。

⑤对广播功放及扬声器设备进行性能指标测试,周期应不大于3年,测试结果应达到《城市轨道交通通信工程质量验收规范》(GB 50382—2016)的要求。

⑥对扬声器设备进行安装状态检查,周期应不大于3个月,应达到安装牢固。

⑦对扬声器设备进行运行状态检查,周期应不大于3个月,应达到运行状态正常。

⑧对操作终端进行功能测试,周期应不大于1个月,应达到操作终端功能正常。

⑨对网管、服务器类设备进行数据备份,周期应不大于1年,应达到数据及日志备份完整,存档规范。

⑩对配电单元的指示灯进行状态检查,周期应不大于3个月,应达到指示灯状态正常。

⑪对配电单元进行接线检查,周期应不大于3个月,应达到电源线缆连接牢固。

⑫对设备机柜及辅助配线设备进行外部清扫,周期应不大于3个月,应达到机柜及辅助配线设备外部清洁。

⑬对设备通道线缆及配线进行接线检查,周期应不大于3个月,应达到通道线缆、配线连接牢固。

(6)时钟检修要求。

①对一、二级母钟进行外部清扫,周期应不大于3个月,应达到外部清洁。

②对一、二级母钟进行安装状态检查,周期应不大于3个月,应达到安装牢固。

③对一、二级母钟的指示灯进行状态检查,周期应不大于3个月,应达到指示灯状态正常。

④对一、二级母钟进行校时、授时、显示功能验证,周期应不大于3个月,应达到能准确接收上级时钟源并正确显示,正常授时给下级母钟、子钟及其他系统。

⑤对一、二级母钟进行保护功能测试,周期应不大于1年,应达到主备母钟倒换保护功能正常。

⑥对子钟进行外部清扫,周期应不大于3个月,应达到外部清洁。

⑦对子钟进行安装状态检查,周期应不大于3个月,应达到安装牢固。

⑧对子钟的指示灯进行状态检查,周期应不大于3个月,应达到指示灯状态正常。

⑨对子钟进行校时、显示功能验证,周期应不大于3个月,应达到子钟时间自动同步功能正常,时间数字显示完整、正常。

⑩对GPS天线进行安装状态检查,周期应不大于1年,应达到安装牢固。

⑪对GPS天线的立杆防雷接地进行电阻测试,周期应不大于1年,接地电阻值应满足《城市轨道交通通信工程质量验收规范》(GB 50382—2016)的要求。

⑫对网管、服务器类设备进行数据备份,周期应不大于1年,应达到数据及日志备份完整、存档规范。

⑬对配电单元的指示灯进行状态检查,周期应不大于3个月,应达到指示灯状态正常。

⑭对配电单元进行接线检查,周期应不大于3个月,应达到电源线缆连接牢固。

⑮对设备机柜及辅助配线设备进行外部清扫,周期应不大于3个月,应达到机柜及辅助配线设备外部清洁。

⑯对设备通道线缆及配线进行接线检查，周期应不大于3个月，应达到通道线缆、配线连接牢固。

(7)通信电源检修要求。

①对交流配电设备进行外部清扫，周期应不大于3个月，应达到外部清洁。

②对交流配电设备进行安装状态检查，周期应不大于3个月，应达到安装牢固。

③对交流配电设备的指示灯、供电单元、显示情况、温湿度进行状态检查，周期应不大于3个月，应达到设备指示灯状态正常、供电单元状态正常、显示情况正常、温湿度正常。

④对交流配电设备进行电压、接地电阻测试，周期应不大于1年，测试结果应达到《城市轨道交通通信工程质量验收规范》(GB 50382—2016)的要求。

⑤对交流配电设备进行切换保护功能测试，周期应不大于2年，应达到切换保护功能正常。

⑥对直流配电设备进行外部清扫，周期应不大于3个月，应达到外部清洁。

⑦对直流配电设备进行安装状态检查，周期应不大于3个月，应达到安装牢固。

⑧对直流配电设备的指示灯、供电单元、显示情况、温湿度进行状态检查，周期应不大于3个月，应达到指示灯状态正常、供电单元状态正常、显示情况正常、温湿度正常。

⑨对直流配电设备进行电压、接地电阻测试，周期应不大于1年，测试结果应达到《城市轨道交通通信工程质量验收规范》(GB 50382—2016)的要求。

⑩对直流配电设备进行切换保护功能测试，周期应不大于2年，应达到切换保护功能正常。

⑪不间断电源(uninterruptable power supply，UPS)的维护检修要求按相关规定进行。

⑫对蓄电池进行外部清扫、外观检查，周期应不大于3个月，应达到蓄电池外部清洁，外观无鼓包变形和漏液现象。

⑬对蓄电池进行安装状态检查，周期应不大于3个月，应达到安装牢固。

⑭对蓄电池的指示灯进行状态检查，周期应不大于3个月，应达到指示灯状态正常。

⑮对蓄电池进行容量测试，周期应不大于1年，蓄电池性能指标应达到《城市轨道交通通信工程质量验收规范》(GB 50382—2016)的要求。

⑯对综合接地的接地铜排、线缆、螺栓进行状态检查，周期应不大于1年，应达到系统接地线缆连接牢固，接地铜排与螺栓连接牢固。

⑰对综合接地进行接地电阻测试，周期应不大于1年，测试结果应达到《城市轨道交通通信工程质量验收规范》(GB 50382—2016)的要求。

⑱对网管、服务器类设备进行数据备份及存档，周期应不大于1年，应达到数据备份完整、存档规范。

⑲对机柜及辅助配线设备进行外部清扫，周期应不大于3个月，应达到外部清洁。

⑳对机柜的配线设备进行通道线缆、配线设备接线检查，周期应不大于3个月，应达到设备通道线缆、配线设备线缆连接牢固。

(8)大屏幕检修要求。

①对投影显示单元的背投箱进行外部清扫，周期应不大于3个月，应达到外部清洁。

②对多屏拼接控制器进行外部清扫，周期应不大于3个月，应达到外部清洁。

③对多屏拼接控制器进行安装状态检查，周期应不大于 3 个月，应达到安装牢固。

④对多屏拼接控制器的指示灯进行状态检查，周期应不大于 3 个月，应达到安装牢固。

⑤对视频矩阵进行外部清扫，周期应不大于 3 个月，应达到外部清洁。

⑥对视频矩阵进行安装状态检查，周期应不大于 3 个月，应达到设备指示灯状态正常。

⑦对操作终端进行功能测试，周期应不大于 1 个月，应达到操作终端功能正常。

⑧对大屏幕机架进行外观检查，周期应不大于 3 个月，应达到外观无变形。

⑨对大屏幕机架进行安装状态检查，周期应不大于 3 个月，应达到安装牢固。

⑩对网管、服务器类设备进行数据备份及存档，周期应不大于 1 年，应达到数据备份完整、存档规范。

⑪对配电单元的指示灯进行状态检查，周期应不大于 3 个月，应达到指示灯状态正常。

⑫对配电单元进行接线检查，周期应不大于 3 个月，应达到电源线缆连接牢固。

⑬对机柜及辅助配线设备进行外部清扫，周期应不大于 3 个月，应达到外部清洁。

⑭对机柜及辅助配线设备进行通道线缆、配线设备状态检查，周期应不大于 3 个月，应达到通道线缆、配线设备线缆连接牢固。

(9)集中录音检修要求。

①对集中录音设备进行外部清扫，周期应不大于 3 个月，应达到外部清洁。

②对集中录音设备进行安装状态检查，周期应不大于 3 个月，应达到安装牢固。

③对集中录音设备的指示灯进行状态检查，周期应不大于 3 个月，应达到设备指示灯状态正常。

④对网管、服务器类设备进行数据备份及存档，周期应不大于 1 年，应达到数据备份完整、存档规范。

⑤对配电单元的指示灯进行状态检查，周期应不大于 3 个月，应达到指示灯状态正常。

⑥对配电单元进行接线检查，周期应不大于 3 个月，应达到电源线缆连接牢固。

⑦对机柜及辅助配线设备进行外部清扫，周期应不大于 3 个月，应达到外部清洁。

⑧对机柜及辅助配线设备进行通道线缆、配线设备接线检查，周期应不大于 3 个月，应达到通道线缆、配线设备线缆连接牢固。

(10)集中告警检修要求。

①对集中告警设备进行外部清扫，周期应不大于 3 个月，应达到外部清洁。

②对集中告警设备进行安装状态检查，周期应不大于 3 个月，应达到安装牢固。

③对集中告警设备的指示灯进行状态检查，周期应不大于 3 个月，应达到设备指示灯状态正常。

④对网管、服务器类设备进行数据备份及存档，周期应不大于 1 年，应达到数据备份完整、存档规范。

⑤对配电单元的指示灯进行状态检查，周期应不大于 3 个月，应达到指示灯状态正常。

⑥对配电单元进行接线检查，周期应不大于 3 个月，应达到电源线缆连接牢固。

⑦对机柜及辅助配线设备进行外部清扫，周期应不大于 3 个月，应达到外部清洁。

⑧对机柜及辅助配线设备进行通道线缆、配线设备接线检查，周期应不大于 3 个月，应达到通道线缆、配线设备线缆连接牢固。

4.4 城市轨道交通信号系统管理规范

城市轨道交通信号系统在城市轨道交通中占有重要的地位。信号系统是轨道交通行车组织的中枢控制系统，担负着指挥、控制列车运行，提供设备状态信息、列车位置信息，进行列车运行过程管理的重任，是保障城市轨道交通安全与高效运行的重要手段，是城市轨道交通得以正常运营的重要技术保证。

4.4.1 城市轨道交通信号系统的分类和作用

1. 城市轨道交通信号系统的分类

城市轨道交通信号系统一般可按以下方式进行分类：

(1)按闭塞布点方式分类。城市轨道交通信号系统按闭塞布点方式划分，可分为固定式城市轨道交通信号系统和移动式城市轨道交通信号系统。固定式城市轨道交通信号系统按控制方式划分，又可分为速度码模式(台阶式)和目标距离码模式(曲线式)。

(2)按机车信号传输方式分类。城市轨道交通信号系统按机车信号传输方式划分，可分为连续式城市轨道交通信号系统和点式城市轨道交通信号系统。

(3)按各系统设备所处地域分类。城市轨道交通信号系统按各系统设备所处地域划分，可分为控制中心 ATS 子系统、车站及轨旁子系统(正线信号)、车载设备子系统、车辆段和综合基地子系统、其他信号子系统。

2. 城市轨道交通信号系统的作用

城市轨道交通信号系统主要有确保列车运行安全和提高城市轨道交通运行效率的作用。

(1)确保列车运行安全。城市轨道交通信号系统是指挥列车安全运行的关键设备，只有满足在列车运行前方的轨道区段没有列车占用(列车进路空闲)、道岔位置正确、没有敌对或相抵触的信号灯条件时，才允许向列车发出允许前行的信号。所以，列车只有严格按照信号的显示运行，才能确保列车的安全运行；反之，将导致事故的发生。在城市轨道交通运输中，确保乘客的乘车安全是最重要的，所以信号系统担负着确保运输安全的重要使命。有了信号系统的保障，就可以减少列车运行事故，降低事故等级，减少事故损失。

(2)提高城市轨道交通运行效率。在城市轨道交通中，信号设备对于提高行车效率起着极其重要的作用。采用列车运行自动控制技术，可使列车以较高的允许速度运行，使列车的行车间隔时间大大缩短，甚至可以达到 1.5～2 min 的运营时间间隔，从而提高了行车密度，缩短了列车停站时间，大大提高了轨道交通的运行效率。

4.4.2 城市轨道交通信号系统管理的基本规定

城市轨道交通信号系统的管理应符合下列规定：

(1)城市轨道交通系统的运行管理模式和要求，应与所选用的信号系统制式、功能及系

统构成相符合。

(2)信号系统应具有 ATP 功能、运营控制中心和车站的 ATS 功能,宜具备 ATO 功能。

(3)运营单位应根据信号系统技术水平及线路参数、车辆性能和道岔限速等确定线路的通过能力与折返能力,并进行列车模拟运行。

(4)运营单位不得擅自减弱、变更信号系统中涉及行车安全的硬件及软件设备配置;必须变更时,应对变更部分进行安全认证。

(5)负责信号系统操作维护的人员应记录信号系统设备状态,生成故障统计报表。运营单位应对信号系统的设备监控和报警信息进行专项分析与整理。

(6)当轨道占用状态检测设备发生故障时,ATS 系统应持续显示占用状态;故障排除后,未经人工确认,不得自动复位。

(7)信号设备故障修复后,应检查相关设备开关、铅封的状态,并由负责检修的当事人员负责复原。

(8)设置屏蔽门的车站,信号系统宜具备列车车门与站台屏蔽门系统联动功能。

(9)信号设备机房的温度、湿度和防电磁干扰,应满足《城市轨道交通信号系统通用技术条件》(GB/T 12758—2004)的要求。

(10)运营单位在建立日常巡查、测试与检修制度的基础上,应根据信号系统的运用特点制订信号设备维修保养计划,并根据设备运行状况及故障情况及时调整。

(11)信号系统维修班组的设置,应充分考虑信号设备沿线分布特点,一般应在车辆基地、运营控制中心、折返站和大型联锁集中站安排专人值班,负责信号系统的维护。

(12)运营单位应建立信号系统的基础资料档案管理制度,包括维修与保养手册、部件功能描述、配线图、模块电路图、设备台账、软件版本记录和设备易损清单等。

4.4.3 城市轨道交通信号系统维护检修管理要求

1. 一般规定

(1)信号系统的维护检修管理范围为 ATP 系统、ATO 系统、ATS 系统、分布式控制系统(distributed control system,DCS)、联锁系统、信号电源。

(2)信号系统的维护检修修程包括月检、半年检、年检。

(3)信号系统维护检修的特殊要求和特殊车辆段、停车场在管理规定允许的情况下,设备维护检修工作可在运营时间进行,特殊维护检修工作在非运营时间进行。

2. 具体维护检修要求

(1)ATP 系统维护检修要求。

①对区域控制器进行外部清扫、外观检查,周期应不大于 1 个月,应达到设备外部清洁、各子架清洁,柜门开关灵活、密封良好,电缆外观无破损、固定良好。

②对区域控制器进行接线检查,周期应不大于 1 个月,应达到配线与接线端子连接牢固。

③对区域控制器进行状态检查,周期应不大于 1 个月,应达到机柜内部各部件工作正常、各空开电气性能良好、LED 指示灯显示正常。

④对区域控制器进行电气性能指标测量，周期应不大于 6 个月，设备各项电气性能指标应符合技术要求。

⑤对 ATP 车载设备进行内部清扫、电缆检查，周期应不大于 1 个月，应达到设备内部清洁，与车载外围设备之间的通信电缆外观无破损。

⑥对 ATP 车载设备进行安装状态检查，周期应不大于 1 个月，应达到安装牢固。

⑦对 ATP 车载设备的接线端子进行状态检查，周期应不大于 1 个月，应达到接线端子连接牢固。

⑧对 ATP 车载设备的指示灯进行状态检查，周期应不大于 1 个月，应达到设备指示灯显示正常。

⑨对 ATP 车载设备进行电气性能指标测量，周期应不大于 1 个月，设备各项电气性能指标应符合技术要求。

⑩对 ATP 车载外围设备进行外观检查，周期应不大于 1 个月，应达到外观无破损。

⑪对 ATP 车载外围设备进行安装状态检查，周期应不大于 1 个月，应达到安装牢固。

⑫对 ATP 车载外围设备进行接线检查，周期应不大于 1 个月，应达到接线牢固。

⑬对线路电子单元(line electronic unit，LEU)进行外部清扫、外观检查，周期应不大于 3 个月，应达到设备外部、各子架清洁，柜门开关灵活、密封良好，电缆外观无破损、固定良好。

⑭对 LEU 进行接线检查，周期应不大于 3 个月，应达到配线与接线端子连接牢固。

⑮对 LEU 进行状态检查，周期应不大于 3 个月，应达到机柜内部各部件工作正常，各空开电气性能良好，LED 指示灯显示正常。

⑯对线路控制器(line controller，LC)进行外部清扫、外观检查，周期应不大于 1 个月，应达到设备外部、各子架清洁，柜门开关灵活、密封良好，电缆外观无破损、固定良好。

⑰对 LC 进行接线检查，周期应不大于 1 个月，应达到配线与接线端子连接牢固。

⑱对 LC 进行状态检查，周期应不大于 1 个月，应达到机柜内部各部件工作正常，各空开电气性能良好，LED 指示灯显示正常。

(2)ATO 系统维护检修要求。

①对 ATO 设备进行内外部清洁、电缆检查，周期应不大于 1 个月，应达到设备内外部清洁，与车载外围设备之间的通信电缆外观无破损。

②对 ATO 设备进行安装状态检查，周期应不大于 1 个月，应达到安装牢固。

③对 ATO 设备的接线端子进行状态检查，周期应不大于 1 个月，应达到接线端子连接牢固。

④对 ATO 设备的指示灯进行状态检查，周期应不大于 1 个月，应达到指示灯显示正常。

⑤对 ATO 设备进行电气性能指标测量，周期应不大于 1 个月，设备各项电气性能指标应符合技术要求。

(3)ATS 系统维护检修要求。

①对 ATS 系统机柜进行内外部清扫、电缆检查，周期应不大于 1 个月，应达到设备内外部清洁，电缆外观无磨损。

②对 ATS 系统机柜进行接线检查，周期应不大于 1 个月，应达到接线牢固。

③对 ATS 系统机柜的指示灯进行状态检查,周期应不大于 6 个月,应达到机柜内各部件指示灯显示正常

④对 ATS 系统服务器、工作站 PC 机进行外部清扫,周期应不大于 1 个月,应达到机箱外部清洁,空气散热格栅无灰尘。

⑤对 ATS 系统服务器、工作站 PC 机的散热风扇、显示器、鼠标及键盘进行状态检查,周期应不大于 1 个月,应达到主机、显示器、鼠标、键盘工作正常,操作系统工作正常。

⑥对 ATS 系统服务器进行冗余性能测试,周期应不大于 1 年,应达到 ATS 系统服务器的冗余性能正常。

⑦对发车指示器进行清扫、外观检查,周期应不大于 3 个月,应达到设备清洁,设备、电缆外观无破损。

⑧对发车指示器进行安装状态检查,周期应不大于 3 个月,应达到安装牢固。

⑨对发车指示器的显示板进行状态检查,周期应不大于 3 个月,应达到数字显示清晰、无丢画现象。

⑩对发车指示器进行接线检查,周期应不大于 3 个月,应达到端子接线和排线连接牢固。

⑪对通信前置机设备进行内外部清扫,周期应不大于 1 个月,应达到机箱内外部清洁,空气散热格栅无灰尘。

⑫对通信前置机设备进行状态检查,周期应不大于 1 个月,应达到通信前置机的主机、显示器、键盘、鼠标工作正常,操作系统工作正常。

⑬对通信前置机设备进行接线检查,周期应不大于 1 个月,应达到接线牢固。

⑭对备用 ATS 服务器、工作站 PC 机进行内外部清扫,应达到机箱内外部清洁,空气格栅无灰尘。

⑮对备用 ATS 设备进行状态检查,周期应不大于 3 个月,应达到主机、显示器、鼠标、键盘工作正常,操作系统工作正常。

⑯对备用 ATS 设备进行功能测试,周期应不大于 1 年,设备功能应符合技术要求。

(4)DCS 维护检修要求。

①对数据通信车站机柜的内部设备进行外观检查,周期应不大于 1 个月,应达到设备外观无破损、无明显变形,电缆无破损。

②对数据通信车站机柜进行接线检查,周期应不大于 1 个月,应达到电缆连接牢固。

③对数据通信车站机柜的指示灯进行状态检查,周期应不大于 1 个月,应达到指示灯状态正常。

④对数据通信车载设备进行内外部清扫、外观检查,周期应不大于 1 个月,应达到设备内外部清洁,设备、电缆外观无破损。

⑤对数据通信车载设备进行安装状态检查,周期应不大于 1 个月,应达到安装牢固。

⑥对数据通信车载设备进行接线检查,周期应不大于 1 个月,应达到与车载外围设备之间的通信电缆连接牢固。

⑦对数据通信车载设备的接线端子进行状态检查,周期应不大于 1 个月,应达到接线端子牢固。

⑧对数据通信车载设备的指示灯进行状态检查，周期应不大于1个月，应达到指示灯显示正常。

⑨对数据通信车载设备进行电气性能指标测量，周期应不大于1个月，各项电气性能指标应符合技术要求。

⑩对数据通信轨旁设备-AP接入点箱进行内外部清洁、外观检查，周期应不大于6个月，应达到设备内外部清洁，各部件外观无破损。

⑪对数据通信轨旁设备-AP接入点箱进行状态检查，周期应不大于6个月，应达到AP箱安装牢固、密封良好，各部件安装牢固，内外部线缆连接牢固。

⑫对数据通信轨旁设备-AP接入点箱进行电气性能指标测量，周期应不大于6个月，电气性能指标应符合标准要求。

⑬对数据通信轨旁设备-AP的天线进行外观检查，周期应不大于6个月，应达到设备外观无破损。

⑭对数据通信轨旁设备-AP的天线进行性能测试，周期应不大于1年，性能指标应符合技术要求。

⑮对波导管设备进行外观检查，周期应不大于1年，应达到设备外观良好、无破损且连接正确、牢固。

(5)联锁系统维护检修要求。

①对计算机联锁机柜设备工作状态进行检查，周期应不大于1个月，应达到设备工作正常。

②对计算机联锁机柜进行内外部清扫、元器件外观检查，周期应不大于1个月，应达到机柜内部清洁，元器件外观无破损。

③对计算机联锁机柜内部元器件进行安装状态检查，周期应不大于1个月，应达到元器件安装牢固。

④对计算机联锁机柜进行切换功能测试，周期应不大于2个月，应达到倒机切换功能正常。

⑤对计算机联锁机柜进行接线检查，周期应不大于1年，应达到各端子电缆、光缆连接牢固。

⑥对计算机联锁机柜的各接线端子进行电气性能指标测量，周期应不大于1年，应达到各接线端子间的电气性能指标正常。

⑦对组合柜/架进行内外部清扫、元器件外观检查，周期应不大于3个月，应达到机柜内外部清洁，元器件名牌清晰、无破损。

⑧对组合柜/架的元器件进行安装状态检查，周期应不大于3个月，应达到安装牢固。

⑨对组合柜/架进行状态检查，周期应不大于3个月，应达到接线端子连接牢固。

⑩对分线柜/架进行内外部清扫，周期应不大于1年，应达到机柜内外部清洁。

⑪对分线柜/架的接线端子进行状态检查，周期应不大于1个月，应达到接线端子连接牢固。

⑫对HMI、控制台进行内外部清扫，周期应不大于6个月，应达到设备内外部清洁。

⑬对HMI、控制台进行接线检查，周期应不大于6个月，应达到接线连接牢固。

⑭对计轴设备机柜进行内部清扫，周期应不大于3个月，应达到机柜内部清洁。

⑮对计轴设备机柜指示灯进行状态检查，周期应不大于3个月，应达到指示灯显示正常。

⑯对计轴设备机柜的元器件进行状态检查，周期应不大于3个月，应达到元器件工作正常。

⑰对计轴设备机柜进行接线检查，周期应不大于3个月，应达到接线牢固。

⑱对计轴设备的室外计轴磁头进行安装状态检查，周期应不大于3个月，应达到计轴磁头安装螺丝紧固无松动。

⑲对计轴设备的电缆进行状态检查，周期应不大于3个月，应达到外观无破损、安装牢固，电缆不与钢轨接触。

⑳对计轴设备进行电气性能测试，周期应不大于6个月，电气性能应符合技术要求。

㉑对各类轨道电路的室内设备进行清扫、外观检查、状态检查，周期应不大于1个月，应达到设备外部清洁、外观无破损，各指示灯显示正常，各部件安装牢固。

㉒对各类轨道电路的室外设备进行内外部清扫、外观检查、状态检查，周期应不大于6个月，应达到室外箱/盒内外清洁、外观无破损、内部配线整齐并与接线端子连接牢固，各部件安装牢固，轨道绝缘良好、无破损。

㉓对各类轨道电路进行室内外电气性能测试，周期应不大于6个月，电气性能应符合技术要求。

㉔对相敏轨道电路室外变压器箱的空开进行电气性能测试，周期应不大于1年，应达到发送端、接收端空开性能良好。

㉕对相敏轨道电路进行功能测试，周期应不大于6个月，应达到轨道电路分路符合技术要求。

㉖对相敏轨道电路的轨道绝缘进行分解、更换，周期应不大于1年，应达到发送端、接收端绝缘性能良好。

㉗对相敏轨道电路的室外变压器箱进行极性交叉测试，周期应不大于1年，应达到相邻两端轨道电路极性交叉正确。

㉘对无绝缘轨道电路进行码序试验，周期应不大于1年，试验结果应符合技术要求。

㉙对无绝缘轨道电路进行保险更换，周期应不大于2年，更换后应达到保险性能良好。

㉚对无绝缘轨道电路进行接地和屏蔽测试，周期应不大于2年，接地和屏蔽应符合技术要求。

㉛对直流转辙机进行内外部清扫、状态检查，周期应不大于1个月，应达到转辙机内外部清洁，外观结构无破损，箱体盖密封良好，连接杆件正常，尖轨与基本轨密贴正常。

㉜对直流转辙机进行安装状态检查，周期应不大于1个月，应达到安装装置位置正确，安装牢固。

㉝对直流转辙机的机械部件进行油润，周期应不大于1个月，应达到机械部件运转正常。

㉞对直流转辙机的电气部件进行状态检查，周期应不大于1个月，应达到电气部件外观良好，配线牢固，工作状态正常，无严重磨损。

㉟对直流转辙机进行电气性能测试，周期应不大于 1 个月，电气性能应符合技术要求。

㊱对直流转辙机的表示杆缺口间隙指标进行测量，周期应不大于 1 个月，应达到表示杆缺口间隙符合技术要求。

㊲对直流转辙机的电缆盒进行状态检查，周期应不大于 6 个月，应达到电缆盒安装牢固，标识清晰无破损，内部整洁，配线连接牢固。

㊳对直流转辙机的电动机进行状态检查，周期应不大于 6 个月，应达到各部件状态正常。

㊴对直流转辙机的挤切削进行状态检查，周期应不大于 1 年，应达到挤切削安装正确，挤切削螺帽不影响锁闭齿轮的转换。

㊵对直流转辙机道岔的绝缘安装装置、长/短表示杆绝缘管进行分解绝缘测试，周期应不大于 2 年，测试结果应大于 25 MΩ。

㊶对直流转辙机进行轮修、安装检查、性能测试，周期应不大于转辙机动作 100 万次，新装转辙机应连接牢固、安装符合技术要求、性能符合技术要求。

㊷对交流转辙机进行外部清扫、状态检查，周期应不大于 1 个月，应达到外部清洁，外观无破损，结构正常紧固，连接杆件完好，尖轨与基本轨密贴正常，开口销齐全。

㊸对交流转辙机进行安装状态检查，周期应不大于 1 个月，应达到安装装置位置正确，安装牢固。

㊹对交流转辙机进行内部清洁、安装状态检查，周期应不大于 1 个月，应达到内部清洁无异物，螺栓紧固。

㊺对交流转辙机电气部件进行状态检查，周期应不大于 1 个月，应达到电气部件外观良好，配线牢固，工作状态正常，无严重磨损。

㊻对交流转辙机的表示杆缺口间隙指标进行测量，周期应不大于 1 个月，缺口间隙应符合技术要求。

㊼对交流转辙机进行不锁闭试验，周期应不大于 1 个月，应达到道岔尖轨与基本轨间隙大于规定值后，道岔不能锁闭。

㊽对交流转辙机的电缆盒进行状态检查，周期应不大于 6 个月，应达到电缆盒安装基础牢固，标识清晰无破损，内部整洁，配线连接牢固。

㊾对交流转辙机进行轮修、安装检查、性能测试，周期应不大于转辙机动作 100 万次，新装转辙机应连接牢固、安装符合技术要求、性能符合技术要求。

㊿对交流转辙机道岔的绝缘安装装置、长/短表示杆绝缘管进行绝缘测试，周期应不大于 2 年，测试结果应大于 25 MΩ。

51对信号机进行灯位显示状态检查，周期应不大于 1 个月，应达到灯位显示正确。

52对信号机灯丝报警设备的指示灯进行状态检查，周期应不大于 1 个月，应达到灯丝报警设备的各指示灯显示正常。

53对信号机进行状态检查，周期应不大于 3 个月，应达到机柱、托架安装牢固，信号机外观无异常，机柱无裂纹，信号机名称代号清晰。

54对信号机进行状态检查，周期应不大于 3 个月，应达到密封良好，元器件无损坏。

55对信号机进行电气性能测试，周期应不大于 3 个月，各项电气性能指标应符合技术

要求。

56对信号机的接线端子进行状态检查，周期应不大于3个月，应达到接线端子紧固，配线整齐无损。

57对信号机进行显示距离检查，周期应不大于3个月，列车信号机、调车信号机等的直线显示距离应符合技术要求。

58对信号机的分线盒进行状态检查，周期应不大于3个月，应达到分线盒外观无破损，密封良好，内部端子无松动。

59对紧急停车按钮进行状态检查，周期应不大于3个月，应达到安装牢固，外观无破损。

60对紧急停车按钮进行内部检查，周期应不大于3个月，应达到内部配线连接牢固，接点与按钮连接牢固，清洁。

61对紧急停车按钮进行功能测试，周期应不大于3个月，应达到紧急停车按钮功能正常，指示灯显示正常。

62对信标的安装支架、底座进行状态检查，周期应不大于3个月，应达到支架安装牢固，安装底座无明显锈蚀，标识清晰。

(6)信号电源维护检修要求。

①对电源屏进行电源屏功能测试，周期应不大于3个月，应达到两路电源转换、交流/直流模块主备转换分路输出功能正常。

②对电源屏进行电气性能测试，周期应不大于3个月，应达到声光报警、数据正常和防雷器件颜色正常。

③对电源屏进行内外部清扫、状态检查，周期应不大于1年，应达到内外部清洁，外观无破损，各接线端子及配线紧固整齐，接地连接线可靠无锈蚀。

④对电源屏的指示灯进行状态检查，周期应不大于1年，应达到指示灯显示正常。

⑤对UPS的维护检修要求按相关规定进行。

⑥对稳压柜进行内外部清扫、接线端子状态检查，周期应不大于1年，应达到机柜内外部清洁，接线端子无松动。

⑦对稳压柜的表示灯进行状态检查，周期应不大于1年，应达到显示正常。

(7)区间设备维护检修要求。对信号系统的挂钩、托架、电缆、光缆进行状态检查，周期应不大于3个月，应达到外观完整无破损，标识清晰，电缆、光缆排列整齐，绑扎牢固。

4.5 城市轨道交通自动售检票系统管理规范

AFC系统是城市轨道交通综合自动化系统中不可或缺的重要组成部分。它采用完全封闭的运行方式和计程、计时的收费模式，集计算机、网络、通信、自动控制、非接触式IC卡、大型数据库、机电一体化、模式识别、传感和精密仪器加工等多种高新技术于一体，通过高度安全、可靠、保密性能良好的AFC系统统合各种AFC终端设备，完成轨道交通中的自动售票、检票、计费、收费、单程票回收、现金稽查、客流收费统计、清分和售检票设备监控等。

4.5.1 城市轨道交通自动售检票系统业务管理的内容

城市轨道交通 AFC 系统业务管理的内容主要有以下几项：

1. 票卡管理

票卡是乘客乘坐城市轨道交通的有效凭证，是 AFC 系统中不可缺少的信息载体和交互媒介。票卡管理是指对票卡采购、循环使用及回收、报废等整个过程进行的管理。一个完整的票务管理过程应包括票卡采购、票卡初始化、票卡发放、票卡销售、检票、票卡回收、结算、票卡报废及整个运营分析等过程，其中包括售票、补票、充值、设立黑名单及其相关的特殊操作等。

票卡是整个城市轨道交通 AFC 系统的信息源头，票卡消息的正确有效能确保系统的正常运作。票卡是有价凭证，有效票卡的流通实际代表着资金的流动，一旦票卡管理不善，将会造成经济损失。因此，必须从资金管理的角度看待票卡管理。

通常应设立专门的机构(可以是运营单位，也可以委托专门单位)对票卡的发行、发售、使用、票务处理、回收等全过程进行严格、规范的管理。该机构通过对票卡进行初始化，使票卡成为系统内可使用的媒介；同时也负责车票的赋值发售、使用管理、进/出站处理、更新、加值、退换、回收、监督管理、注销等规范流程的管理。

2. 规则管理

票务系统涉及多部门、多环节，要确保这些部门和环节有效协作、高效联动，就必须依托一套科学、严密的规则和流程。规则管理就是为确保系统规范运作而制定一系列规则和流程(包括票价策略、收益分配、结算规则、权限管理和操作流程等)。

3. 信息管理

城市轨道交通 AFC 系统是一个庞大的系统，它涵盖了乘客进/出站、乘车费用、流向、流量等基本信息，同时为满足运营管理及相关各方的需要，必须对系统收集的基本数据进行深度挖掘、加工，开展统计分析并发布信息。信息管理就是对系统中相关的信息进行收集、传递和处理，包括信息收集、信息传输、信息存储、信息统计分析和信息发布等。

(1)信息的分类。按照信息的生成方式可将信息分为原始信息和派生信息两种。

①原始信息。原始信息是指系统运行过程中自动生成、无须进行任何人为加工的信息，如售票记录、乘客进出站信息、乘车费用、流向、流量等。原始信息是运营管理和生成派生信息时最基础和必要的信息源。

②派生信息。派生信息是指在原始信息的基础上，为进一步满足运营管理及相关各方的需要，对原始信息(如客流量、运营收入、平均票价、平均运距等)进行深度挖掘、加工和分析后得到的信息。

城市轨道交通包含一个极其庞大、复杂的信息体系，要对它进行行之有效的管理，离不开信息的收集。特别是乘客流动的信息，不仅对城市轨道交通运营管理、经营策略具有极其重要的价值，而且对地域与城市的人员流动、设施配套、规划、经济布局和管理都具有难以替代的重要价值。

(2)城市轨道交通 AFC 系统的信息统计分析借助于一系列的工具和方法，将系统收集到的信息进行汇总、加工和处理，以生成满足人们日常管理需要的数据、报表和资料，并从各种不同的角度对这些数据、报表和资料加以分析，为运营管理提供信息支持。系统报表主要分为结算类报表、管理分析类报表和故障辅助解决类报表3大类。

①结算类报表。结算类报表是指在结算过程中所产生的报表，这一组报表完整体现了结算过程中的所有资金和信息内容。结算类报表主要有如下几种：

• 车站售卡、储值收费统计表。其用来统计各站点收取的现金金额及分类。

• 车站收入统计表。其用来统计各站点出站检票的交易情况。

• 银行账户余额表。其用来统计各银行账户的账户余额。

• 车站结算统计报表。其用来统计各站点的资金结算。

• 银行划账单。其用来通知银行划账清单。

• 收益方收益表。其用来分析收益方的收益构成。

• 票卡存量表。其用来统计各线路、站点的票卡存量。

②管理分析类报表。管理分析类报表是为了满足清分中心日常管理及对路网运营情况进行分析而设置的报表。管理分析类报表主要有如下几种：

• 车站票卡对账表。其用来按车站统计票卡的使用量及存量。

• 线路票卡存量表。其用来按线路统计票卡的使用量及存量。

• 公务卡使用统计报表。其用来统计每张公务卡的使用次数。

• 路径费率表。

• 分时流量表。其用来分时段统计路网的客流量。

• 流量统计表。其用来按站、线路统计出入口流量。

• 换乘客流统计表。其用来按线路统计出入口流量。

• OD表(其中O表示客流和车流的总出发地节点，D表示客流和车流的总目的地节点，这里主要指始发和终到客流表)。其用来对应OD的流量统计。

• 路网收费支付方式统计表。其用来按线路/站统计单程票、储值票的使用次数及金额。

③故障辅助解决类报表。当出现对账不平的情况时，故障辅助解决类报表可为有效解决问题提供辅助信息。

4. 账务管理

城市轨道交通AFC系统中涉及票卡发售、票款汇缴、收入清分和资金划拨等一系列账务处理过程。账务管理就是对系统内的分配、入账等过程进行的管理。

5. 模式管理

所谓模式，就是指在不同的状况和条件下，为达到某些特定效果所采用的方式方法。模式管理就是针对不同的运营状况、条件所做出的相应操作行为的选择和实施。模式管理包括正常运营模式、降级运营模式及相配套的运营管理。

6. 运营管理

系统运营涉及通信、信号、列车、运营组织及乘客、线路、车站等方面。城市轨道交通AFC系统的运营管理就是通过本系统的设备及所具有的完整、严密、及时的信息流对运营状况进行实时跟踪监督，以提高运营质量和服务水平，包括信息传输状况监督、客流状况监督、车票调配监督、收款监督和收益监督等方面。

4.5.2 城市轨道交通自动售检票系统管理的基本规定

城市轨道交通 AFC 系统的管理应遵循以下基本规定：

(1)AFC 系统的性能和使用要求应符合《城市轨道交通自动售检票系统技术条件》(GB/T20907—2007)的规定。

(2)AFC 系统应满足高峰小时客流量的需要和各种运营模式的要求。

(3)自动售检票机宜设置在较宽敞的空间，每处售票点运行的售票机应不少于 2 台。

(4)检票闸机应具有显示多运行状态的功能；在应急情况下，所有检票闸机门应处于紧急放行状态。

(5)AFC 系统对外部的恶意侵扰应具有有效的防御能力，运营单位应制定相应的病毒防护措施。

(6)运营单位应制定 AFC 系统的设备维修计划和维修模式，确定设备检修项目的实施周期和修程，可采用月度检修、季度检修、年度检修或故障检修。

(7)自动售检票机的维修范围应包括卡(币)发售模块、硬币模块、纸币模块、找零模块、电源盒、读写器等。

(8)运营单位应建立包括系统维修与保养手册、部件功能描述、系统配线图和设备台账等的 AFC 系统的基础资料档案管理制度。

(9)AFC 系统可靠度应大于或等于 98%。

4.5.3 城市轨道交通自动售检票系统维护检修管理要求

1. 一般规定

(1)AFC 系统维护检修管理的范围为(多)线路中央计算机(line central computer，LCC)系统、车站计算机系统、票务中心系统、UPS、车站终端设备。

(2)AFC 系统的维护检修修程包括周检、月检、季检、半年检、年检。

(3)AFC 系统的大修，即对系统设备的全面定期检查、测试、维修，周期应不大于 4 年。

(4)维护检修的特殊要求和特点。

①由于 AFC 系统终端设备涉及钱币、票卡，决定着交易数据的准确性、及时性和完整性，在维修钱币处理单元模块时不得擅自取动钱币，应遵循运营单位相关制度执行。

②在维修存储设备时宜保护好原始交易数据，避免交易数据丢失产生票款差异。

2. 具体维护检修要求

(1)LCC 系统检修要求。

①对服务器进行数据备份，并采取恰当的措施保证数据的安全性，周期应不大于 1 周，应达到数据备份完整，存档规范。

②对服务器、网络设备、存储设备、网络安全设备进行外部清扫，周期应不大于 6 个月，应达到外部清洁。

③对服务器、网络设备、存储设备、网络安全设备进行状态检查，周期应不大于6个月，应达到指示灯显示正常，线缆无破损、连接牢固，标签完好无损。

④对服务器、网络设备、存储设备、网络安全设备进行重启，周期应不大于1年，重启后所有的进程及服务应运行正常。

⑤对服务器、网络设备、存储设备、网络安全设备进行内部清扫，周期应不大于1年，应达到内部清洁。

⑥对服务器、网络设备的配置文件进行检查，周期应不大于1年，应达到配置文件正确无误。

⑦对杀毒软件病毒库进行升级，周期应不大于1个月，应达到病毒库版本最新。

(2)车站计算机系统维护检修要求。

①对服务器、三层交换机进行外部清扫，周期应不大于3个月，应达到外部清洁。

②对服务器、三层交换机进行状态检查，周期应不大于3个月，应达到指示灯显示正常，线缆无破损、连接牢固，标签完好无损。

③对服务器、三层交换机进行重启，周期应不大于1年，重启后所有的进程及服务应运行正常。

④对服务器、三层交换机进行内部清扫，周期应不大于1年，应达到内部清洁。

⑤对服务器配置文件进行检查，周期应不大于1年，应达到配置文件正确无误。

⑥对系统工作站的软件系统和运行环境进行检查和清理，周期应不大于6个月，应达到系统及软件运行正常，磁盘空间正常。

⑦对系统工作站进行内外部清扫，周期应不大于6个月，应达到内外部清洁。

⑧对二层交换机进行外部清扫，周期应不大于6个月，应达到外部清洁。

⑨对二层交换机进行状态检查，周期应不大于6个月，应达到工作状态正常。

⑩对车站配电箱进行状态检查，周期应不大于6个月，应达到空开无损坏，线缆无虚接、无破损，标签完好无损。

⑪对网络激光打印机进行内外部清扫，周期应不大于6个月，应达到内外部清洁。

⑫对网络激光打印机进行功能检查，周期应不大于6个月，应达到打印字迹清晰。

⑬对车站紧急模式进行功能测试，周期应不大于1年，功能测试应达到《城市轨道交通自动售检票系统工程质量验收规范》(GB 50381—2010)规定的要求。

(3)票务中心系统维护检修要求。

①对编码分拣机进行内外部清扫，周期应不大于1个月，应达到内外部清洁。

②对编码分拣机各部件进行状态检查，周期应不大于1个月，应达到各部件安装牢固，无破损无变形，工作状态正常。

③对票务工作站、网络激光打印机进行内外部清扫，周期应不大于6个月，应达到内外部清洁。

④对系统工作站的软件系统和运行环境进行检查和清理，周期应不大于6个月，应达到系统及软件运行正常，磁盘空间正常。

⑤对网络激光打印机进行功能检查，周期应不大于6个月，应达到打印字迹清晰。

(4)UPS维护检修要求。UPS的维护检修要求按相关规定进行。

(5)车站终端系统检修要求。

①对自动检票机的各模块、显示器及传感器等部件进行清扫,周期应不大于4个月,应达到各模块及部件清洁。

②对自动检票机的各模块、显示器及传感器等部件进行状态检查,周期应不大于4个月,应达到模块及部件安装牢固,无损坏,工作状态正常。

③对自动检票机的维修门及门锁进行检查,周期应不大于4个月,应达到维修门无明显变形,门锁无损坏。

④对自动检票机各连接线缆进行状态检查,周期应不大于4个月,应达到线缆无破损,连接牢固,标签完好无损。

⑤对自动检票机的工控机进行清扫,周期应不大于6个月,应达到工控机清洁。

⑥对自动检票机的工控机进行状态检查,周期应不大于6个月,应达到工作状态正常。

⑦对自动检票机的扇门模块进行注油润滑,周期应不大于1年,应达到模块各部件运转正常。

⑧对自动检票机进行功能测试,周期应不大于1年,测试结果应达到《城市轨道交通自动售检票系统工程质量验收规范》(GB 50381—2010)规定的要求。

⑨对自动售票机的各模块、显示器等部件进行清扫,周期应不大于4个月,应达到各模块及部件清洁。

⑩对自动售票机的各模块、显示器等进行状态检查,周期应不大于4个月,应达到模块及部件安装牢固,无损坏,工作状态正常。

⑪对自动售票机的维修门及门锁进行检查,周期应不大于4个月,应达到维修门无明显变形,门锁无损坏。

⑫对自动售票机各连接线缆进行状态检查,周期应不大于4个月,应达到线缆无破损,连接牢固,标签完好无损。

⑬对自动售票机的工控机进行清扫,周期应不大于6个月,应达到工控机清洁。

⑭对自动售票机的工控机进行状态检查,周期应不大于6个月,应达到工作状态正常。

⑮对自动售票机进行功能测试,周期应不大于1年,测试结果应达到《城市轨道交通自动售检票系统工程质量验收规范》(GB 50381—2010)规定的要求。

⑯对半自动售票机的各模块、显示器等部件进行清扫,周期应不大于4个月,应达到各模块及部件清洁。

⑰对半自动售票机的各模块、显示器等部件进行状态检查,周期应不大于4个月,应达到各模块及部件安装牢固,无损坏,工作状态正常。

⑱对半自动售票机的维修门及门锁进行检查,周期应不大于4个月,应达到维修门无明显变形,门锁无损坏。

⑲对半自动售票机各连接线缆进行状态检查,周期应不大于4个月,应达到线缆无破损,连接牢固,标签完好无损。

⑳对半自动售票机的工控机进行清扫,周期应不大于6个月,应达到工控机清洁。

㉑对半自动售票机的工控机进行状态检查,周期应不大于6个月,应达到工作状态正常。

㉒对半自动售票机进行功能测试，周期应不大于1年，测试结果应达到《城市轨道交通自动售检票系统工程质量验收规范》(GB 50381—2010)规定的要求。

㉓对自动查询机的各模块、显示器等进行清扫，周期应不大于4个月，应达到各模块清洁。

㉔对自动查询机的各模块、显示器等进行状态检查，周期应不大于4个月，应达到各模块安装牢固，无损坏，工作状态正常。

㉕对自动查询机的维修门及门锁进行检查，周期应不大于4个月，应达到维修门无明显变形，门锁无损坏。

㉖对自动查询机各连接线缆进行状态检查，周期应不大于4个月，应达到线缆无破损，连接牢固，标签完好无损。

㉗对自动查询机的工控机进行清扫，周期应不大于6个月，应达到工控机清洁。

㉘对自动查询机的工控机进行状态检查，周期应不大于6个月，应达到工作状态正常。

㉙对自动查询机进行功能测试，周期应不大于1年，测试结果应达到《城市轨道交通自动售检票系统工程质量验收规范》(GB 50381—2010)规定的要求。

㉚对手持检票机进行外观检查，周期应不大于6个月，应达到设备外壳、按键无损坏。

㉛对手持检票机进行功能测试，周期应不大于1年，应达到《城市轨道交通自动售检票系统工程质量验收规范》(GB 50381—2010)规定的要求。

㉜对加热模块进行工作状态检查，周期应不大于1年，应达到工作正常。

㉝对顶棚向导进行清扫及状态检查，周期应不大于1年，应达到设备清洁，安装牢固，外壳无损坏，显示正常。

4.6 城市轨道交通电梯、自动扶梯管理规范

电梯和自动扶梯作为方便快捷的乘客运输工具，已经被越来越多地应用于城市轨道交通车站。电梯一般采用曳引驱动电梯和液压电梯。自动扶梯采用公共交通型，以确保安全可靠地长期工作。

4.6.1 城市轨道交通电梯、自动扶梯管理的基本规定

城市轨道交通电梯、自动扶梯的管理应符合下列基本规定：

(1)电梯应符合《电梯制造与安装安全规范》国家标准第1号修改单(GB 7588—2003/XG1—2015)和《地铁设计规范》(GB 50157—2013)规定的性能和使用要求，自动扶梯应符合《自动扶梯和自动人行道的制造与安装安全规范》(GB 16899—2011)中公共交通型重载扶梯的性能要求。

(2)电梯、自动扶梯及轮椅升降机应按特种设备相关规范进行定期检查，并张贴安全检验合格证。

(3)自动扶梯应有明确的运行方向指示，并在两端配备紧急停止开关。自动扶梯出入口应有开阔的空间，入口处应有明确的安全警示并张贴使用须知。

(4)电梯、自动扶梯运行应满足以下要求:

①平稳运行,除处置应急事件外不能急动、急停。

②客运电梯和自动扶梯不应载货,但乘客随身行包除外。

③日常开启和关闭应由车站客运服务人员操作。

④电梯操作装置应易于识别和方便使用,电梯对讲装置应工作正常、音质清晰。

(5)发生火灾时,电梯应立即停止使用,不得作为安全疏散设施使用。

(6)运营单位应在每天运营前对电梯和自动扶梯进行例行检查,确认电梯和自动扶梯外观完整无损,安全标志标识齐全,运行正常、平稳、无异味、无异响、无异常振动后方可开启。

(7)电梯例行检查应符合以下要求:

①电梯机房的门、锁、温度、通风装置、照明装置、手动紧急操作装置、消防设施无异常。

②电梯外观完整无损,内部清洁、无杂物。

③电梯检验合格标志和安全注意事项标识清晰、完备。

④电梯照明、风扇、对讲和报警装置工作正常,电梯门防夹装置功能无异常。

⑤电梯门开启和关闭正常,运行无异响、无异味、平滑、无异常振动。

(8)自动扶梯例行检查应符合以下要求:

①外观完整无损,其周边环境情况清洁,无杂物。

②梯级、踏板、梳齿板和扶手带、显示装置、护栏应正常、无裂痕、无损坏。

③检验合格标志和安全注意事项标识应清晰、完备。

④钥匙开关、急停开关等工作正常。

⑤运行平滑正常,无异响、无异味、无异常振动。

(9)运营单位应制定电梯、自动扶梯的设备维修计划和维修模式,确定设备检修实施周期,制定相应修程。修程可采用日常巡检、月度检修、季度检修、半年检修、年度检修,并根据实际情况进行大修或改造,定期对井道、巷道内杂物和易燃物进行清理。

(10)电梯、自动扶梯维修工作应由具有专业资质的维修队伍实施。维修完成后,应进行试运转,试运转应由维修人员负责执行。

(11)运营单位应建立电梯、自动扶梯的基础资料档案管理制度,包括设备台账、设备及其零部件和安全保护装置的产品技术文件、产品合格证、出厂检验报告,安装、改造、移装、重大维修的资料,维修与保养手册,日常维修记录,操作手册,设备故障记录和统计分析等。

4.6.2 城市轨道交通电梯维护检修管理要求

1. 一般规定

(1)电梯和自动扶梯维护检修管理的范围为电梯、自动扶梯、自动人行道。

(2)维护检修的特殊要求和特点如下:

①承担城市轨道交通运营项目电梯设备维护检修的单位需是电梯设备制造单位或其委托、授权的单位。

②特种设备作业人员需具备相应的资格证书。

2. 具体维护检修要求

电梯的预防性维护检修参考《电梯日常维护保养规则》(DB 11/418—2007)执行。

4.7 城市轨道交通屏蔽门系统管理规范

屏蔽门系统设置在车站每侧站台的边缘，由与列车车门对应的滑动门、应急门、固定门和端门组成。屏蔽门是新型的城市轨道交通设备，在列车到达车站和离站出发前，该设备能自动进行滑动门的开、关控制。

4.7.1 城市轨道交通屏蔽门系统管理的基本规定

城市轨道交通屏蔽门系统的管理应符合下列规定：

(1)屏蔽门应有足够的结构强度和运行可靠性，接地绝缘应等电位连接，后备电源应符合规范要求。运营单位应确保屏蔽门系统工作正常。

(2)屏蔽门应具有系统级、车站级和手动操作三级控制方式。正常情况下，屏蔽门应由列车司机或信号系统监控；屏蔽门处于不正常开关状态时，列车司机应接到当时车站行车值班员指令后再进站或启动离站。

(3)屏蔽门故障时，宜采用车站级控制模式，由列车司机或行车值班员操作屏蔽门。

(4)屏蔽门应设有明显的安全标志和紧急情况操作说明。屏蔽门的手动开关应操作简单，具有中英文操作说明。

(5)运营单位应合理确定屏蔽门与车门的开关顺序。

(6)运营单位后期加装的防踏空胶条和其他防夹装置等不得侵界。

(7)运营单位应对屏蔽门进行日常检查，并满足以下要求：

①门体外观完整无损，门体玻璃无划伤、裂痕。

②开关平滑正常，无异响、无异味、无异常振动。

③状态指示灯显示、蜂鸣器声音正常。

④就地控制盘外观完好，安装紧固。

(8)运营单位应制定屏蔽门的设备检修计划和检修模式，确定设备检修实施周期，制定修程，修程可采用日常巡检、月度检修、季度检修、半年检修和年度检修。屏蔽门检修内容应包括门体结构、电源系统、控制及监视系统和控制室内设备等。

(9)运营单位应建立包括维修与保养手册、部件功能描述、部件接线图、操作手册、设备故障记录及日常维修记录等在内的屏蔽门系统的基础资料档案管理制度。

4.7.2 城市轨道交通屏蔽门系统维护检修管理要求

1. 一般规定

(1)屏蔽门系统维护检修管理的范围是门体结构、门机系统、电源系统、监控系统。

(2)屏蔽门系统的维护检修修程为季检、半年检、年检。

(3)屏蔽门系统的大修宜按照制造厂的要求进行,大修内容主要为解体、检查、测试,必要时更换部件,大修后设备应恢复或接近出厂时的性能。

2. 具体维护检修要求。

(1)门体结构检修要求。

①对端门、应急门、司机室门进行开启情况检查,周期应不大于3个月,打开时应顺畅、无卡滞,且开启90°可定位。

②对滑动门的门槛导槽进行外观检查,周期应不大于3个月,应达到无严重变形、无卡阻。

③对滑动门与立柱之间的缝隙进行测量,周期应不大于6个月,缝隙应为2~6 mm。

④对应急门与地槛之间的缝隙进行测量,周期应不大于6个月,缝隙应为8~12 mm。

⑤对玻璃、密封件、盖板、灯带支架、灯管进行外观检查、安装状态检查,周期应不大于6个月,应达到各部件外观无破损,安装牢固,灯管正常点亮。

⑥对立柱底部固定螺栓进行检查,周期应不大于1年,应达到螺栓无松动,紧固力矩满足要求。

⑦对屏蔽门与站台结构之间的绝缘电阻进行测量,周期应不大于1年,其电阻应不小于0.5 MΩ。

⑧对屏蔽门与走行轨之间等电位连接线的电阻进行测量,周期应不大于1年,其电阻应不大于0.4 Ω。

(2)门机系统维护检修要求。

①对滑动门进行开关门力测量,周期应不大于6个月,开关门力应不大于150 N。

②对滑动门、端门、应急门、司机门进行手动解锁力测量,周期应不大于6个月,手动解锁力应不大于67 N。

③对滑动门进行障碍物探测功能测试,周期应不大于6个月,应达到障碍物1~5次(可调)探测后,门体完全打开。

④对电机及减速箱进行状态检查,周期应不大于1年,电机及减速箱应运转良好,无异常振动、噪声及发热现象,减速箱无漏油、润滑良好。

⑤按照制造厂要求定期更换减速箱润滑油。

⑥对滑动门驱动部件的螺母副或皮带进行外观检查,周期应不大于1年,应达到无异常磨损或破损。

⑦按照制造厂要求定期润滑螺母副或检测调整皮带张紧力。

⑧对关键部件的固定螺栓进行安装状态检查,周期应不大于6个月,应达到螺栓无松动,紧固力矩满足要求。

⑨对电气元件、线路进行连接检查,周期应不大于1年,应达到无松动、无虚接。

(3)电源系统维护检修要求。

①对电源柜的各开关、按钮功能及指示灯进行状态检查,周期应不大于3个月,应达到

开关、按钮功能正常，指示灯显示正常。

②对蓄电池进行各项参数(电压、电流、温度、容量、内阻等)检查，周期应不大于1年，各项参数应正常，容量满足1 h内开关所有滑动门5次的需求。

③对电源柜进行内部清扫，周期应不大于6个月，应达到柜内清洁。

④对后备电源进行切换试验，周期应不大于3个月，试验结果应满足功能要求。

(4)监控系统维护检修要求。

①对就地控制盒(local control box，LCB)进行功能检查，周期应不大于3个月，应达到各项功能正常。

②对就地控制盘(local control panel，PSL)的各开关、按钮功能及指示灯进行状态检查，周期应不大于3个月，应达到各开关、按钮功能正常，指示灯显示正常。

③对控制柜的各开关、按钮功能及指示灯进行状态检查，周期应不大于3个月，应达到开关、按钮功能正常，指示灯显示正常。

④对监视主机进行磁盘检查，周期应不大于6个月，应达到硬盘有足够的数据存储空间。

⑤对监视主机显示界面进行检查，周期应不大于6个月，应显示正常。

⑥对控制柜进行内外部清扫，周期应不大于6个月，应达到内外部清洁。

学习评价

本模块学习完成后，请根据自己的学习所得，结合表4-1所列内容进行打分评价。

表4-1 模块4学习评价表

评价内容	评价方式			评价等级
	自评	小组评议	教师评议	
课前预习本模块相关知识、相关资料				A. 充分 B. 一般 C. 不足
了解城市轨道交通设施设备管理的一般性要求				A. 充分 B. 一般 C. 不足
熟悉城市轨道交通供电系统的基本要求，掌握城市轨道交通供电系统管理的基本规定，了解城市轨道交通供电系统维护检修管理要求				A. 充分 B. 一般 C. 不足
熟悉城市轨道交通通信系统的要求和作用，掌握城市轨道交通通信系统管理的基本规定，了解城市轨道交通通信系统维护检修管理要求				A. 充分 B. 一般 C. 不足

（续表）

评价内容	评价方式			评价等级
	自　评	小组评议	教师评议	
熟悉城市轨道交通信号系统的要求和作用，掌握城市轨道交通信号系统管理的基本规定，了解城市轨道交通信号系统维护检修管理要求				A. 充分 B. 一般 C. 不足
熟悉城市轨道交通自动售检票系统业务管理的主要内容，掌握城市轨道交通自动售检票系统管理的基本规定，了解城市轨道交通自动售检票系统维护检修管理要求				A. 充分 B. 一般 C. 不足
掌握城市轨道交通电梯、自动扶梯管理的基本规定，了解城市轨道交通电梯维护检修管理要求				A. 充分 B. 一般 C. 不足
掌握城市轨道交通屏蔽门系统管理的基本规定，了解城市轨道交通屏蔽门系统维护检修管理要求				A. 充分 B. 一般 C. 不足
参加教学中的讨论和练习，并积极完成				A. 充分 B. 一般 C. 不足
善于与同学合作				A. 充分 B. 一般 C. 不足
学习态度，完成作业				A. 充分 B. 一般 C. 不足
总评				

思考与练习

（1）城市轨道交通供电系统的基本要求有哪些？
（2）简述城市轨道交通通信系统的要求和作用。
（3）简述城市轨道交通信号系统的要求和作用。
（4）城市轨道交通 AFC 系统业务管理的主要内容包括哪些？
（5）简述城市轨道交通屏蔽门系统管理的基本规定。

模块 5 城市轨道交通运营安全管理

学习目标

(1)了解城市轨道交通运营安全管理规定的基础知识。
(2)熟悉城市轨道交通安全保障系统。
(3)掌握城市轨道交通车站安全管理。
(4)掌握城市轨道交通设备安全管理。
(5)掌握城市轨道交通消防安全管理。
(6)掌握城市轨道交通应急安全管理。
(7)了解城市轨道交通试运营前安全评价规范。

学习重点

(1)城市轨道交通安全保障系统。
(2)城市轨道交通车站安全管理。
(3)城市轨道交通消防安全管理。
(4)城市轨道交通应急安全管理。

5.1 城市轨道交通运营安全管理规定概述

任何交通运输方式在实现运输的过程中都存在着安全隐患,城市轨道交通运输也不例外。但由于采用了高科技的技术装备、现代化的管理模式等,城市轨道交通的安全性远远高于其他的交通运输方式。

5.1.1 城市轨道交通运营安全管理的一般要求

城市轨道交通运营安全管理的一般要求包括下列内容:

(1)运营单位应设置安全生产管理机构,保证安全生产条件所必需的资金投入。

(2)运营单位应配备专职的安全生产管理人员,并根据需要配备兼职的安全生产管理人员。

(3)运营单位应建立健全安全生产责任制,实行安全生产目标分级管理,逐级落实安全生产目标责任,并加强监督考核。

(4)运营单位应加强从业人员劳动保护,做好防尘、防毒、防辐射、防噪声、防寒保暖和防暑降温工作,改善从业人员劳动条件。

(5)城市轨道交通工程投入试运营前,应通过试运营基本条件评审。

5.1.2 城市轨道交通运营安全管理制度

1. 一般要求

(1)运营单位应制定安全生产制度,使安全生产工作制度化、规范化、标准化。

(2)运营单位应实行安全事故责任追究制度,严格事故调查处理。

(3)运营单位应建立突发事件逐级报告制度,并及时报告发生的突发事件。

(4)运营单位应根据运营工作中发现的问题,及时对各类操作规程、制度进行复查、修订。

(5)运营单位宜每 3 年至 5 年对各类操作规程、制度进行一次全面复查、修订。

(6)运营单位应严格限制可燃物品的使用,并制定可燃物品安全使用管理规定。

2. 人员安全管理

(1)列车乘务员、综控员、调度员、维修人员等应取得上岗资格。

(2)从业人员应遵守各岗位安全操作要求。

(3)列车乘务员上岗前应接受不少于 10 000 km 的见习驾驶训练。

(4)综控员、调度员上岗前应接受不少于 6 个月的见习培训。

(5)维修人员上岗前应接受不少于 1 年的见习培训。

(6)站务员上岗前应当接受不少于 3 个月的见习培训。

(7)运营企业安全管理人员每年应参加不少于 16 学时的安全培训,一线员工每年安全教育培训时长应不少于 20 学时,培训过程和考核情况要进行记录。

(8)特种作业人员应取得相应的特种作业操作证,并按规定复审。

(9)离岗半年以上及使用维修新工艺、新技术、新材料、新设备设施的从业人员,应接受不少于 8 学时的培训,培训过程和考核情况要进行记录,并经考试合格后重新上岗。

3. 行车安全管理

(1)运营单位应制定本单位行车安全技术标准,并严格执行。

(2)列车乘务员应保证列车运行安全平稳,人工驾驶时应严格按规定速度行驶。

(3)列车发生突发事件时,列车乘务员应及时处置,或按照调度命令采取应急措施。

(4)运营单位应制定非正常情况行车组织方案和突发事件应急处置预案。

(5)运营单位应加强列车防灾、报警、救助等应急设施设备的使用维护,确保其功能完善。

(6)当运营线路发生突发事件或地面、高架线路遇到雨、雪、雾、风等恶劣天气影响运营安全时,运营单位应及时启动应急预案,进行应急处置。

(7)运营单位应建立运营线施工作业管理制度,并严格执行。

4. 客运安全管理

(1)运营车站应制定本站客运组织方案、应急预案或共管站协同处置预案,遇大客流冲击时,采取限流、封站等措施。

(2)运营车站应安排人员巡视检查,按照车站客运组织方案进行宣传疏导,维护车站秩序,引导乘客有序乘车。

(3)遇危及乘客安全的情况时,运营车站应及时启动应急预案,及时通过广播、乘客信息系统、通告等方式告知乘客并组织疏散。

(4)在站台、站厅、出入口、疏散通道、区间、列车车厢及其他运营场所应设置安全标志。

(5)运营车站、列车车厢内应设置报警、消防、应急照明、应急通信、应急广播、乘客信息系统、视频监控等安全设备设施,并保证齐全有效。

5. 设备设施安全管理

(1)运营单位应当加强设备设施维护保养,制定落实相应的维护检修制度和作业安全规程,对达到使用年限的设备设施及时进行报废更新。

(2)运营单位应配备必要的备品备件、抢修和应急救援器材,并做好日常管理和定期检测,确保完好可靠。

(3)车辆段及停车场应制定安全管理制度,行车及检修区域应封闭管理,安全标志齐全,视频监控系统应覆盖重点区域、重点部位。

(4)运营单位应加强对轨道交通控制保护区内的巡视检查,发现问题及时采取措施并上报;应督促外部工程项目做好安全防护措施和应急预案。

(5)委托给其他单位的场所、设备设施,运营单位应与受托单位签订安全管理协议书,或者在合同中约定安全职责;运营单位应对受托单位的安全工作加强监管。

(6)电梯、锅炉、压力容器、起重设备等特种设备的使用与维护应按照国家相关标准和规定执行。

5.1.3 城市轨道交通运营安全隐患管理规定

城市轨道交通运营安全隐患的管理应符合下列规定:

(1)运营单位应针对人员、设施设备、环境和管理等运营安全的风险因素,建立重大安全隐患源台账,制定安全隐患源管理制度。

(2)运营单位应定期开展安全隐患排查,发现重大安全隐患源,应采取相应的防控措施,并及时报告。

(3)在日常工作中,运营单位从业人员发现事故隐患或者其他的不安全因素,应及时报告。

(4)运营单位应定期跟踪安全隐患整改情况,对重大安全隐患源整改情况进行督办,及时跟进落实。

(5)运营单位应定期开展安全评价工作,涉及运营安全的关键因素,应分类分级进行评价。

5.1.4 城市轨道交通运营安全教育制度

城市轨道交通运营安全教育制度包括下列内容:

(1)运营单位应建立健全安全生产教育培训制度,认真组织开展安全教育培训工作。

(2)运营单位应制定年度安全生产教育培训计划,合理安排培训事项,认真组织实施。

(3)运营单位应对从业人员进行安全生产教育培训,未经培训或考核不合格的人员,不应上岗作业。

(4)当采用新工艺、新技术、新材料、新设备时,运营单位应对相关岗位从业人员进行专门的安全生产知识和操作技能的培训。

(5)运营单位应及时组织开展典型事故案例分析,宜将事故案例编制成册,吸取事故经验教训,强化安全教育,落实防范措施。

(6)运营单位应建立安全生产教育培训档案,对各形式的安全教育培训情况做好记录。

(7)运营单位应采取多种形式,向社会公众宣传安全知识,提高公众的安全意识。

5.1.5 城市轨道交通运营安全检查制度

城市轨道交通运营安全检查制度包括下列内容:

(1)运营单位应组织开展定期和不定期安全检查。

(2)安全检查宜采用日常安全检查、定期安全检查、专业安全检查、季节性专项安全检查、节前安全检查和重大活动前安全检查等形式。

(3)运营单位对安全检查中发现的各类安全问题,应制定整改措施,及时完成整改。

(4)运营单位应加强城市轨道交通保护区的安全检查,做好保护区日常巡查及设施设备保护工作。

5.1.6 城市轨道交通应急管理制度

城市轨道交通应急管理制度包括下列内容:

(1)运营单位应建立专、兼职应急抢险队伍,配备应急所需要的专业器材、设备,并进行经常性维护保养,保证设备完好。

(2)运营单位应编制突发事件应急预案,应急预案编制应科学合理、内容完备,针对性和操作性强,并定期进行演练,应急预案主要包括以下内容:

①运营突发事件应急预案,包括应对设施设备故障、火灾、列车脱轨、列车相撞和突发客流等的应急预案。

②自然灾害应急预案,包括应对地震、台风、雨涝、冰雪灾害和地质灾害等的应急预案。

③公共卫生事件应急预案,如应对突发公共卫生事件的应急预案。

④社会安全事件应急预案,如应对人为纵火、爆炸、投毒和核生化袭击等恐怖袭击事件的应急预案。

(3)运营单位制定的应急预案遵循统一指挥、逐级负责、快速反应、配合协同原则,并明确以下内容:

①抢险指挥领导小组负责抢险救援的组织、指挥、决策,指挥各部门实施各自的应急预案。

②不同事故情况下的抢险救援措施和人员疏散方案。

③现场处置过程中各部门的组织原则及工作职责。

④抢先信息报告程序应遵循迅速、准确、客观和逐级报告的原则。

⑤提供消防、通信、物资、医疗救护资源的保障措施。

(4)发生运营安全事故后，运营单位应按规定立即启动相应级别的应急预案，采取应急抢险措施，防止事态扩大，在确保安全的前提下尽快恢复正常运营，并按规定及时报告。

(5)运营单位宜设立统一的应急指挥中心，承担各类突发事件的指挥协调处置工作；或由运营控制中心承担应急指挥工作。

(6)运营单位应根据有关法律法规和标准的变动情况、安全生产条件的变化情况及应急预案演练和应用过程中发现的问题，及时修订完善应急预案。

5.2 城市轨道交通安全保障系统

城市轨道交通安全保障系统是城市轨道交通运营安全中十分重要的内容，努力营造安全的城市轨道交通出行环境是城市轨道交通安全保障系统的基本任务。

5.2.1 城市轨道交通安全保障系统的功能和要求

1. 城市轨道交通安全保障系统的功能

作为一个保障系统，城市轨道交通安全保障系统至少应该起到两个方面的作用：一是要保证内部人员和设备的安全，能够正常运转；二是要排除外在因素对系统的干扰，即不受外部环境的威胁。如果能做到这两点，那么可以认为安全保障系统是健全的，而且能正常发挥其功能。

对城市轨道交通安全而言，安全保障系统可以发挥管理要素的中介转换功能，即通过改善系统可控的内部小环境来适应系统不可控的外部大环境，以强化其正效应或削弱其负效应，并为保障安全创造良好的条件。

2. 城市轨道交通安全保障系统的要求

为了完善城市轨道交通安全保障系统所具备的功能，以及保证其在实施过程中能有效地发挥作用，就必然会对其有一些比较全面和严格的要求。

(1)要具有内在的自我调节能力。作为安全保障系统，城市轨道交通安全保障系统既包括技术，又包括管理，两者相辅相成，缺一不可。对于城市轨道交通安全保障系统来讲，有了先进的设备之后，还必须具有对管理活动进行自我调节的能力。

(2)要具有很强的自我控制能力。自我控制能力首先指的是每个参加作业的人员要能做到自控，也就是要把岗位责任制规定下来。同时，在一个班组里面，各工作人员相互之间应进行互控，即当一名工作人员在工作时，旁边的工作人员应能够起到一个监督的作用，也就是监督这名在工作的人员是否按照规章制度执行岗位操作。此外，不同的专业系统还应该做到联控。因此，城市轨道交通安全保障系统要发挥这些自控、互控和联控的作用(应以自控为主)。在做好自控的基础上，再加以互控、联控，只有这样，城市轨道交通安全保障系统才能真正地发挥其应有的作用。

(3)要具有自我更新的能力。当前科技发展迅猛,包括城市轨道交通系统在内的各种生产系统的设备,一直都是现代化和高科技化的代表。为了顺应这种变化趋势,对管理制度等也必须做出相应的变革。

5.2.2 城市轨道交通安全生产责任制保障

安全生产责任制是企业岗位责任制的一个组成部分,是企业中最基本的一项安全制度,也是企业安全生产、劳动保护管理制度的核心。

1. 安全生产责任制的要求

安全生产责任制是依据安全生产的法律法规,按照"安全第一,预防为主"的安全生产方针和"管理生产必须管安全"的原则建立的各级领导、职能部门、工程技术人员、岗位操作人员在劳动生产过程中对安全生产层层负责的制度。

在安全生产责任制的组织和实施中,要坚持逐级负责、分工负责、系统负责、岗位负责的原则,明确各级领导干部、各部门、各岗位在安全管理中的责任,形成责权分明、运作有序、互相支持、互相保证的安全责任体系,从而把安全责任落实到生产过程的每个岗位和环节,形成一级抓一级、一级保证一级的安全生产责任制。安全生产责任制的具体要求如下:

(1)严格按照国家关于安全生产的法律法规和方针政策,制订详尽周密的安全生产计划,层层落实全员安全生产责任制。

(2)认真研究安全生产重大问题,加强事故预防工作,定期向职工代表报告安全生产工作情况,接受群众监督。

(3)设置安全生产管理机构,配备安全生产管理人员,保持安全生产管理队伍的相对稳定。

(4)新建、改建、扩建、技术改造和引进的工程项目,要实行"三同时",即同时设计、同时施工、同时投入使用,必须符合劳动安全卫生规程、规范和标准的要求。

(5)对特种设备和危险性大的工作场所进行定期检查,委托有资质的检测、检验机构进行检验,接受安全生产监察部门的检查。

(6)及时报告重大事故隐患,加强对重大事故隐患和危险源的整改和监控,制定重大事故隐患治理方案、应急计划和监控措施,尽快消除重大事故隐患。

(7)生产设施设备必须符合国家劳动安全卫生的有关要求,引进国外的设备、工艺及原材料,要有配套设施与保障技术,确保安全生产,防止职业危害。

(8)定期对员工进行安全生产教育,使员工树立安全生产意识,掌握安全生产技能。特种作业人员应接受培训和考核,做到持证上岗。

(9)按规定使用劳动保护用品,加强生产过程中的个体安全防护,加强安全生产检查,减少伤亡事故和职业病的发生。

2. 城市轨道交通企业安全生产组织

城市轨道交通运营单位的安全管理体系由决策层、管理层和执行层三级组成。决策层为单位内部负责人横向联合成立的安全生产委员会(单位领导班子成员担任委员会主任和副主任,各部门、中心主要负责人为委员会成员);管理层由单位安全部门和各职能部门分管安全的领导及专(兼)职安全人员组成;执行层由各中心、班组(车站)分管安全的领导及专(兼)职安全人员组成。

城市轨道交通运营单位设立安全生产管理委员会,依照国家法律法规和单位的规章制度对安全生产工作实施监督管理。各部门、中心负责职责范围内的安全管理工作,建立健全安全生产责任制度,完善安全生产条件,确保生产安全。

安全生产管理委员会设立办公室作为日常办事机构,具体工作地点设置在单位安全部门,负责单位安全生产的日常管理工作,对各部门及基层单位的安全生产负有检查、监督、指导、协调、服务等管理责任。

各部门、中心、班组(车站)必须配备一名专(兼)职安全人员,协助领导负责本部门的日常安全生产管理工作。

3. 城市轨道交通运营单位安全生产职责

(1)单位安全生产管理委员会的安全生产职责。单位安全生产管理委员会的安全生产职责主要包括以下内容:

①贯彻执行安全生产和劳动保护的法律法规和方针政策。

②贯彻执行上级有关安全生产和劳动保护工作的决定及部署。

③定期开会研究单位安全生产和劳动保护工作,制订计划并组织实施;组织、领导、协调各部门落实安全防范的各项措施,落实安全生产责任制。

④组织安全生产大检查,落实事故隐患的整改措施。

⑤研究解决单位安全生产的重大问题,并做出贯彻落实的决定。

⑥组织生产安全事故的调查分析,按“四不放过”(事故原因未查清不放过,事故责任人未受到处理不放过,事故责任人和周围群众没有受到教育不放过,事故指定的切实可行的整改措施未落实不放过)的原则,制定整改措施,严肃认真处理;调查研究,总结经验,树立典范,表彰先进。

(2)单位负责人的安全生产职责。单位负责人的安全生产职责主要包括以下内容:

①负责组织建立健全本单位的安全生产责任制。

②负责组织制定本单位的安全生产规章制度和操作规程,以及本单位安全生产所需资金的有效投入。

③负责监督、检查本单位的安全生产工作,及时消除生产安全事故隐患。

④发生重大生产安全事故时,应立即组织抢救。

⑤负责组织制定并实施本单位的安全生产事故应急救援预案,及时、如实报告安全生产事故。

(3)安全职能部门的安全生产职责。安全职能部门的安全生产职责主要包括以下内容:

①认真贯彻执行国家和各级政府有关安全生产的方针政策、法律法规、标准和规程,在企业总经理的领导下,组织和推进企业的安全生产和劳动保护工作。

②建立健全单位的安全生产管理网络,做好安全基础管理工作。定期召开会议,分析研究安全生产和劳动保护工作,指导、帮助基层单位开展工作。

③制定和完善安全生产责任制,搞好监督检查,负责安全评比表彰工作;组织开展安全竞赛活动,推广安全管理的先进经验和安全技术。

④组织制定或修订安全管理制度、安全技术规程，制定预防伤亡事故和职业病的措施。

⑤督促有关部门做好安全装备及设施的使用、维修和保养工作。

⑥做好职工(含外聘员工)的安全教育和安全培训工作，组织开展各种安全宣传活动，与人力资源部门配合，督促和协助有关部门做好特种作业人员的安全技术培训和考核，使特种作业人员做到持证上岗。

⑦参加新建、改建、扩建和技术改造工程项目的“三同时”立项、可行性研究、初步设计审查、试车投产检查及竣工验收工作。

⑧根据国家规定，按照事故处理权限，组织或参与职工伤亡事故的调查处理，负责各类事故的汇总、统计及上报，建立健全事故档案，监督检查防止事故发生的措施的落实工作。

⑨督促检查有关部门及时做好特种设备(包括锅炉、压力容器、起重机械、场内机动车辆、电梯、避雷设施等)的安全管理及检测检验工作；督促有关部门合理组织生产，执行国家规定的工时制，做到劳逸结合。

⑩组织现场安全检查，督促解决安全生产中的问题和隐患，及时纠正违章指挥、违章作业和违反劳动纪律的行为。遇有危及安全生产的紧急情况，有权责令其停止作业，并立即报告有关领导并做出处理。

(4)部门负责人的安全生产职责。部门负责人的安全生产职责主要包括以下内容：

①贯彻执行《中华人民共和国安全生产法》和有关安全生产法规、标准、规程及制度，组织制定本部门安全生产管理制度及操作规程。

②在编制生产(工作)计划时，要同时编制安全技术措施计划，从人员、技术、物质、资金等方面，确保其按计划实施。

③实施安全生产责任制。

④针对本部门安全生产特点，对员工进行安全生产宣传教育，增强员工的安全生产意识。

⑤定期开会研究本部门的安全生产工作，及时解决在安全生产中发现的问题和隐患。

⑥组织本部门进行安全生产检查，落实隐患整改措施。

⑦及时、如实报告本部门发生的安全生产事故。

⑧建立健全安全生产台账档案，按规定的要求填报安全生产报表。

(5)工会的安全生产职责。工会的安全生产职责主要包括以下内容：

①对单位违反安全生产法律法规、不提供安全生产条件的行为，工会应当代表员工与单位交涉，要求单位采取措施予以改正。

②按照国家规定对新建、改建、扩建和技术改造工程中的安全设施与主体工程同时设计、同时施工、同时投入使用的执行情况进行监督及验收。

③当单位发生违章指挥、强令员工冒险作业，或者在生产过程中发现重大事故隐患时，工会有权提出解决问题的建议。

④发现危及员工生命安全的情况时，工会有权向单位建议组织员工撤离危险现场，单位必须及时做出处理决定。

⑤参加涉及员工因公伤亡事故和其他严重危害员工健康问题的调查处理。

(6)站长或值班站长的安全生产职责。站长或值班站长的安全生产职责主要包括以下内容：

①认真贯彻执行国家有关安全生产的法规和单位安全规章制度。

②定期召开车站安全生产会议，研究、布置和检查车站的安全生产工作。

③落实各岗位安全生产责任制，经常对车站员工进行安全教育。

④运用广播电视、黑板报、宣传栏、警示、标语等形式向乘客宣传文明、安全乘车的知识和规定。

⑤针对节假日、重大活动时车站出现大客流的情况，要采取有效措施，控制客流，疏导乘客，保持畅通，确保安全。

⑥发现生产事故隐患应及时整改，若一时不能解决，则应及时上报；发生事故要及时上报，并组织人员维持现场秩序，疏散乘客，抢救受伤人员。

⑦建立健全安全生产台账档案制度，按规定要求填报安全生产报表。

⑧定期向站务中心领导和有关职能部门汇报安全生产情况。

(7)班组长的安全生产职责。班组长的安全生产职责主要包括以下内容：

①负责班组安全生产管理工作，组织开展安全生产竞赛，总结、交流安全生产经验。

②认真贯彻执行各项安全管理制度和操作规程，编制实施安全技术措施计划，不断改善劳动条件。

③班前班后做好每日的安全预想和总结，班组每周开展一次安全生产检查，落实生产事故隐患整改措施，使设备和各种安全装置始终处于良好的运行状态。

④定期开展安全教育活动，增强员工的安全意识。

⑤发生事故时，要立即抢救受伤人员，并及时报告上级。

⑥做好班组的安全生产台账记录。

(8)专(兼)职安全人员的安全生产职责。专(兼)职安全人员的安全生产职责主要包括以下内容：

①宣传、贯彻、执行有关安全生产的法规和单位各项规章制度，协助部门领导开展安全管理工作。

②参与制定本部门安全生产制度和安全操作规程，检查落实安全生产责任制。

③对员工进行安全教育，增强员工的安全意识。

④开展安全生产检查，制止违章行为，落实生产事故隐患整改措施。

⑤组织特殊工种进行培训、复审、考核工作。

⑥负责特种设备的安全管理工作。

⑦做好安全生产台账的登记工作。

⑧参与生产安全事故的调查工作。

⑨组织安全生产工作的考评。

(9)其他员工的安全生产职责。其他员工的安全生产职责主要包括以下内容：

①严格执行单位安全生产规章制度，遵守劳动纪律，服从管理，正确佩戴和使用劳动防护用品，不违章作业并劝阻和制止他人的违章作业行为。

②根据安全技术规程和工艺要求精心操作，各种生产记录要准确、清楚、及时、完整、可靠，要正确分析、判断和处理事故；按时巡回检查，发现异常应及时处理。

③接受安全生产教育和培训，掌握完成本职工作所需要的安全生产知识，提高安全生产技能，增强事故预防和应急处理能力。

④发现事故隐患或其他不安全因素时，应立即向现场安全人员或本单位负责人报告。

⑤发现直接危及人身安全的紧急情况时，可以停止作业或在采取可能的应急措施后撤离作业场所。

⑥加强设备维护，经常保持作业场所整洁，搞好文明生产，妥善保管和正确使用各种防护用品和操作工具。

⑦了解本岗位及作业场所的危险因素、防范措施及事故应急措施，对本单位的安全生产工作提出建议。

⑧对本单位在安全生产工作中存在的问题，可以提出批评、检举、控告，有权拒绝违章指挥和强令冒险作业。

5.3 城市轨道交通车站安全管理

城市轨道交通车站安全管理是指管理者按照安全生产的客观规律，对影响车站安全的人员、设备、环境等因素进行计划、组织、指挥、协调和控制，安全、快捷地组织乘客，尽量避免和减少车站事故的发生，有效地避免由事故造成的人和物的损失。

5.3.1 城市轨道交通车站人员安全管理

1. 车站运营人员配置

虽然城市轨道交通系统的自动化程度非常高，但是在城市轨道交通车站中安排相应的车站运营人员以维持车站的正常运转也是十分必要的。车站运营人员包括站长、值班站长、行车值班员、客运值班员、售检票员、站台安全员、引导人员等，具体的人员数量需根据车站的规模等情况进行合理安排。

(1)站长。站长全面负责车站的工作，包括安全管理，行车、客运和票务管理，乘客服务，班组管理，员工培训等。

①安全管理。

• 对车站行车、客运、票务、消防、治安及人身安全负责。

• 贯彻实施各项安全管理制度和措施，制订、落实各项安全工作计划。

• 按照安全制度检查车站安全情况，及时消除安全隐患。

• 组织车站员工参与处理各类事件、事故。

• 每月组织召开班组月度安全工作会议，进行月度安全工作总结和员工安全教育，并做好记录。

②行车、客运和票务管理。

• 组织执行车站行车组织方案，开展车站客运和票务工作。

• 编制日常及节假日客运组织方案。

• 定期做好车站行车、客运和票务的计划、检查、总结工作。

③乘客服务。

• 监督车站乘客服务工作，为乘客提供优质服务。

• 受理并处理乘客投诉、来信、来访。

• 汇总服务案例,总结服务技巧,提高员工的服务质量。

④班组管理。

• 每月根据上级要求,结合车站实际制订计划,做好员工排班及考勤工作。

• 对全站员工、保安、保洁进行管理考核,每月汇总、公布员工考核情况。

• 每月定期召开班组成员会议,及时解决车站出现的问题。

• 负责本站建章立制工作。

• 负责本站与驻站部门、接口单位的联劳协作,协调车站相关工作。

⑤员工培训。

• 根据上级的要求制订车站培训及演练计划。

• 负责新员工和调岗、复工员工的车站级安全教育。

• 定期进行员工教育,掌握员工的思想、工作状况,按车站实际情况安排并开展培训工作。

• 定期检查培训效果,进行培训总结。

(2)值班站长。值班站长在站长的指挥下开展工作,负责本班组的业务及人员管理工作。

(3)行车值班员。行车值班员在本班组值班站长的指挥下开展工作,负责本班组车站综合控制室的工作和车站的行车工作,监视列车到发情况及乘客上下车、候车动态,监控设备运行状况。

(4)客运值班员。客运值班员在本班组值班站长的指挥下开展工作,负责本班组的票务工作。在票务室内负责钱款、车票等的运作、报表填写等。

(5)售检票员。售检票员应该听从值班站长的指挥,坚守岗位,在停止售检票后,应保护好票款安全,同时做好解释疏散工作,维护好车站秩序。

(6)站台安全员。站台安全员站在站台两端紧急停车按钮处及站台中部,并听从值班站长的指挥,参与组织、疏散客流;利用电喇叭等设备做好宣传工作,维护好站台秩序,制止乘客强扒车门上下车的行为,防止乘客跌入轨道,并与车控室保持联系,及时汇报站台客流情况。

(7)引导人员。在有需要的情况下,车站每组进站闸机可以安排一名工作人员,负责指导乘客快速通过闸机,并处理简单的乘客事务和维护现场秩序。

2. 班组管理

(1)班组管理的意义。良好的团队合作对组织中的每个成员都有激励和约束作用。在城市轨道交通系统中,要求团队发挥整体的工作效能,由此形成了各种班组的概念。一个班组具有为完成某个工作目标包含的大量任务所必需的各种技能,小组成员间需要不断相互支持和进行信息沟通,从而激发思考和创新能力。在小组成员间还存在一定的竞争,这可成为改善小组表现的积极动力。在班组管理中,应强调信息沟通、领导、判断和决策及应急管理能力等,这有利于改善班组的工作质量,并调动小组成员的主观能动性、积极性和创造性,使他们牢固树立安全第一的意识,认识到安全工作的重要性和价值。

(2)班组管理的方法。

①班组成员合理搭配。通过城市轨道交通系统的工作实践可以发现,先进的班组能分工合作、协调配合、相互提醒、相互弥补,从而使班组形成多层次安全防护系统;而落后的班

组则相互冲突、相互制约，即使每个人都极其优秀，但班组整体依然十分脆弱。加强对班组成员的合理搭配可以从以下方面入手：

• 性格互补。每个人都有自己的性格，合理搭配不同的性格有利于班组成员的互相促进，在工作中实现更好的配合。

• 能力互补。不同的人在能力上有各自的特点，有的理论知识扎实，有的在处置突发情况方面经验丰富。建立一个智能互补型的班组，有利于成员之间的知识互用、优势互补、扬长避短，使整个班组发挥整体效能。

• 形成团结的班组气氛。对班组成员进行搭配时，必须事先做出调查分析，了解人员之间的人际关系，考虑将不同的人员搭配在一起是相互猜测、挑剔、妒忌、怨恨、拆台，还是相互帮助、体贴、关心，能否形成和谐、融洽、宽松、团结、谦和的工作氛围。

• 年龄、性别互补。年龄、性别不同的成员，不但其身体状况、心理状况、工作经验、人生经历不同，而且智力、体力、能力及发挥的作用也不一样，而同一年龄段、同一性别的人员又常常表现出相同的特点。班组的组建以老、中、青相互搭配的年龄结构比较理想。

• 职位、资历、能力成梯度搭配。不同人员的职位、资历、能力必然会有高低之分，当高者与低者差距很大时，即使高者的指令不当，低者一般也不会提出自己的主张，达不到交叉监视和检查的目的；而低者在指挥过程中往往缺乏自信心，时刻担心出错，心理压力很大；但是，过于平均的搭配，成员之间又可能会相互挑剔，甚至产生逆反心理。不合理的梯度搭配会使班组成员之间产生微妙的心理效应，干扰班组成员正常的交流和协作；合理的梯度搭配能使班组成员之间既有一定的梯度，又不过于"陡峭"或"平坦"。班组长应是资历和能力综合素质最高的人。

②加强班组建设。职工的个人素质是城市轨道交通系统安全管理的基础，也是班组管理的基础。班组的建设是降低事故发生率和保证安全的关键。不同的职工的知识和技能不尽相同，且一个职工对信息的获取及情况的判断难免有偏差或失误，长时间的工作难免有疏漏，处置突发情况也难免顾此失彼。只有班组分工合作、协调配合、相互提醒、取长补短、相互弥补，才能发挥班组整体强有力的安全堡垒作用。加强班组建设，首先必须明确各班组成员保证安全的责任完全相同，发生事故、差错时承担的责任完全相同，立功受奖人人相同。只有这种责任共担的制度才能有效消除个人管个人的现象，保证班组成员之间形成既有分工又有合作的局面。

3. 乘客安全管理

(1)乘客安全管理的意义。乘客是城市轨道交通系统服务的对象，在很大程度上影响着车站安全。乘客的不安全行为可能导致不安全事件的发生，如携带危险品乘车、跳下站台捡拾物品等。安全意识强的人能够及时发现事故隐患，果断应对，或者能够通过采取有效的措施化险为夷；而安全意识弱的人就可能不会及时发现事故隐患或发现事故隐患后采取措施不当，最终酿成事故，甚至可能使事故损失增大。

城市轨道交通客流量大，一旦发生事故，如果不能及时正确处理，将会酿成更大的事故。因此，对乘客进行安全管理可在一定程度上减少或避免事故的发生，尤其是恶性事故。

(2)乘客安全管理的措施。

①规范乘客行为。乘客应严格遵守城市轨道交通安全法规的有关规定。城市轨道交通

运营管理部门应设立警示标志，对不能做的事情做出明确规定，若乘客违反，则车站工作人员应及时制止该乘客的不安全行为，并对乘客进行说服教育，对情节恶劣且不听劝阻者，可按照相关规定进行处罚。

②加大安全宣传、教育力度。乘客在日常生活或工作中对安全知识、经验等的积累，有利于城市轨道交通运输方式的安全意识的培养和提高。但是，由于城市轨道交通的特点决定了其除具有安全问题中共性的部分外，还具有自己个性的特点，因此，在其他方面的安全教育并不能代替城市轨道交通安全教育的作用。

对乘客的安全知识宣传要做到时间上灵活，形式上丰富多样，内容设计上充分体现科学性、趣味性和易读性，尽量避免枯燥的说教，这样将有助于减少乘客接受安全宣传的抵触情绪，提高乘客接受安全宣传教育的主动性和积极性。

5.3.2 城市轨道交通车站设备安全管理

1. 影响车站设备安全的因素

(1)工务系统因素。工务系统是城市轨道交通运营的基础，包括轨道、路基、桥隧、房建及其他附属设备等。工务系统工作状态异常会给运营安全带来严重隐患。

(2)车辆系统因素。车辆是城市轨道交通系统中的运载工具，车辆发生故障通常是影响线路运营的主要原因，其中以车门故障、主回路故障居多，还有列车制动故障、电气故障、列车出轨及列车追尾等故障。

(3)信号系统因素。信号系统是轨道交通系统运营的行车指挥系统，信号系统异常会给城市轨道交通系统的运营安全带来严重影响。

(4)通信系统因素。通信系统是城市轨道交通运营的信息收发系统，当其电源发生故障或通信设备本身发生故障时，将不能保证各种行车信息及控制信息不间断地可靠传输，从而引起事故的发生。

(5)供电系统因素。供电系统是为城市轨道交通运营系统提供电能的系统，供电系统发生故障对城市轨道交通运营的打击往往是致命的。供电系统包括电气元件及其线路连接等。城市轨道交通的各种设施设备都要依靠电来运行。因此，供电系统对安全运营有着重要影响。

(6)通风/排烟系统因素。在城市轨道交通系统中，如果通风系统管理存在缺陷，如风亭、风道设置不合理，就会妨碍通风系统的正常工作。排烟系统对城市轨道交通的安全运营相当重要，若在地下隧道内发生火灾，不但火势蔓延快，而且积聚的高温浓烟也很难自然排出，会在隧道、车站内蔓延，并给人员疏散和灭火抢险带来极大的困难，严重威胁乘客、员工和抢险救援人员的生命安全。

(7)给排水系统因素。城市轨道交通车站内部或轨道沿线给排水管道的防腐、绝缘效果不佳会导致管道泄漏；隧道内排水系统不完善、隧道防水设计等级过低，会导致涝灾或地表水侵入；地面车站的地坪高度低于洪水设防要求、排水系统设置不完善，以及污水、垃圾的排放会影响运营环境卫生。

(8)服务设备因素。城市轨道交通系统的其他设备发生故障,同样会给整个系统的运营及服务造成较大影响。例如,车站地面材料防滑效果不明显会造成安全事故隐患;自动扶梯在运行过程中可能发生梯级下陷、驱动链断裂、梯级下滑、扶手带断裂等故障,对乘客造成伤害。

2. 车站设备安全管理的基本原则

(1)消除潜在危险原则。在工艺流程中和生产设备上设置安全防护装置,可增加系统的安全可靠性。即使人的不安全行为发生,也会由于安全装置的作用而避免伤亡事故的发生。

(2)减弱危险原则。当危险和有害因素无法根除时,应采取措施使之降低到人们可以接受的水平。

(3)距离防护危险的原则。生产中的危险因素对人体的伤害往往与距离的远近有关,按照“距离危害因素越远,事故的伤害越小”的原理,采取安全距离防护显然是有效的。

(4)兼顾措施原则。兼顾措施原则是指以安全为目的,提高设备的结构强度和安全系数。在设计时尤其应充分运用这一原则。

(5)设置保护装置原则。设置保护装置原则是指在设备上设置薄弱元件环节,在危险因素达到危险以前,先将薄弱元件破坏,使危险范围缩小或使危险终止。

(6)互锁原则。互锁原则是指以某种方法使一些元件强制发生相互作用,以保证安全运行或操作。

(7)自动化原则。在不能用其他办法消除危险因素的条件下,为摆脱危险因素对操作人员的伤害,可用机器或自动控制装置操作。

5.3.3 城市轨道交通车站环境安全管理

1. 车站环境控制

(1)车站通风控制。空气的温度、湿度、风流速度被称为环境气象条件。人们对城市轨道交通车站的环境气象条件有一定的要求;同时,与地面广泛性大气条件相比,城市轨道交通车站的环境气象条件具有局部性和多变性。例如,车站人员和设备不断散发出的热量、湿量,地热、矿岩氧化热或其他因素等会造成车站内的空气温度、湿度和风流速度不断发生变化。为保证车站各类人员的舒适,防止车站各类机械、电气设施因腐蚀而损坏,必须通过强制通风进行散热、除湿和必不可少的车站内空气调节。

(2)车站噪声控制。城市轨道交通车站噪声的来源主要有以下几个方面:

①列车高速运行是主要的噪声源,包括车体压缩机、点刹车、传动系统等发出的噪声;来自门窗、通风器、管道等的颤动和撞击声;众多车辆和钢轨同时发生作用所产生的作用力,使车辆与钢轨产生震动而产生的声辐射;列车在半封闭通道内高速行驶时产生的活塞风所形成的气流噪声。

②车站或隧道通风系统中使用的轴流风机启动通风时的机械和气流噪声。

③车站各类工作房中大量电气和机械设备工作时所发出的噪声。

④由乘客引起的社会生活噪声。

(3)车站排烟控制。由于城市轨道交通车站人员密集，且一般位于地下，发生火灾时造成的人员伤亡绝大多数是被烟气熏倒、中毒、窒息所致。因而，排烟设计在城市轨道交通中显得尤为重要。

2. 改善内部社会环境

(1)实行安全目标管理。安全目标管理就是在一定的时期内，根据企业经营管理的总目标，从上到下地确定安全工作目标，并为达到这一目标制定一系列对策措施，开展一系列的组织、协调、指导、激励和控制等活动。

城市轨道交通系统在实施安全目标管理的全过程中需要重视人的因素，要充分发挥各级组织和每个职工的积极性。

(2)加强安全文化建设。企业文化是指企业全体员工在长期的创业和发展过程中培育形成并共同遵守的最高目标、价值标准、基本信念及行为规范，是企业理念形态文化、物质形态文化和制度形态文化的复合体。

安全文化是企业文化的重要组成部分，是现代企业安全管理思想和理论的升华。安全文化的丰富内涵主要由安全价值观念和安全行为准则构成，其核心思想是通过安全文化教育，提高人的安全素养，如安全观念、安全意识、安全态度、安全知识、安全技能等，防止和消除人的差错给安全带来的危害。

城市轨道交通系统安全文化建设的任务主要是提高系统的内在安全素质，为企业树立良好的外部形象；在职工队伍中形成安全第一、规范行为、从我做起的积极响应；完善安全组织保障体制，包括安全方针、政策的制定与落实，合理规划安全责任和权限，组织实施安全生产目标等。通过全员自觉的安全行为和完善的安全组织保障体制，使运输安全法规、作业标准和作业制度得以有效贯彻落实。

3. 对自然灾害进行监控

自然灾害有可能会严重地影响城市轨道交通系统的运营安全。洪水、地震、大风等灾害一旦发生，可能会导致城市轨道交通系统瘫痪，如果灾害临时处置不当，极有可能造成群死群伤事故，社会影响十分恶劣。

在实际操作中，城市轨道交通系统对洪水、大风、地震等灾害可不另设专用的报警系统，而是直接接收有关部门的预报信息，进而采取相应的控制措施，降低自然灾害对城市轨道交通系统的影响。

5.4 城市轨道交通设备安全管理

城市轨道交通设备是城市轨道交通运营服务设施中重要的设备基础，它们的安全运行对于城市轨道交通正常运营起着十分重要的作用，因此必须重视城市轨道交通设备安全管理。

5.4.1 城市轨道交通机电设备安全管理

1. 供电系统安全管理

(1)对供电系统设备设施进行日常维护。要保持城市轨道交通供电系统长周期的正常运行,应对各类设备设施及时进行维护保养,以减少随机故障的影响。从防灾、抗灾的角度来讲,日常安全维护制度还要确保牵引变电所内设备的完备性、灭火装置的充分性及可用性。

(2)完善供电系统的监测系统、安全装置、消防设施和信息传输系统。城市轨道交通供电系统也要严格贯彻“安全第一,预防为主”的方针。对供电线路情况进行实时监测就是一项重要手段。在牵引变电所内安装摄像头,可以监测到任何牵引变电所的故障情况。城市轨道交通供电系统安全装置一般包括变电所内报警按钮、智能烟感探头、紧急照明和通风系统。消防设施包括灭火器、自动水喷淋装置和排烟装置等。

当发生爆炸、火灾、毒气事件时,第一时间掌握现场情况尤为重要。应急时应备有4个渠道,即FAS、无线电通信系统、有线电通信系统和站台内视频传输系统。

(3)建立完备的供电系统安全管理制度。建立完备的供电系统安全管理制度是实现城市轨道交通运营安全的基础。从保障我国城市轨道交通安全运营的实际情况来看,急需完善城市轨道交通灾害应急处理制度、城市轨道交通设备设施日常安全维护制度、城市轨道交通紧急状况定期演练机制及国民城市轨道交通供电系统安全教育计划。

2. 通信信号系统安全管理

(1)信号系统中设备系统的安全性。传统信号系统的逻辑和执行单元由安全型继电器构成。现代城市轨道交通通信信号设备进入了计算机化的发展时期,为构造一个故障-安全的计算机系统,必须解决以下问题:

①城市轨道交通通信信号系统必须采用安全型计算机,即在发生故障的情况下能够防止出现危及人身安全和重大装备损失的计算机,以实现数据处理过程的故障-安全。

②在输入/输出接口实现数据采集和驱动过程的故障-安全。

③数据信息传输过程的故障-安全。

采用固定闭塞的信号系统,其数据信息传输一般采用封闭的专网传输方式;采用移动闭塞的信号系统,由于其开放的通信系统需要应对干扰和入侵的挑战,因此对数据信息传输系统的可靠性、安全性提出了更高的要求。其数据通信系统DCS的干扰防护机制有3个,即通过设置截波感应级别忽略干扰、通过正确的跳频序列避免干扰、通过干扰中的竞争防护干扰。

同时,把故障-安全原则和计算机技术结合起来,形成一些新的安全方法和技术,如容错技术、故障检测与诊断技术、多重化技术。容错技术即采用外加资源的冗余技术使系统在出现某些硬件故障或软件故障时,仍能正确执行规定的程序或实现规定的功能;使用故障检测与诊断技术能及时发现系统中出现的故障,避免输出错误信号,以便及时修复;多重化技术即利用多套软件和硬件实现数据比较、正确性检查及危险侧输出信息的运算来保证故障-安全。

(2)信号系统各子系统的安全性。

①ATS系统的安全措施。ATS系统的安全措施如下:

• 在控制中心设立两套ATS系统,互为热备份,即其中一个系统在线时,另一个系统也在不断更新数据信息,当出现故障需要切换时,热备份系统在很短时间内完成对轨旁信息的扫描,从而保证系统获取最新的数据。

• 控制中心ATS主机与车站ATS设备间采用双通道(主、备)或环路方式构成系统(由通信专业提供),以保证在某点或某段通信信道发生故障时,系统仍能正常工作。

• 当系统中某些单元出现故障或在运营过程中出现异常情况时,系统具备降级运行的功能,由调度员人工介入设置进路,对列车运行进行调整,如在车站完成自动进路调整或根据列车识别号进行自动信号控制。

• 当列车运行偏离运行图时,系统自动生成调整计划或自动调整列车的停站时间、区间运行时间。当偏离误差较大时,可由调度员人工介入,指定列车的停站时间和区间运行时间,或对系统实时运行图进行调整。

• 通过列车识别(positive train identification,PTI)功能装置能自动完成全线监控区域内的列车跟踪(服务号、目的地号、车体号、车次号)。随着列车的运行,跟踪从一个轨道区段向下一个轨道区段移位、显示。

• ATS系统有与BAS的数据连接接口,当列车阻塞在区间隧道时,ATS系统除采取相应的停车措施并修改运行图及显示外,还向BAS发送区间堵车信息,启动隧道风机及联动风阀等环控设备进行机械通风,为列车空调系统提供所需的空气冷却能力和新风量,维持列车内部的温度,向疏散的乘客提供足够的新鲜空气。

②ATP系统的安全措施。ATP系统的安全措施如下:

• 系统采用双侧网络、全冗余工作方式,网络各设备均配置冗余接口、热备份,保证任意网络通道或网络节点发生故障时,系统仍然可以正常工作。

• 采用编码冗余技术。编码软件禁止使用条件循环语句,以免出现死循环现象,并且规定无论控制编码是否变化,编码控制程序每周期连续输出;若出现中断输出则低频码源倒向安全侧。

• 对数字轨道电路(digital track circuit,DTC)系统中故障率较高的设备双备份,如发送/接收板、功放板、通信板都采用并行热备份方式,只要有一路工作正常,即可完成监控中心与DTC系统的信息交换任务。

• 为弱化、消除牵引电流等强信号对DTC系统工作稳定性的严重影响,除在电路设计中根据部件的承受能力分级设计防冲击电路,同时增加DTC信号能量以提高信噪比(信号中有效成分与噪声成分的比例关系参数)外,还可以采用数字信号处理方式来提高系统的抗干扰能力。

③ATO系统的安全措施。ATO系统的安全措施如下:

• 当列车运行速度超过限制速度时,ATO系统显示并报警,通过ATP系统车载设备对列车实施制动。

• ATO系统控制列车按照运行图运行,一旦ATO系统出现故障,立即转入人工驾驶。

• 为保证数据的可靠性，实时速度和控制器数据、车门控制等信息采用循环方式传送。

• 出站启动前具有安全检查措施，与车辆接口可靠，确保系统安全地工作。

3. 环控系统安全管理

(1)城市轨道交通环控系统的运行模式和主要功能。

①环控系统的运行模式。环控系统的 3 大运行模式分别如下：

• 正常运行模式。正常运行模式是一种占主导地位的运行模式，在正常运行期间应尽最大努力优化环境系统的性能，满足乘客要求的舒适度。

• 列车阻塞模式。列车阻塞模式是指由于延误或运行故障等原因导致列车阻塞在隧道或车站时采用的模式。

• 紧急情况运行模式。紧急情况运行模式通常是指由于运行车辆失灵而引起隧道内一列行驶的列车发生火灾，交通运输中断，要求乘客撤离时采用的模式。

②环控系统的主要功能。环控系统 3 大运行模式的主要功能分别如下：

• 正常运行情况下排除余热余湿，为乘客创造一个往返于地面街道和城市轨道交通列车内的过渡性舒适环境，隧道内温度应满足《地铁设计规范》(GB 50157—2013)的相关规定。对车站各种设备和管理用房，按工艺和功能要求提供一定温度和湿度条件的舒适性环境或通风换气次数。

• 当列车因延误或车辆发生故障等特殊原因阻塞于车站或区间时，受阻列车空调冷凝器产生的热量会连续释放到周围空气中，而这时列车活塞风已经停止，从而使列车周围气温迅速升高。当列车空调冷凝器进风温度高于 46 ℃时，冷凝器压力会升高，从而使压缩机卸载运行，导致供冷量下降；当冷凝器进风温度低于 46 ℃时，系统会自动恢复到满负荷运行；当冷凝器进风温度高于 56 ℃时，压缩机就会停止运转，列车空调冷凝器就会自动停机，列车内温湿度会使乘客无法忍受。由于列车空调机组安装在列车顶部，列车空调冷凝器周围空气温度比列车周围温度高出 5～6 ℃，因而为了使冷凝器周围空气温度低于 46 ℃，就要求列车周围温度低于 40 ℃。

• 列车在区间隧道内发生火灾时，由于空间狭小及浮力抬升作用，区间隧道上部将形成一层热烟气。一方面，通风系统应向乘客和消防人员提供必要的新风量，形成迎面风速，诱导乘客安全撤离火灾现场；另一个很重要的方面就是控制热烟气的流动，使烟气与通风气流朝同一方向流动，若通风气流不足，烟气将朝与通风气流相反的方向流动，形成回流。因此，在通风时，通风风速必须大于形成回流的临界风速。

(2)城市轨道交通环控系统运行管理的任务。城市轨道交通环控系统运行管理的任务如下：

①环控设备维修人员必须认真执行三不动、三不离、三不放过、三级施工安全措施等基本安全生产制度。

• 三不动即未登记联系好不动，对设备性能、状态不清楚不动，正在使用中的设备(指已办理好的进路或闭塞设备)不动。

• 三不离即工作结束后不彻底试验好不离，影响正常使用的设备缺点未修好不离(一时克服不了的缺点，应先停用后修复)，发现设备有异状时未查清原因不离。

• 三不放过即事故原因分析不清不放过，没有防范措施不放过，事故责任者和群众没有受到教育不放过。

• 三级施工安全措施即列入运输综合作业方案中，设备停用且较复杂的施工，由电务段长批准并派员参加；更换单项主要设备的施工，由领工员批准并参加；更换单项设备的主要部件，由工长批准并参加。

②在安排维修作业时，应有安全防范措施，并严格遵守有关技术作业安全规定。

③各种特殊工种必须持证上岗，并进行必要的岗前培训，对上岗证应按规定进行年审。

④各层级都应设专职或兼职安全员，负责安全工作及监控，形成安全管理网络。

(3)城市轨道交通环控系统故障的处理原则。城市轨道交通环控系统故障的处理原则如下：

①对发生故障的设备及时进行判断分析，及时排除故障，先行运行。

②对发生严重故障的设备进行测试、诊断，进而修复或暂时修复。

③详细记录故障的现象及修复过程，以备在其他修程开展时做出进一步的处理与修复。

④保证故障设备能恢复使用功能，若无法达到，则至少确保设备恢复运营所必须具备的功能。

⑤及时向有关人员通报故障的测试、诊断及处理过程。

4. 给水排水系统安全管理

(1)给水排水系统的组成。

①生产、生活给水系统。生产、生活给水系统主要由水源、水池、水泵、水塔(水箱)、气压罐、管道、阀门、水龙头等组成。

②消防给水系统。消防给水系统主要由水源、消防地栓、水泵接合器、消防水泵、管道、阀门、消火栓(喷头)、水流指示器等组成。

③污水排放系统。污水排放系统主要由集水井、压力井、化粪池等组成。

④废水排放系统。废水排放系统主要由集水井、压力井等组成。

⑤雨水排放系统。在隧道洞口、车站露天出入口及敞开式风亭处，当雨水不能自流排除时，宜单独设置排水泵站(房)。雨水经潜水泵提升至压力井后再排入市政雨水管道系统。

(2)给水排水系统事故(故障)的处理原则。给水排水系统是车站及车辆段机电设备的一部分，其事故(故障)处理应遵循城市轨道交通相关规定的要求。具体而言，即先通后复，以尽可能减少事故(故障)对正常运营的影响。

给水排水系统发生事故(故障)往往会影响城市轨道交通的正常运营，其中绝大多数事故(故障)主要是由于水泵发生故障而引起的。因此，熟知水泵故障发生原因对快速处理给水排水系统事故(故障)有重要意义。

5. 消防系统安全管理

(1)城市轨道交通消防安全的危害因素。城市轨道交通消防安全的危害因素主要有以下几种：

①电气线路、电气设备故障引发火灾。城市轨道交通车站(含城市轨道交通列车)内电气线路和设备密集,这些电气线路和设备在运行中发生短路、过负荷、过热等故障是引发城市轨道交通火灾事故的重要因素。

②人为因素引发火灾。工作人员违章操作、用火不慎,乘客携带易燃易爆等危险品乘车、在城市轨道交通车站内吸烟,人为纵火等都可能引发城市轨道交通火灾事故。

③环境因素引发火灾。引发火灾的环境因素主要包括城市轨道交通内部潮湿、高温、鼠害、粉尘大等,具体表现为城市轨道交通内部通风不畅、隧道散热不良等原因导致温度过高;隧道内漏水情况比较普遍,地下湿气不易排出,导致地下空间湿度大;老鼠等小动物啃咬电缆、电线等。上述环境因素可能造成电气设备、线路绝缘性能下降,导致电气设备因短路而引发火灾。

④与城市轨道交通车站合建的外来建筑物带来的危害因素。

(2)城市轨道交通消防系统安全故障处理程序及原则。处理城市轨道交通消防系统安全故障时应按以下程序和原则进行:

①建立完善的故障受理制度,以便迅速进行消防系统设备故障的处理和管理。

②消防系统检修人员从设备维修调度处受理消防系统故障或在检修过程中发现系统故障时,要按要求填写故障受理表格。

③消防系统设备发生故障时,有关维修人员应及时准确地做出判断(判明故障位置、故障原因等),积极组织修复,缩短故障时间,把故障的影响控制在最小范围内;若无法维修,则应及时上报。

④如果系统完全或部分丧失火灾监控能力,在抢修也不能马上恢复的情况下,维修人员应立即通知车站值班站长,说明情况,车站值班站长应安排人员加强车站的火灾巡视。

⑤消防系统设备维修人员在故障处理完成后,应对控制盘、模块箱等周围的环境进行清理,并及时销点。

⑥故障维修完毕,应及时填写故障处理台账,做好记录,归档备查。

⑦由消防系统维修工班的工班长或专业工程师对维修情况及相关处理记录、台账进行核查,确保维修质量。

⑧在检修过程中,不能影响接口专业的运作,涉及接口的维修应先与其他专业协调,并预先告知对其可能造成的影响,必要时在其他专业人员的监护下进行检修。

⑨对于消防系统监控对象(防火卷帘门、防火阀等设备)发生故障引起的消防系统功能障碍,维修时若需消防系统专业配合,则消防系统维修人员应积极予以配合协作。

6. 屏蔽门系统安全管理

屏蔽门系统是安装在城市轨道交通沿线车站站台边缘,用以提高运营安全系数、改善乘客候车环境、节约成本的一套机电一体化的机电设备系统。

(1)屏蔽门系统的运行管理。

①屏蔽门系统运行管理的任务。屏蔽门系统运行管理的任务是保证设备处于安全受控状态,实现系统的各项功能,为车站正常运营提供必要的设备基础条件。

②屏蔽门系统运行管理的内容。

• 运营前巡视检查。系统启动后，每日调入运营使用前进行巡视，确保设备初始状态正常。

• 故障应急处理。当设备发生故障时，站台岗工作人员依照规则做应急技术处理，并按程序报维修人员处理。

• 日常维修作业。当设备在日常运行期间发生故障时，专业维修人员应在接到报告后进行抢修工作。

• 巡视作业。通过观察设备运行的状态，与标准常态比较，及早发现异常运行状态，并将故障解决在发生初期，尽量避免发生故障后维修。

• 计划维修作业。计划维修作业是一种主动的预防性维修，作业内容较巡视作业更深入。根据屏蔽门的构成、运行和使用特点等因素，周期性地纠正系统各设备(部件)运行后可能累积的误差、磨损，或对达到使用寿命的零部件进行更换，使设备处于良好的运行状态。

• 设备运行管理。定期下载、存储屏蔽门系统的运行数据，用于必要的运行历史追溯、故障分析。

• 备品备件采购。根据设备运行使用的损耗需求，结合备品备件仓储数量、零部件的使用寿命，定期补充采购。

③管理组织及有关人员的职责。屏蔽门系统应设置设备维修人员、站务操作使用人员、技术支持及管理人员等。

• 设备维修人员负责日常巡视、执行各种计划作业、故障抢修、应急处理、临时任务，并反馈各种作业情况。

• 站务操作使用人员负责日常使用操作，包括系统启动、停止、应急处理。

• 技术支持及管理人员负责制订各种作业计划，为维修工班提供维修技术支持，为使用人员提供咨询服务。

(2)屏蔽门系统事故(故障)的处理原则。屏蔽门系统事故(故障)发生时，依照先通车、后维修，确保安全运营的原则，站台工作人员需要做好应急措施，包括现场安全防护措施、障碍物清除、隔离影响进/发车的门单元、屏蔽门操作指示盘故障复位操作及设备的其他技术操作。将应急措施不能解决的事故(故障)报维修人员抢修，任何作业必须确保运营安全(包括行车安全、乘客安全和工作人员安全)。需要在执行区内进行的抢修作业和可能侵入轨道的抢修作业，必须在停运后进行。

7.电梯系统安全管理

(1)电梯系统安全管理的任务和内容。

①电梯系统安全管理的任务。电梯系统安全管理的任务是保证设备处于正常运行状态，实现系统的设计功能，同时为车站迅速输送乘客、维持良好秩序提供有力保证。

②电梯系统安全管理的内容。

• 应急处理。设备发生困人或客伤等事故时，由运行管理人员按应急方案处理，并按规定通知维修人员。

• 故障报告。观察设备的运行状态，若发现异常（异常响声、停梯等），则应及时将故障情况报告环控调度员，再由环控调度员组织专业人员维修。

• 设备监管。对设备的正确使用进行监管，防止乘客违规使用设备。

• 运行操作。每天对设备的启动和停止运行进行操作。

(2)电梯系统安全管理组织及有关人员的职责。电梯系统日常安全管理由各车站工作人员根据车站运作的需要，对电梯系统设备运行开关和运行方向进行操作，并对设备进行监管及故障报告。当车站出现紧急情况或发生火灾时，由控制中心统一指挥，车站工作人员按照救灾模式控制设备的运行。

(3)电梯系统安全管理的有关规程和制度。由于电梯系统设备属于特种设备，安全性要求很高，因而制定了严格的操作规程及管理制度，以保障乘客的安全。

8. AFC 系统安全管理

(1)AFC 系统的架构。城市轨道交通 AFC 系统根据功能可以分为以下 6 个层次：

①AFC 清分中心(AFC clearing center，ACC)计算机系统。ACC 计算机系统可实现城市轨道交通路网内各运营商的统一协调及系统和安全管理，主要负责轨道交通各线一票通及一卡通的运营管理、票务管理，城市轨道交通与一卡通系统的清算、对账及与各线间的清算；负责整体与外部系统(如一卡通清算系统)的交互；负责各线路 AFC 系统的密钥安全及对外的信息服务，实现 LCC 系统有效接入 ACC。

②LCC 系统。LCC 是城市轨道交通 AFC 系统线路管理中心，在轨道交通网络化运行下接受 ACC 计算机系统的指令，实现对所监控线路的运营管理并根据协议上传数据；与 ACC 计算机系统进行对账；进行所辖线路票务及设备管理；当发生通信故障等，必须由线路独立运行时，独立管理所监控线路系统的运行。

③车站计算机系统。车站计算机(station computer，SC)系统属于三级机构，接受 LCC 的管理指令，管理本站系统运行。SC 系统负责监视、管理所辖车站系统的运营。

④车站终端设备。车站终端设备可以完成售票、检票、补票、查询等业务，满足联网收费的要求。车站终端设备包括自动售票设备、半自动售票设备、自动检票设备、票卡充值设备、票卡查询设备和补票设备等。

⑤车票读写终端。车票读写终端是完成车票读写的模块。

⑥票卡。票卡是乘客用以乘车的有效凭证，按照用户需求可以分为计次卡、计时卡、计程卡等。

(2)AFC 系统事故(故障)分析与处理。

①AFC 系统事故(故障)的处理原则。为确保 AFC 系统安全、稳定、高效地运行，使 AFC 系统的运营及维修工作有章可循、有章必循，在 AFC 系统轮值的统一调度下，AFC 系统维修人员应及时、有效地处理系统设备故障，提高设备的可用率，减少或杜绝系统运行及维修事故，保障乘客、员工及设备的安全。事故(故障)的处理原则如下：

• 当 AFC 系统发生事故(故障)时，要积极采取措施，迅速抢救，尽快使系统恢复运营，尽量减少损失及对运营的影响。

• 在发生事故与设备故障后，AFC 系统调度和有关人员须首先判断其性质、影响范围，并尽快隔离故障设备；然后按事故(故障)的轻重缓急程度组织和实施抢修，以尽快使设备恢复正常运行。

• 对影响较大的重要设备的损坏，各级相关人员必须立即判断事故(故障)的性质、影响范围，并立即将该设备隔离，尽快采取措施减少其对正常运营的影响；对发生的人身伤亡事故，按照运营的相关规定进行处理。

• 所有事故(故障)的处理应尽快完成，一般在事故(故障)发生的运营日内进行处理，不得拖延至下一个运营日。

②AFC 系统事故(故障)抢修组织及处理措施。

• AFC 调度是 AFC 系统事故(故障)报告、处理、人员调配和处理的指挥人员。

• 对 AFC 系统发生的事故，AFC 调度均需要及时向上级汇报并通知有关人员；在处理事故时，若需要其他部门协助，AFC 调度必须尽快向相关部门请求协作。

• AFC 系统维修人员是 AFC 系统事故与故障的具体处理者，必须服从 AFC 调度的指挥和调度。

• AFC 系统维修人员在接到 AFC 调度的通知后，必须在指定的时间内给予回复。

• 当发生一般事故与故障时，须立即组织和实施抢修，原则上应在 30 min 内处理完成或采取应急运行性措施，最迟的处理完成时间不能超过 1 h。

• 当发生较大事故与故障时，原则上应在 6 h 内组织和实施处理，并须在 2 h 内处理完成。

• 在特殊情况下，即使有客观原因，对于较大的故障，原则上也必须在 8 h 内处理完成。

• 所有事故与故障在处理完毕后，各级相关人员必须及时、准确地填写相关记录和维修日志。

• 为了更好地处理 AFC 设备故障，必须建立完善的故障登记、统计和分析制度。

• 进行故障登记时，要如实记录故障发生和修复的时刻，这两个时刻的间隔称为故障延续时间。

• AFC 系统专业技术人员应对管辖范围的 AFC 设备故障进行综合分析，统计 AFC 设备常见、易发故障，总结经验教训，提出防范措施，提高维修水平，力求减少重复故障的发生率。

9. BAS 安全管理

(1)BAS 的组成。BAS 的作用是对车站、区间的通风、空调、给水排水、照明及自动扶梯等设备进行自动化管理，以确保地下环境的安全与舒适。

BAS 一般由以下 3 部分组成：

①中央控制室。中央控制室主要负责监视全线的环境状态及设备的运行状态，必要时可向车站控制室发出控制指令。

②车站控制室。车站控制室主要负责监视本车站及所管辖区域的设备状态，并控制设备运行。

③就地控制装置。就地控制装置设在设备机房内，可直接操纵设备运行。

(2)BAS 故障的类别。按照故障的严重程度，BAS 故障可分为严重故障、一般故障和次要故障及障碍。

①严重故障。凡属于以下故障之一的，均为 BAS 的严重故障：

• 中央控制室与一个以上车站失去联系。

• 车站设备监控 SC 与模拟屏紧急按钮同时失效。

• 车站控制器网络发生故障，且不能重组。

• BAS 火灾工况无法执行。

②一般故障。凡属于以下情况之一的，均为 BAS 的一般故障：

• 车站设备监控控制器发生故障，但不影响火灾工况的执行。

• 车站设备监控车站级网络通信发生故障，但重组成功。

• 车站设备监控 SC 或模拟屏之一发生故障。

• 车站设备监控车站打印机及 UPS 发生故障。

• 车站设备外围发生故障，影响到正常环控模式的执行。

• 车站设备监控与 FAS、ATS 系统和冷水机组接口通信发生故障，无法正确接收相关系统信息。

③次要故障及障碍。不属于严重故障、一般故障的为车站 BAS 次要故障及障碍，包括由 BAS 控制对象（非 BAS 设备）发生故障引起的 BAS 功能障碍。

(3)BAS 事故（故障）处理原则及程序。对 BAS 事故（故障）进行处理应遵循以下原则和程序：

①为迅速进行 BAS 事故（障碍）的处理，同时便于对 BAS 设备故障维修进行管理及考核，要建立完善的故障受理制度。

②BAS 维修人员从维修调度处受理 BAS 故障火灾维修过程中发现系统故障时，应按要求填写故障受理表格。

③BAS 设备发生故障，有关维修人员应及时准确地做出判断（判明故障位置、故障原因等）并积极组织修复，缩短故障时间，把故障影响控制在最小范围内。若无法在现场及时维修，应及时上报。

④BAS 维修人员在故障处理完毕后，应对控制器箱、柜及周围环境进行清理，并及时销点。

⑤BAS 维修人员应及时填写故障处理台账，记录故障及处理情况，归档备查。

⑥严格执行事后检查制度，由 BAS 维修工班的工班长或专业工程师对维修情况及相关处理进行记录、核查台账，确保维修质量。

⑦在维修过程中，不能影响接口专业的运作，涉及接口的维修，应先与其他专业协调，预先告知在检修过程中可能对其造成的影响，必要时在其他专业的监护下进行维修。

⑧对于 BAS 控制对象（环控、给水排水、照明等系统）发生故障引起的 BAS 功能障碍，维修时若需环控系统专业配合，环控系统维修人员应积极予以配合协作。

(4)BAS 故障处理时限和要求。

①BAS 故障处理时限。

• 对在线设备，当班维修人员应在接到通知的当班内到达现场进行维修，维修应在当班内完成；当班无法完成的，应报生产调度，并做好现场防护措施，尽快安排接续的维修。

• 对离线设备，在离线前应做好代换措施，代换后经复查、检验正常后方可离开现场。离线设备的维修应有计划维修期限。

②BAS 故障处理要求。BAS 故障处理要按故障处理程序进行，了解故障情况要做到“三清”，即时间清、原因清、地点清；处理故障要遵循“四不放过”原则。

5.4.2 城市轨道交通机械设备安全管理

1. 电客车的组成及各组成部分的安全要求

(1)电客车的组成。电客车由轮对装置、制动装置、减震装置、车底悬挂设备、驱动装置、车钩缓冲装置、贯通道、车辆空气管道、车辆逃生设备、车辆设备的连接装置、车辆接地装置、车辆头灯、车厢内立柱扶手、车厢天花板和活动盖板、车厢内消防设备、车厢照明设备、车厢通风及温度调节设备、司机室、客室和司机室车门、司机控制器、受电弓、空气压缩机、车门不动保护功能、气压欠压不动保护功能、刮雨器、继电器、蓄电池等组成。

(2)电客车各组成部分的安全要求。

①轮对装置。轮对装置的作用是保证机车车辆在钢轨上的运行和转向，承受来自机车车辆的全部静、动荷载，把它传递给钢轨。轮对装置应符合安全要求并装置完好，轮缘润滑装置功能应正常。

②制动装置。制动装置的作用是调节列车运行速度和及时准确地在预定地点停车，保证列车安全正点运行。制动装置要求功能完好，施加和缓解动作正常，可控制。

③减震装置。减震装置的作用是降低干扰力矩的能量，以衰减震动。减震装置要求外观及功能完好，无泄漏、无变形且紧固良好。

④车底悬挂设备。车底悬挂设备主要包括各电气设备箱，要求箱盖锁闭紧固。

⑤驱动装置。驱动装置包括电动机、联轴节、齿轮箱。驱动装置要求功能正常，没有卡死、变形及脱落的危险。

⑥车钩缓冲装置。车钩缓冲装置是用于使车辆与车辆、机车或动车相互连挂，传递牵引力、制动力并缓和纵向冲击力的车辆部件。它由车钩、缓冲器、钩尾框、从板等组成，安装于车底架构端的牵引梁内。车钩缓冲装置要求功能良好，没有变形，紧固良好。

⑦贯通道。贯通道的作用是允许乘客从一节车厢自由地走到另一节车厢，并且使乘客感到安全和舒适。贯通道要求装置完好，锁闭正常、无破损。

⑧车辆空气管道。车辆空气管道要求安装牢固、无泄漏。

⑨车辆逃生设备。车辆逃生设备要求功能正常。

⑩车辆设备的连接装置。车辆设备的连接装置要求紧固良好。

⑪车辆接地装置。车辆接地装置要求功能正常，无损坏、松动、断裂及脱落危险。

⑫车辆头灯。车辆头灯是为司机提供驾驶照明的设备，要求功能良好、亮度足够。

⑬车厢内立柱扶手。车厢内立柱扶手要求牢固，无松动、裂纹。

⑭车厢天花板和活动盖板。车厢天花板和活动盖板要求安装牢固锁闭，无脱落危险。

⑮车厢内消防设备。车厢内消防设备要求配置到位、稳妥，功能良好。

⑯车厢照明设备。车厢照明设备为乘客提供照明，以保证车辆在隧道内运行时车厢内有足够的亮度，有正常照明和应急照明两种。

⑰车厢通风及温度调节设备。车厢通风及温度调节设备的作用是保证车厢内的环境温度和空气质量，让乘客感到舒适，要求功能良好。

⑱司机室。司机室要求有良好的视线和适当的通风，有便于驾驶人操作车辆的环境。

⑲客室和司机室车门。客室和司机室车门要求关闭和锁闭功能良好。

⑳司机控制器。司机控制器是驾驶控制电客车启动、加速、制动、停车的装置，要求功能正常、操控良好。

㉑受电弓。受电弓是从接触网接收电能的电气设备，安装在车顶上。受电弓要求功能正常，无变形、损坏、松动和脱落危险。

㉒空气压缩机。空气压缩机是气源装置中的主体，是将原动机（通常是电动机）的机械能转换成气体压力能的装置，是压缩空气的气压发生装置。电客车上的空气压缩机的作用主要是为制动机和车门提供驱动用压缩空气。空气压缩机要求运行良好，没有空气和润滑油泄漏。

㉓车门不动保护功能。车门不动保护功能是指当车门出现故障或因夹人夹物而没有完全关闭并锁好时，通过电气联锁使电客车不能动车。车门不动保护功能要求实现良好。

㉔气压欠压不动保护功能。气压欠压不动保护功能是指当主风管压力未达到一定数值时，通过电气联锁使电客车不能动车。气压欠压不动保护功能要求实现良好。

㉕刮雨器。刮雨器是雨天时为司机提供良好视线的设备，要求动作平滑，移动范围及速度可调。

㉖继电器。继电器是以一定的输入信号（如电流、电压或其他热、光等非电信号）实现自动切换电路功能的开关，要求功能正常、动作正常、逻辑关系正常。

㉗蓄电池。蓄电池是将化学能直接转变成电能的装置，应急充电机则是给蓄电池进行应急充电的设备，要求状态和功能良好。

2. 对架车机、列车清洗机和不落轮镟床的安全要求

(1)对架车机的安全要求。架车机是一种特殊的起重设备，在城市轨道交通车辆检修时，用于支承城市轨道交通车辆的车身重量，以使车辆的承重设备（如转向架、轮对等）拆卸分解出来。架车机使用时有如下安全要求：

①不准超过最大负荷使用。

②钢轨桥防滑安全锁的功能应正常。

③供电系统应正常，电源线无损坏、松脱。

④最低位、最高位行程开关的位置应正常、动作灵敏。

⑤架车时不准人员进入架车区域。

(2)对列车清洗机的安全要求。列车清洗机为室内式，列车自行牵引，通过水、清洗剂及清洗刷的作用，自动清洗列车外表面的灰尘、油污及其他污渍，使用时有如下安全要求：

①各旋转件转动正常。

②各管路无漏水、漏气现象。

③供电系统应正常，电源线无损坏、松脱。

④线路出清，无障碍物、无侵线。

⑤只能清洗与设备相匹配的车型。

(3)对不落轮镟床的安全要求。在不需要任何拆卸的情况下，不落轮镟床可对车辆的轮对进行镟削外廓操作，并可对单个转向架或单个轮对进行镟削外廓的操作，使用时有如下安全要求：

①不落轮镟床的操作人员不得披长发、穿宽松衣服、佩戴饰物，必须佩戴防护眼镜，无关人员不得在工作场所停留，不得阻碍操作人员。

②不能超过允许的最大荷载操作。

③不落轮镟床不得用于欠削轮以外的其他用途。

④主驱动电动机的V带应正常。

⑤所有电缆无损坏。

⑥所有安全装置能起作用且灵敏。

5.4.3 城市轨道交通特种设备安全管理

1. 特种设备安全技术档案的内容

特种设备使用单位应当严格执行《国务院关于修改〈特种设备安全监察条例〉的决定》(国务院令第549号)和有关安全生产的法律法规的规定，以保证特种设备使用安全。各使用单位应建立特种设备安全技术档案，具体内容如下：

(1)特种设备的设计文件、制造单位、产品质量合格证明、使用维修说明等文件，以及安装技术文件和资料。

(2)特种设备的定期检验和定期自行检查的记录。

(3)特种设备的日常使用状况记录。

(4)特种设备及其安全附件、安全保护装置、测量调控装置及有关附属仪器仪表的日常维护保养记录。

(5)特种设备运行故障和事故记录。

各单位应当对在用特种设备进行经常性日常维护保养，并定期自行检查，做好记录。对在用特种设备进行自行检查和日常维护保养时若发现异常情况，应及时处理。各单位应对在用特种设备的安全附件、安全保护装置、测量调控装置及有关附属仪器仪表进行定期校验、检修，并做好记录。

2. 特种设备安全管理人员的职责

特种设备安全管理人员的主要职责如下：

(1)严格按照《国务院关于修改〈特种设备安全监察条例〉的决定》(国务院令第549号)的要求，加强对在用特种设备的安全管理。

(2)对特种设备使用状况进行经常性检查，发现问题应立即处理。

(3)发生紧急情况时，可以决定停止使用特种设备并及时报告本单位有关负责人。

(4)保证不使用“三无”(无证制造、无证安装、无证使用)特种设备。

(5)保证特种设备作业人员持有效特种设备作业人员证上岗操作设备。

(6)及时办理特种设备使用登记、停用、过户、注销、检验等手续,配合质量监督检验部门的日常检查工作,发现特种设备事故隐患应及时报告。

(7)负责管理特种设备安全技术档案。

(8)负责特种设备作业人员安全教育、技能培训和考核等监管工作。

3. 特种设备作业人员的主要职责

特种设备作业人员的主要职责如下:

(1)持有效特种设备作业人员证上岗操作。

(2)操作的设备项目必须与特种设备作业人员证上所规定的作业项目相对应,严禁操作不在作业范围内的设备。

(3)对所操作的特种设备进行经常性检查,若发现事故隐患或其他不安全因素,应立即向现场安全管理人员和单位有关负责人报告。

(4)保证不使用“三无”特种设备。

(5)在作业中严格执行特种设备的操作规程和有关安全规章制度。

5.5 城市轨道交通消防安全管理

从世界轨道交通的历史教训来看,城市轨道交通事故中发生频率最高、造成损失最大的是火灾事故。在城市轨道交通系统的众多危险因素中,火灾的危险度是最高的,特别是对地铁来说,火灾可谓是“第一天敌”。因此,对以地铁为主的城市轨道交通系统来说,消防安全非常重要。

5.5.1 城市轨道交通火灾的特点

城市轨道交通建筑,尤其是地铁建筑,属于地下工程,由干线、候车大厅、站台、控制室等部分组成。另外,地铁工程空间连续性强,防火分隔困难,出入口少(一旦发生火灾,出入口具有排烟、散热、人员疏散和消防队员扑救等功能)。因此,城市轨道交通火灾具有以下特点:

1. 排烟困难,散热慢

地下建筑失火与地上建筑失火情况有很大不同。地上建筑失火时,可以开启门窗进行散热和排烟。地下建筑被厚的钢筋混凝土衬砌和岩土介质包围,出入口较少且空间有限,排烟困难,而且人员出入口就是排烟口,烟迅速聚集和扩散,热烟运动方向与人员疏散方向一致。通常,烟的扩散速度比人群疏散速度快得多,致使人员无法逃脱烟气流的危害。浓烟使空间可见度下降,造成人们心理恐慌,增加了人员疏散的难度。城市轨道交通火灾受害人员的最初伤亡大部分是缺氧窒息、中毒昏倒所致的。浓烟,特别是含有毒性粉尘的烟雾,增加

了消防人员接近火场的难度。

2. 高温高热全面燃烧

在地下建筑封闭空间内，一旦发生火灾，大量可燃物燃烧，室内温度升高较快，伴随室内瞬时全面燃烧，巨大能量释放出来，温度随时间迅速上升。温度升高快，对人体危害大。地下建筑发生火灾时，热量不易散失，室内温度可达 800 ℃以上，火焰本身或其产生的高温，能把人烧死烧伤。我国地下建筑先后发生过多次火灾，都出现了高温现象。

3. 安全疏散困难

地下建筑内可燃物质燃烧时产生的大量烟气和有毒气体（如一氧化碳及其他气体），不仅严重遮挡视线，使能见度大大降低，还会使人中毒窒息，危害极大。地下建筑发生火灾时，室内正常照明电源被切断，一片漆黑。例如，地下工程内若不装设事故照明和紧急疏散标志指示灯，地下建筑内无任何自然光源，加上浓烟滚滚，疏散距离长，路径复杂，人员根本无法逃离火场。

4. 扑救困难

地下建筑火灾扑救比地面建筑火灾扑救要困难得多。国外消防专家指出，扑救地下工程火灾的难度与扑救超高层建筑最顶层火灾的难度相当。地下工程火灾扑救的困难在于：探测火情困难，不易探测火点；接近火场困难，高温、浓烟、毒气使消防人员无法接近火场；通信指挥困难，地下火场灾情只能靠人传递信息，速度慢、差错多；缺少地下工程报警消防专门器材。

5. 人员密集，易造成群死群伤

城市轨道交通列车是特大容量的公共交通工具，单向高峰平均每小时载运 30 000～90 000 人次，一旦发生事故，人员恐慌、发生拥挤，极易发生群死群伤事故。

6. 经济损失巨大，社会影响严重

城市轨道交通承担着城市交通的重任，投资巨大，一旦发生重大火灾事故，不但个人生命财产和国家财产受到损害，而且易造成不良的社会影响，甚至引发群众对政府的信任危机，后果严重。

5.5.2 城市轨道交通消防安全管理要点

消防安全管理是指管理者和主管部门遵循经营管理活动规律和火灾发生的客观规律，依照有关规定，运用管理的一定方式方法，通过管理职能合理有效地组合保证消防安全的各种资源所进行的一系列活动，以保护人员免遭火灾危害，保护财产不受火灾损害，改善消防安全环境，保障经营、建设的顺利发展。做好消防安全管理是预防火灾的根本对策。消防安全管理的指导方针是“预防为主，防消结合”。消防安全管理提倡科学化和现代化，以不断提高消防安全管理水平，具有全方位性、全天候性、全过程性、全员性和法制性的特点。由于城市轨道交通本身具有特殊性，因此与一般消防安全管理相比，城市轨道交通消防安全管理的要求更高、更全面。

1. 城市轨道交通消防硬件系统

城市轨道交通消防硬件系统主要由3部分组成,即FAS、水消防系统和化学灭火系统。城市轨道交通消防硬件方面的问题主要是:建造时在防火分区划分和消防设施设置等方面存在先天不足;在消防配电系统合理性、早期火灾探测报警、排烟和安全疏散系统设计等领域有待进一步研究。消防配电系统在消防设备早期报警、抢险救援和灭火过程中起着极其重要的作用。例如,韩国大邱市地铁中央路站在火灾发生后,由于没有合理的消防供电,在主电源断电后,车厢门无法打开,致使车内人员无法逃生,造成了大量人员伤亡的惨剧。因此,在城市轨道交通电气化程度极高的现代,科学、合理地设计和管理消防配电系统,是关系到消防设备最终发挥其应有功能的重中之重。城市轨道交通消防硬件系统要依靠良好的消防软件系统(轨道交通消防安全管理)才能发挥作用。

2. 城市轨道交通消防安全管理存在的问题

研究表明,消防安全管理不善是导致城市轨道交通火灾事故的根本原因。目前,普遍存在空有消防安全管理制度、岗位职责,处置火灾事故与抢险救援预案,不能够完全真正落到实处的问题。例如,城市轨道交通管理人员对火灾事故应急处置措施掌握不够全面,缺乏整体协作处置火灾事故的能力;不能完全做到严格遵守安全操作规程及用火用电制度;不能保证对已配备的消防设施定期进行检测等。此外,城市轨道交通有关部门缺乏处置火灾事故的专业队伍和特种装备。因此,需要进一步研究改进和完善现行地下铁路设计相关规范,特别应重点对城市轨道交通排烟系统、安全疏散、消防无线通信、消防员专用通道、附设在城市轨道交通内的商业场所和运营区域的防火分隔措施等内容进一步做出科学合理的规定。

3. 城市轨道交通消防安全管理对策

(1)建立健全安全管理制度,做好安全防范工作。城市轨道交通管理部门在建立健全消防安全管理制度的同时,要坚持“谁主管,谁负责”的原则,明确各级领导及各岗位员工的消防安全职责,确保消防安全责任、防火制度和措施真正落实到每个岗位与每位员工身上,在可能导致火灾事故的各环节和部位上必须采取严格的防范措施。安全管理制度的内容包括:对轨道交通车站内的变配电设备、线路及车辆用电设备运行状况定期检测,确保运行的安全性;加强对轨道交通内各种消防设施设备的经常性维修保养,使其能够保持最佳的工作状态和延长使用寿命;严格执行安全操作规程及用火用电制度,对电焊施工等操作实行严格的审批和现场监督管理制度,坚决杜绝违章行为;对已设置的FAS、事故通风排烟系统、应急照明系统、疏散指示标志、灭火设施及器材装备等进行定期检测,确保消防设施完好有效。

在设置科学合理的疏散和指示标志的同时,必须制定适应各种火灾事故的灭火和应急诱导疏散预案,对员工进行消防培训和预案演练,并进行定期考核,使每位员工做到会报警、会扑救初期火灾、会组织自救,更重要的是能够对人群进行疏导,进行有效疏散,保证在有限的疏散通道上提高疏散效率,使相关人员在最短时间内沿着最合理的疏散途径逃生。

(2)加强灭火抢险救援队伍建设。灭火抢险救援队伍可以承担扑救城市轨道交通早期火灾和及时处置其他灾害事故的抢险救援任务,发挥公安消防机构所不能替代的作用。城市轨道交通管理部门应根据城市轨道交通灭火抢险救援特点建立专业队伍,配备特种救援车辆及专用器材设备，并对如何制定灭火方案，采用哪些机动设备进行火场的临时封堵，如何对抢险救援队伍和救援装备进行调配，以及如何应对各种紧急事件的发生等直接关系到火场人员生命财产安全和救援队员生命安全的问题进行预案设置，开展经常性演练。同时，公安消防机构要加强对城市轨道交通灭火抢险救援队伍训练的指导，提高其抢险救援效率，减少不必要的人员伤亡，将火灾损失减少到最低限度。

(3)加强预案研究、实战训练及检查。公安消防机构要加强城市轨道交通消防监督和抢险救援的战术研究与实战训练。对已建城市轨道交通，重点检查消防安全责任制和单位消防管理制度是否落实到位，灭火应急预案是否制定和演练，电气设备和线路是否处于安全状态，消防设施和器材是否完好有效，疏散通道是否畅通。对检查出的隐患要督促整改，确保安全。同时，掌握和熟悉城市轨道交通重点部位、消防水源、疏散出口、灭火进攻线路及内部消防设施等情况，制定灭火及抢险救援预案，并与城市轨道交通灭火抢险救援队伍的处置预案相互衔接，明确各自的职责分工，加强预案演练，提高战术水平。对新建城市轨道交通严把消防设计审核源头关，确保城市轨道交通消防建设不留下先天隐患。

(4)加大监督检查和查处力度。公安消防机构要加大消防监督检查和查处火灾事故的工作力度，认真履行《中华人民共和国消防法》赋予的职责，秉公执法、热情服务，切实加强监督检查，发现火灾隐患，依法督促并指导有关单位及时整改，确保消防安全。同时，进一步加强对火灾事故的调查处理工作。一旦发生火灾事故，必须按照国家有关规定彻底查明原因、分清责任，依法严肃处理，以维护法律的尊严；还应选择一些典型案例进行曝光，使忽视消防工作的从业人员真正受到教育，也使广大人民群众受到消防法治教育。随着计算机技术的发展，计算机网络越来越多地应用在机关、企事业单位及社会生活的各个方面。作为履行灭火救援和消防监督管理职能的公安消防机构，可利用现代高科技手段，构建一个适合公安消防机构使用的综合管理信息系统，利用网络技术实现信息资源共享，为各级消防监督管理机构提供社会消防管理、建筑防火和化学危险物品审核管理、建筑消防设施和灭火救援装备及消防指挥调度等现代化管理手段，实现数字化消防。

(5)加强宣传教育。加强城市轨道交通防灾知识的经常性宣传，提高群众的防灾意识，推进消防工作的社会化。做好城市轨道交通消防安全绝不是单靠某些人或某个单位的力量就可以实现的，而是需要全民的努力。只有大家都具备了良好的消防意识，自觉主动地遵守各项防灾规定，才能真正地做好消防工作。消防宣传教育是普及消防法律法规、提高全民消防意识、促进消防工作社会化的重要环节。消防宣传既要让群众了解发生火灾的原因，又要宣传消防法律法规，传授防火知识和逃生技巧等内容。随着人们消防安全意识的提高，人为的火灾事故自然会减少，也会避免不必要的人员伤亡和财产损失。

城市轨道交通消防安全管理是一项涉及领域极广、长期而复杂的工作，需要全社会的共同努力。城市轨道交通消防安全管理要坚持科学管理的原则，转变观念，认真学习、总结过去的和世界先进的消防管理经验，不断提高消防管理水平和能力。有关部门应认真开展对有关消防管理的规范性文件的清理和修订工作，使国内的消防法律、行政法规、技术规范等与国际接轨，开创有效的消防安全管理思路，最终推动我国城市轨道交通消防乃至各方面消防安全工作的发展。

5.5.3 城市轨道交通消防安全管理的职责要求

城市轨道交通运营单位为消防安全重点单位，应建立消防安全责任体系，明确各级岗位的消防安全职责。

1. 消防安全责任人、安全管理人及其职责

(1)消防安全责任人及其职责。城市轨道交通运营单位的法人代表或主要负责人是运营单位的消防安全责任人，对本单位的消防安全工作全面负责，并应履行下列职责：

①贯彻执行消防法规，保证单位消防安全符合规定，掌握本单位消防安全情况。

②组织编制和审定本单位消防应急预案。

③组织审定与落实年度消防安全工作计划和消防安全资金预算方案。

④确定本单位逐级消防安全责任，任命消防安全管理人，批准实施消防安全制度和保证消防安全的操作规程。

⑤组织建立消防安全例会制度，每月至少召开一次消防安全工作会议。

⑥每月至少参加一次防火检查。

⑦组织火灾隐患整改工作，负责筹措整改资金。

⑧消防安全责任人应当报当地公安消防机构备案。

(2)消防安全管理人及其职责。城市轨道交通运营单位的消防安全管理人应由消防安全责任人任命，并应履行下列职责：

①拟订年度消防工作计划和消防资金预算方案。

②协助消防安全责任人组织编制和审定本单位消防应急预案。

③组织制定消防安全制度和保障消防安全的操作规程。

④组织实施防火检查，每月至少一次。

⑤组织火灾隐患整改。

⑥组织建立消防组织，每半年至少组织一次消防宣传教育、灭火和应急疏散演练。

⑦开展消防安全责任人委托的其他消防安全管理工作。

⑧向消防安全责任人报告消防安全工作情况，每月至少一次。

⑨消防安全管理人应当报当地公安消防机构备案。

2. 部门主管人员、消防安全员及其职责

(1)部门主管人员及其职责。

①车站站长。车站站长(值班站长)上岗前应经运营单位培训合格，并应履行下列职责：

• 贯彻执行有关消防法规，保障车站安全完全符合规定，及时掌握车站消防安全情况。

• 制订车站年度消防工作计划和消防资金预算方案并组织实施。

• 协助组织制定、修改和完善车站消防应急预案。

• 每月至少组织一次车站防火检查，及时消除能够整改的火灾隐患，对不能整改的火灾隐患提出整改意见。

• 每半年至少组织一次车站消防宣传教育、灭火和应急疏散演练。

• 发生火灾时能够按照车站消防应急预案及时组织疏散乘客、扑救火灾，并向有关部门报告火灾情况，协助灾后调查火灾原因。

• 每月至少向消防安全责任人或消防安全管理人报告一次消防安全工作情况。

②控制中心主任。控制中心主任(值班主任)上岗前应经消防专业培训合格，并应履行下列职责：

• 贯彻执行有关消防法规，保障调度系统安全符合规定，及时掌握调度系统消防安全情况。

• 制订调度系统年度消防工作计划和消防资金预算方案并组织实施。

• 协助组织制定、修改和完善控制中心消防应急预案。

• 每月至少组织一次调度系统防火检查，消除火灾隐患。

• 每半年至少组织一次调度系统消防宣传教育、灭火和应急疏散演练。

• 发生火灾时能够按照控制中心消防应急预案及时组织各调度中心处理火灾事故、疏散乘客、扑救火灾，并向有关部门报告火灾情况。

• 协助灾后调查火灾原因，积极组织撰写火灾事件处理经过，并向有关部门汇报。

• 审批施工作业日计划和临时计划，对有安全隐患的计划进行调整。

• 每月至少向消防安全责任人或消防安全管理人报告一次消防安全工作情况。

(2)消防安全员及其职责。

①普遍适用职责。城市轨道交通运营单位应确定专职(兼职)消防安全员。消防安全员应履行下列职责：

• 分析研究本部门、岗位的消防安全工作，及时向上级报告。

• 确定本部门、岗位的消防安全重点部位，实施日常防火检查、巡查。

• 接受、安排、落实火灾隐患整改措施。

• 管理、维护消防设施、灭火器材和消防安全标志。

• 协助开展消防宣传和消防安全教育培训。

• 协助编制消防应急疏散预案，组织演练。

• 记录消防工作落实情况，完善消防档案。

• 完成其他消防安全管理工作。

②具体消防职责。《城市轨道交通消防安全管理》(GA/T 579—2005)对具体的岗位人员进行了相关职责的规定，具体内容如下：

• 环控调度员。

a. 负责对全线各车站消防机电设备进行全面监控，及时掌握各车站消防设备的运行状况。

b. 对火灾事故进行报警，认真确认、分析现场情况，及时通报行车调度员、电力调度员和值班主任。

c. 在发生火灾事故时，能够按照OCC消防应急预案，通过调动环控设备执行合理的通风模式，引导乘客和工作人员进行安全疏散。

• 行车调度员。

a. 负责对列车安全运行状况进行监控。

b. 发生火灾时，能够按照OCC消防应急预案及时指挥着火列车运行、灭火和乘客安全疏散，并调整后续列车的运行。

c. 与车站值班站长和列车司机保持联系，随时掌握列车运行、灭火和乘客疏散情况。

d. 引导乘客和工作人员进行安全疏散，并尽量减少财产损失。

• 电力调度员。

a. 负责轨道交通安全运行的电网保障。

b. 发生火灾时，能够按照 OCC 消防应急预案及时切断相关电网的牵引电流和设备电流。

c. 通知变电所值班人员注意设备运行情况，保证排烟系统的电源供应。

d. 通知接触网专业工作人员配合灭火，检查设备和电缆情况，防止乘客触电。

• 维修调度员。

a. 负责城市轨道交通设备的安全运行和通信保障。

b. 发生火灾时，能够按照 OCC 消防应急预案及时通知相关车间轮值工程师，必要时启动抢修程序，尽可能保障城市轨道交通设备和通信系统的正常运行。

• 自动消防系统操作人员。自动消防系统操作人员应经消防专业培训合格后持证上岗，并履行下列职责：

a. 掌握自动消防系统的工作原理和操作规程，能够熟练使用和操作各种系统。

b. 负责对消防设施进行每日检查，并认真填写各种消防设施值班和运行记录，定期对各种消防设施进行检查，保证自动消防设施完好有效。发现故障应及时排除，对不能排除的故障应报告消防安全管理人。

c. 核实、确认报警信息。

d. 熟练掌握火灾和其他火灾事故紧急处理程序。发生火灾时，能够按照 OCC 消防应急预案启动相关消防设施。

• 列车司机。列车司机除应熟练掌握列车驾驶知识外，还应经消防专业培训合格后持证上岗，并应履行下列职责：

a. 掌握列车火灾应急预案和应急处理办法。

b. 每日检查列车消防设施和报警通信设施的功能，发现故障应及时排除，不能排除的应报告消防安全管理人、消防安全责任人。

c. 发生火灾时，用标准用语进行广播宣传和疏散引导，稳定乘客情绪，引导乘客使用车内灭火器灭火和进行紧急疏散。

d. 将列车着火情况及时报告给 OCC 或值班站长。

• 其他人员。其他人员应严格执行消防安全制度和操作规程，参加消防安全培训及灭火和应急疏散演练，熟知本岗位火灾的危险性和消防安全常识，发生火灾时及时引导乘客安全疏散。

5.5.4 城市轨道交通火灾救援、自救与逃生

1. 城市轨道交通火灾救援

(1)突发火灾时的人员疏散。发生火灾时，会因一氧化碳中毒、缺氧窒息、火烧或高温烘

烤及建(构)筑物倒塌而造成人员伤亡。安全疏散的目的是在火灾对人员构成危害之前,将人员安全疏散。允许疏散的时间取决于火灾强度、烟雾浓度和对人体的危害、防排烟设施及建(构)筑物的耐火能力等因素。

①列车在区间隧道内发生火灾时的安全疏散。列车在区间隧道内发生火灾时,应尽量驶入前方车站,利用前方车站来疏散乘客。若列车不能驶入前方车站,必须停在区间隧道,则应紧急疏散乘客。

• 当列车头部着火时,司机应组织乘客迅速从车尾下车步行至后方的车站,OCC 应开启隧道通风系统紧急模式,向列车前进方向送风,使烟雾远离乘客。

• 当列车车尾着火时,司机应组织乘客迅速从车头下车步行至前方的车站,OCC 应开启隧道通风系统紧急模式,向列车后退方向送风。

• 当列车中部着火且列车接近前方车站时,司机应组织乘客从两端下车后分别步行至前后方车站,OCC 应开启隧道通风系统紧急模式,向列车前进方向送风,使烟雾远离列车尾部乘客,而列车头部乘客因距离前方车站较近,不会受到烟雾伤害。

• 当列车中部着火且列车接近后方车站时,司机应组织乘客从两端下车后分别步行至前后方车间,OCC 应开启隧道通风系统紧急模式,向列车后退方向送风,使烟雾远离列车头部乘客,而列车尾部乘客因距离后方车站较近,不会受到烟雾伤害。

• 当列车中部着火且停在区间中部时,司机应组织乘客向两端疏散,OCC 应开启隧道通风系统紧急模式,向列车前进方向送风,使烟雾远离列车尾部乘客。此时,本区间的列车运行应立即终止,另一条隧道也应立即停止正常的行车。

列车在区间隧道内发生火灾时的处理程序如图 5-1 所示。

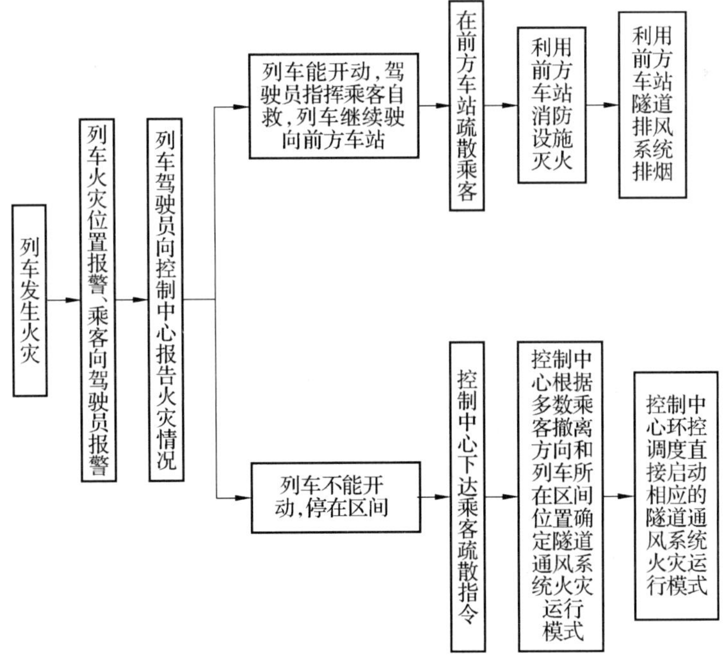

图 5-1 列车在区间隧道内发生火灾时的处理程序

②列车在车站发生火灾时的安全疏散。如果列车在车站发生火灾，应该立即执行紧急疏散计划，停止线路上的其他列车开行和禁止其他乘客进入火场，并利用车站楼梯、出入口疏散乘客。

③车站内发生火灾时的安全疏散。车站内的火灾分为站台火灾和站厅火灾两种。发生火灾时，应立即采取紧急措施，第一时间安全疏散乘客，同时停止车站空调系统运行，将车站的普通通风空调模式改为火灾情况下的通风模式。

(2)救援队伍的组织。火灾发生后，在专业救援队伍到达前，及时地组织救援队伍对于人员救援和火情控制具有十分重要的作用。救援队伍从结构上可分为司机、车站工作人员、专业救援人员。相关负责人应加强对前两个层次救援人员的应急培训，这对火情的控制和人员的疏散可起到很大的作用；不能单纯地等待和依靠专业救援人员来进行人员救援与火灾扑灭工作。

2. 城市轨道交通火灾自救与逃生

城市轨道交通火灾自救与逃生分为车站火灾自救与逃生和列车火灾自救与逃生两种。

(1)车站火灾自救与逃生。车站火灾自救与逃生需要遵循以下原则：

①贯彻“救人第一，救人与灭火同步进行”的原则，积极施救。

②火灾发生后，车站工作人员应先做好乘客的疏散、救护工作。

③把握起火初期的关键时间，在消防员到来之前积极组织灭火自救。

④车站工作人员开展灭火自救工作时应注意做好个人防护。

⑤消防员到场后，灭火任务应交给消防员。

⑥当火势不可控制，可能危及自身生命安全时，车站工作人员应主动撤离。

⑦乘客在车站遇到火灾时，应服从工作人员指挥，听从事故广播指引，沿疏散标志指示方向出站逃生。

⑧车站发生火灾时，不要使用垂直升降电梯。

(2)列车火灾自救与逃生。列车火灾自救与逃生分为列车在车站内发生火灾时的自救与逃生和列车在隧道内发生火灾时的自救与逃生两种。

①列车在车站内发生火灾时的自救与逃生。列车在车站内发生火灾时的自救与逃生需要遵循以下原则：

- 乘客应保持镇静。
- 按压车厢内的紧急情况按钮或紧急通话器通知司机车厢内发生的情况。
- 在可能的情况下使用车载灭火器灭火。
- 必要时可拉下列车车门紧急解锁手柄，向两侧用力推开车门。
- 向站外方向疏散。

②列车在隧道内发生火灾时的自救与逃生。列车在隧道内发生火灾时的自救与逃生需要遵循以下原则：

- 乘客应保持镇静。
- 按压车厢内的紧急情况按钮或紧急通话器通知司机车厢内发生的情况。

• 在可能的情况下使用车载灭火器灭火。

• 司机尽可能将列车运行到前方车站进行人员疏散。因此，乘客应听从列车广播的指挥，千万不要惊慌失措，不要乱动车厢内的其他设备。

• 在列车无法到达前方车站又需要紧急疏散的情况下，车厢内的乘客应听从列车广播的指挥，按照本线路的隧道内疏散方式进行疏散。

5.6 城市轨道交通应急安全管理

城市轨道交通是城市公共交通的重要组成部分，它面向公众提供快速、便捷的交通运输服务，具有建设要求高、技术复杂度高、客运环境封闭、运转强度大等特点，因此在城市轨道交通建设和运营方面加强对突发事件的应急管理是十分必要的。

5.6.1 城市轨道交通应急管理机制

1. 应急预案的含义

应急预案是针对突发性、具有破坏力的事件所采取的预防、响应和恢复的活动与计划。应急预案的主要目标是实现对突发事故灾害做出预警，控制事故灾害的发生与扩大，开展有效救援，减少损失和迅速恢复正常状态。

应急预案可以定义为针对可能的重大事故(件)或灾害，为保证迅速、有序、有效地开展应急救援行动、降低事故损失而预先制订的有关计划或方案。它是在辨识和评估潜在重大危险、事故类型、发生的可能性、发生过程、事故后果及影响严重程度的基础上，对应急机构与职责、人员、技术、装备、设施(备)、物资、救援行动及其指挥与协商等方面预先做出的具体安排。

2. 应急预案的作用

应急预案是应急救援准备工作的核心内容。应急预案在应急安全管理中的作用主要体现在以下方面：

(1)明确了应急救援的范围和体系，使应急准备和应急管理，尤其是培训和演习工作的开展有据可依、有章可循。

(2)有利于及时做出应急响应，降低事故危害程度。

(3)成为各类突发事故的应急基础。通过编制基本应急预案，可保证应急预案具有足够的灵活性，对事先无法预料到的突发事件或事故，可以起到基本的应急指导作用；针对特定危害编制专项应急预案，有针对性地制定应急措施，进行专项应急准备和演习。

(4)当发生超过应急能力的重大事故时，便于与上级应急部门协调。

(5)有利于增强各级工作人员的风险防范意识。

3. 应急救援体系中的主要应急机制

应急救援活动一般可划分为应急准备、初级反应、扩大反应和应急恢复 4 个阶段。应急机制与这 4 个阶段的应急活动密切相关。应急机制主要由统一指挥、分级响应、属地为主和公众动员 4 个基本机制组成。

(1)统一指挥。统一指挥是应急活动的最基本原则。应急指挥一般可分为集中指挥与现场指挥或场外指挥与场内指挥等形式,但无论采用哪一种指挥形式,都必须实行统一指挥模式,无论应急救援活动所涉及的单位级别高低和隶属关系怎样,都必须在应急指挥部的统一组织协调下行动。

(2)分级响应。分级响应是指从初级反应到扩大应急的过程中实行的分级响应的机制。扩大或提高应急响应级别的主要依据是事故灾难的危险程度、影响范围和控制事态能力。而事故灾难的控制事态能力是“升级”的最基本条件,扩大应急救援主要是提高指挥级别、扩大应急范围等。

(3)属地为主。属地为主强调“第一反应”的思想和以现场应急、现场指挥为主的原则。

(4)公众动员。公众动员机制是应急机制的基础,也是最薄弱、最难以控制的环节。

4. 应急救援体系建设的主要内容

(1)事故预防。许多事故都是因正常条件发生偏差而引起的,如果能事先确定出某些特定条件及其潜在后果,就可利用相应手段减少事故的发生,或者减少事故对外界的影响。预防事故要比发生事故后再纠正容易得多,因此在城市轨道交通新线设计及旧线改造中,必须设计必要的安全装置和设施,以提高城市轨道交通运营系统的安全程度。另外,事故预防工作也不可忽视操作规程、应急规程和管理策略的建立及其定期的培训和维护。

(2)应急救援预案的准备。应急救援预案的准备主要包括以下内容:

①发现预测任何可能出现的紧急事故的类型及其影响程度。

②制定紧急状态下的反应行动,以提高准备程度。

③确保系统在紧急情况下做到准备充分、通信通畅,从而保证决策和反应过程有条不紊。

④保证人员进行培训和演习,定期更新应急预案和重新评价其有效性。

(3)应急救援系统的组成。应急救援系统从功能上讲,可由应急指挥中心、事故现场指挥中心、支持保障中心、媒体中心和信息管理中心 5 个运作中心组成。要做到快速、有序、高效地处理应急事故,需要应急救援系统中的各个运作中心协调努力。应急救援系统的运行程序如图 5-2 所示。

(4)应急救援预案的内容确定。应急救援预案至少应包括以下主要内容:应急资源的有效性、组织和利用,事故的评估程序,指挥、协调和反应的组织结构,通报和通信联络的程序,应急反应行动(包括事故控制、防护行动和救援行动),培训和演习及应急救援预案的维护。

(5)应急培训与演习。应急培训与演习的目的主要有以下几个方面:

①测试应急救援预案的充分程度。

②测试应急培训的有效性和队员的熟练性。

③测试现有应急装置和设备供应的充分性。

④确定训练的类型和频率。

⑤提高与现场外应急部门的协调能力。

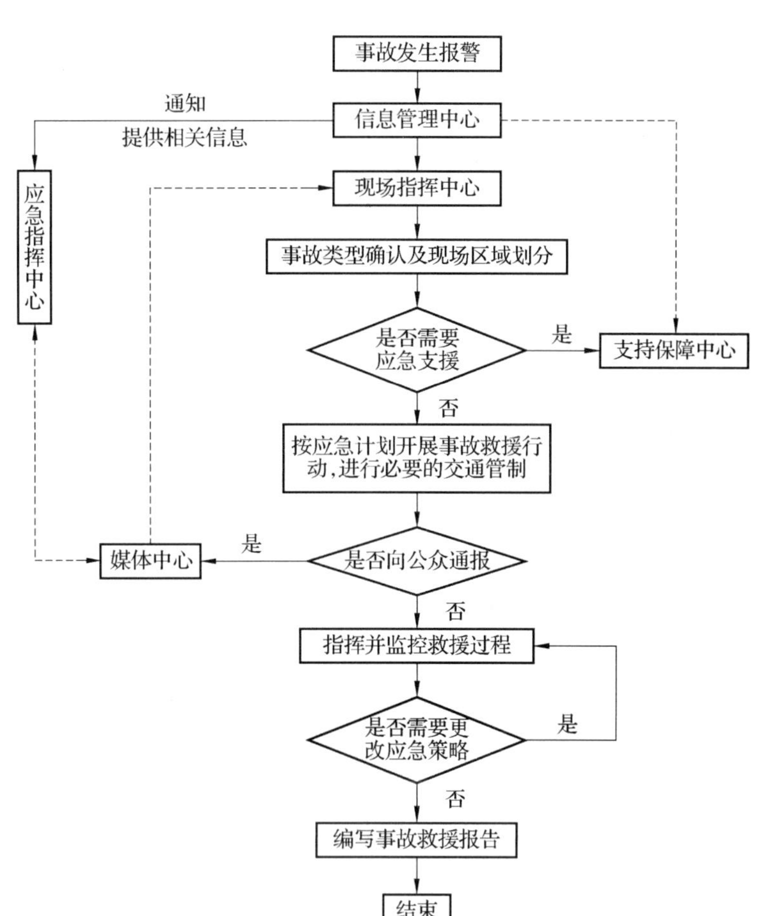

图 5-2　应急救援系统的运行程序

⑥通过训练来识别和改正应急救援预案的缺陷。

(6)应急救援行动。一个完善的应急救援体系应能在事故和灾害发生时及时调动并合理利用应急资源(包括人力资源和物资设备资源)投入救援行动事故现场,针对事故灾害的具体情况,选择适当的应急对策和行动方案,从而及时有效地采取应急救援行动,使伤害和损失降到最低程度和最小范围,并在最短时间内控制事故。

(7)系统恢复与善后。应急阶段结束后,从紧急情况恢复到正常状态需要的时间、人员、资金和正确的指挥,对恢复能力和预先估计十分重要。通常情况下,重要的恢复活动包括事故现场的清理、恢复期间的管理、事故的调查、现场的警戒与安全、安全和应急系统的恢复、人员的救助、法律问题的解决、损失状况的评估、保险与索赔、相关数据的收集、公共关系的恢复等。

5.6.2　城市轨道交通突发事故的应急处理

1. 城市轨道交通突发事故的特点

由于城市轨道交通具有封闭、高速、容量巨大、系统复杂等特点,因此与其他交通工具相比，其突发事故有自身的特点，具体如下：

(1)抗风险能力低。一旦发生突发事故，其后果往往是灾难性的。如果城市轨道交通系统中的任意一个环节出现问题，就有可能使该环节的功能丧失，进而对乘客的人身安全造成威胁，如高空坠物、失火、大面积停电等日常安全事故都会造成重大损失。

(2)安全事故的影响范围广。城市轨道交通线路通常都建在城市的中心地带或繁华商圈，客流量非常大；另外，还与广播通信、供水、供电、防水排污等公共设施和线路交错分布，当发生爆炸等恐怖袭击时，会给群众的生命财产安全带来直接或间接的损失，甚至伴随发生一些不可预知的事件，引起大范围的群众恐慌、踩踏，以及水电中断、漏电、洪水等新的次生灾害，最终导致整个城市运行秩序的瘫痪。

(3)安全防范难度大。城市轨道交通独特的公共性能够将整个城市的政治、经济、文化及生活等各种地理场所和位置紧密联系起来，由此也会带来客流量大、站点长、线路长的弊端，导致安全防范的难度大。

2. 各类突发事故信息的报告原则

(1)迅速、准确、客观的原则。发生突发事故时，相关人员必须迅速、准确且真实、客观地将事故情况上报。

(2)逐级报告的原则。当事故发生在区间时，列车司机应立即报告行车调度员。当事故发生在车站内或车场内时，车站值班站长或车场调度员应立即报告行车调度员。

(3)当发生人员伤亡、火灾、爆炸、毒气袭击、聚众闹事、劫持人质及其他恐怖活动等，需要报告119火警、120急救中心或110匪警时，由现场负责人或目击者在第一时间直接报告；若无法直接报告，则应以尽快报告为原则，向就近的车站\OCC(车场OCC)或上级报告，再报告119火警、120急救中心或110匪警。

3. 常见突发事故的应急处理

(1)大面积停电事故的应急处理。

①当城市轨道交通线路发生停电事故时，车站人员应沉着镇静，稳定乘客的情绪，维持秩序，尽力保证乘客安全。OCC应根据停电影响情况，组织抢修抢险，发布列车停运、急救和车站关闭命令，并及时将灾情向上级报告。

②车站工作人员应加强检查紧急照明的启动情况，巡查各部位(如升降电梯)是否有人员被困的情况，根据OCC的命令清站或关闭车站。

③列车司机负责列车进站停车后组织车上乘客向车站疏散。若列车在区间停车，则利用列车广播安抚乘客，要求乘客不得擅自操作车上的设备，并立即报告行车调度员，按行车调度员的指令操作。

(2)火灾的应急处理。

①城市轨道交通运营单位要制定完善的消防预案，针对不同车站、列车运行的不同状态及消防重点部位，制定具体的火灾应急响应预案。

②贯彻“救人第一，救人与灭火同步进行”的原则，积极施救。

③处置火灾事件时应坚持快速反应的原则，做到反应快、报告快、处置快，把握起火初期的关键时间，把损失控制在最低程度。

④火灾发生后，工作人员应立即向 119 火警、110 匪警、120 急救中心报告，同时做好乘客的疏散、救护工作，积极开展灭火自救工作。

⑤城市轨道交通运营单位事故灾难应急机构及市级城市轨道交通事故灾难应急机构在接到火灾报告后，应立即组织启动相应的应急预案。

(3)特殊气象的应急处理。根据对城市轨道交通运营的影响，特殊气象应急预案包括台风、雷雨大风(包括龙卷风)应急预案，暴雨应急预案，高温应急预案，大雾、灰霾应急预案，冰雹、道路结冰应急预案和寒冷应急预案。

①抓住主要矛盾，先全面、后局部，先救人、后救物，先抢救通信、供电等要害部位，后抢救一般设施。

②根据需要，各部门积极合理地调动人力、物力投入抢险，在确保安全的情况下，尽快开通线路、恢复运营(含局部线路)。

③发生灾害时，应迅速准确地报告事故情况，确保信息渠道畅通。

④各部门员工均应采取有效措施控制事态发展，减少损失，防止次生灾害的发生。

⑤贯彻抢险与运营并重、城市轨道交通运输与公交运输系统统筹兼顾的工作方针，在积极稳妥地处理事故的同时，按照总部相关规定最大限度地维持城市轨道交通运营或尽快恢复运营。

(4)炸弹、不明气体和物体恐吓事件的应急处理。当城市轨道交通工作人员接到电话、书面或电子邮件等各种形式的恐吓信息时，应按下列应急预案开展工作：

①接到恐吓信息后，工作人员应立即向上级领导报告。OCC 应立即向公安部门报告该恐吓事件，并通知受影响车站的值班站长、行车线上的列车司机及各紧急救援抢险部门。

②由公安部门确定恐吓信息的真实性，在车站进行不公开或公开的搜索行动。车站接到恐吓信息后，进行不公开搜索的程序如下：

• 值班站长安排停止所有清洁工作，依次搜索所有公众范围及所有非公众范围，及时将最新进展报告上级。

• 公安人员前往有关车站，参与搜索行动，与值班站长保持密切联系，了解搜索工作的最新进展。

• 若发现可疑物品或有毒气体，值班站长应立即封锁现场，决定局部或完全疏散车站，并立即通知值班主任。进行疏散前，必须先搜索所有疏散路线，确保疏散乘客的安全。

• 若未发现可疑物品或有毒气体，值班站长应报告公安部门负责人，请示是否进行二次搜索。公安部门负责人向所有搜索人员查询搜索情况，将搜索结果上报上级公安部门。

(5)爆炸事件的应急处理。对于爆炸事件的应急处理，不同工作岗位的人员的责任不同。

①对于列车司机，其应按照下面的方法进行爆炸事件的应急处理：

• 当列车在区间发生爆炸时，司机(视故障情况)应尽可能将列车运行至前方车站，实施抢险救援。

• 要立即穿戴好防护用品，迅速到达事发现场查明情况，向行车调度员及车站值班员报告。

• 列车迫停于车站时，司机应迅速打开站台侧的所有车门。若列车因爆炸起火，应迅速使用车内灭火器进行扑救，并对乘客用标准用语进行广播宣传，通知乘客下车，并按车站工作人员的引导或疏散标志疏散到安全区域。

• 列车迫停于区间时，司机应立即要求停电，情况紧急时可以采取强行停电措施，并对乘客用标准用语进行广播宣传，稳定乘客的情绪。

• 根据行车调度员的命令及救援抢险人员按区间疏导乘客的办法对乘客进行疏散抢救。

②对于车站工作人员，其应按照下面的方法进行爆炸事件的应急处理：

• 车站发生爆炸后，就近岗位站务员应迅速准确查明爆炸发生的时间、地点、涉及列车的车次、人员伤亡等情况，并立即向行车值班员报告。

• 行车值班员接到站务员报告后，应立即向行车调度员、公安部门报告，通知值班站长、站长等各级领导。

• 值班站长应立即到达现场并在上级领导及公安人员到达之前担任现场负责人，组织指挥现场处理工作。

(6)不明气体袭击事件的应急处理。

①车站发生不明气体袭击后，就近岗位站务员应迅速佩戴好防护装备，迅速查明事件发生的时间、地点、涉及列车的车次、人员伤亡等情况，并立即向行车值班员报告。

②行车值班员接到站务员报告后，应立即向行车调度员、公安部门报告，通知值班站长、站长等各级领导。

③行车值班员应立即采取措施防止其他列车进入车站。

④行车值班员应立即通知机电人员启动防灾应急模式，关闭相关车站的送排风系统。

⑤值班站长应立即到达现场并在上级领导及公安人员到达之前担任现场负责人，组织指挥现场处理工作。

(7)正线车辆脱轨的应急处理。

①确定车辆脱轨后，OCC 应立即扣停开往受影响区域的列车，对已进入该区域的列车组织其退回始发车站。

②OCC 通知电力调度员做好关闭脱轨区段的牵引电流和挂接地线的准备。

③通知相关线路的车辆控制中心派出救援队起复车辆，启动轨道交通-公交接驳应急预案。

④OCC 的工作人员、司机和车站的工作人员组织乘客疏散，在确认具备停电条件后，OCC 组织停电。

⑤若列车在隧道内脱轨，则 OCC 应组织隧道送风。

⑥组织好抢修期间的客车降级运营工作(小交路运营)。

⑦设备维修调度员在接到车辆脱轨事故的明确报告后，应立即组织车辆抢险队前往事故现场，当车辆抢险队的队员接到车场控制中心的维修调度命令时，必须在 10 min 内出发前往事故现场。

⑧第一个赶往事故现场的车站工作人员自动成为列车事故现场抢险指挥负责人，负责

现场抢险工作并将所观察到的情况反馈给车场控制中心，使其能够及时获得现场情况，做出有利于抢险工作的人员和设备的安排；当车辆抢险人员赶到后，现场抢险指挥负责人向其汇报现场情况，并移交指挥权。

⑨列车起复后，必须进行以下工作：

• 确认接地线拆除和线路出清后，通知电力调度员送电，做好恢复正常运营的准备工作。

• 组织一辆列车清客或工程车前往救援，连挂脱轨列车限速运行进入就近的存车线，待运营结束后再安排事故列车回厂检修。

⑩组织备用客车上线服务。

(8)地震的应急处理。

①地震发生后，值班站长应立即向行车调度员汇报是否影响行车，是否有人员、设备、线路和车辆受损，是否需要召唤紧急服务(公安、急救、消防)。

②一旦确定发生四级以上强度的地震，值班站长必须安排车站员工进行如下工作：

• 亮起所有隧道灯。

• 检查所有系统是否运作正常，特别是供电、通信、信号及环境控制系统的运作状况。

• 在确保自身安全的前提下，巡视车站的建筑和设施，巡视出入口及站外情况，发现任何异常情况，立即通知值班站长。

③值班站长接到车站巡视结果后，立即向行车调度员、故障报警中心报告设备和结构的损毁情况。

④如果站台有列车停车，应立即按照行车调度员的指示对列车进行清客作业。

⑤停止所有作业，查看是否有工作人员或乘客受伤。若发现有任何人员受伤，则应立即展开救助工作。

⑥若发现建筑物损毁或阻塞，应立即疏散、封锁危险区域，安排人员驻守，防止他人接近。

⑦若地震强度较大，建筑物、设备设施损毁严重，则应立即执行车站紧急疏散程序。

(9)列车故障的应急处理。

①当列车出现故障时，应及时组织备用车上线运行。

②若故障车在车站内，则应在清客后再与救援列车连挂；若故障车在区间内，则与救援列车连挂后运行到前方车站再清客。救援按行车组织规则执行。

③当列车发生故障时，行车调度员应视情况及时扣停后续第二列或第三列列车在就近设有辅助线的车站内，并做好小交路运营的准备。

④当列车发生故障时，运营应遵循有限度列车服务的原则，列车的运行间隔由行车调度员组织调整。当中间站折返至上行线或下行线时，若采用站前折返，则需在折返站的前一站清客，若采用站后折返，则需在折返站清客。行车调度员必须按要求及时通知本线和另一线车站相关的运营信息。必要时，另一线路的行车调度员应采取有效措施配合、协助故障线路的行车调度员进行救援。

⑤当故障明确且可以进行准确判断时，行车调度员应严格遵循行车组织方案；若各项前

提条件不满足或故障不明显、判断偏误，则应采取机动灵活的措施进行行车组织。

⑥列车救援时，按规定速度推进运行。

⑦列车在区间出现故障，若无人引导，原则上不要求司机到后端驾驶室尝试动车，达到时限后立即请求救援。

5.6.3 城市轨道交通系统危险源的辨识与控制

1.城市轨道交通系统危险源的辨识

危险源是指一个系统中具有潜在能量和物质释放的危险，可造成人员伤害、财产损失或环境破坏，在一定的触发因素作用下可转化为事故的部位、区域、场所、空间、岗位、设备及其位置。它的实质是具有潜在危险的源点或部位，是爆发事故的源头，是能量、危险物质集中的核心，是能量穿出来或爆发的地方。

危险源存在于确定的系统中，不同的系统范围中危险源的区域不同。

(1)危险源的种类。危险源主要分为以下几类：

①物理性危险源。物理性危险源包括设备、设施缺陷，防护缺陷，电危害，噪声危害，震动危害，电磁辐射，运动物危害，明火，能造成灼伤的高温物质，能造成冻伤的低温物质，粉尘与气溶胶，作业环境不良，信号缺陷，标志缺陷及其他物理性危险源。

②化学性危险源。化学性危险源包括易燃易爆物质、自然性物质、有毒物质、腐蚀性物质及其他化学性危险源。

③生物性危险源。生物性危险源包括致病微生物、传染媒介物、致害动物及其他生物危险源。

④心理或生理性危险源。心理或生理性危险源包括负荷超限、健康状况异常、从事禁忌作业、心理异常、辨识功能缺陷及其他心理、生理性危险源。

⑤行为性危险源。行为性危险源包括指挥错误、操作失误、监护失误、其他错误及其他行为性危险源。

⑥除了上述以外的其他危险源。

(2)危险源的辨识方法。危险源的辨识方法有很多，基本方法有询问交谈、现场观察、查阅有关记录、获取外部信息、工作任务分析、参照安全检查表、危险与可操作性研究、事件树分析、故障树分析等。

①询问交谈。企业中从事某项工作具有经验的人往往能指出其工作中的危害。从其所指出的危害中，可初步分析出工作中所存在的一、二类危险源。

②现场观察。对工作环境进行现场观察，可发现存在的危险源。进行现场观察的人员要求具有安全技术知识和掌握职业健康安全法规、标准。

③查阅有关记录。查阅有关事故、职业病的记录，可从中发现存在的危险源。

④获取外部信息。从类似的企业、有关文献资料、专家等方面获取有关危险源信息，加以分析研究，可辨识出本企业存在的危险源。

⑤工作任务分析。通过分析生产过程中每个成员的工作任务所涉及的危害，可识别出有关的危险源。

⑥参照安全检查表。运用已编制好的安全检查表对生产设备及过程进行系统的安全检查,可辨识出存在的危险源。

⑦危险与可操作性研究。危险与可操作性研究是一种对工艺过程中的危险源实行严格审查和控制的技术。它通过指导语句和标准格式寻找工艺偏差,以辨识系统中存在的危险源,并确定控制危险源风险的对策。

⑧事件树分析。事件树分析是一种从初始原因事件起,分析各环节事件"成功(正常)"或"失败(失效)"的发展变化过程,并预测各种可能结果的方法,即时序逻辑分析判断方法。应用这种方法对系统各环节事件进行分析,可辨识出系统的危险源。

⑨故障树分析。故障树分析是根据系统可能发生的或已经发生的事故结果,寻找与事故发生有关的原因、条件和规律。进行这样的过程分析,可辨识出系统中导致事故发生的有关危险源。

(3)危险源的辨识程序。

①全面和较为深入地了解辨识对象。

②找出辨识区域存在的危险物质、危险场所。

③对辨识对象的全过程进行危害因素辨识。

④根据相关标准对辨识对象是否构成重大危险源进行辨识。

⑤对辨识对象可能发生事故的危害后果进行分析。

⑥对构成重大危险源的场所进行重大危险源的参考分级,为各级安全生产监管部门的危险源分级管理提供参考依据。

⑦划分辨识单元,并对所划分的辨识单元中的细节进行详尽分析。

⑧为制定应急预案、控制和预防事故的发生、降低事故损失率提供基础依据。

(4)危险源的辨识范围。危险源的辨识范围包括城市轨道交通覆盖范围内的工作区域及其他相关范围内的生产经营活动、人员、设施等。根据城市轨道交通管理及其他活动情况,危险源的辨识范围可按以下方法划分:

①按地点划分,危险源的辨识范围可分为城市轨道交通沿线各车站、车辆段、控制中心大楼、办公楼等。

②按活动划分,危险源的辨识范围可分为常规活动、非常规活动、潜在的紧急情况。各活动所包含的主要内容如表5-1所示。

表5-1 各活动所包含的主要内容

活动类型	主要内容
常规活动	运营服务活动:依据运营时刻表组织列车运营、客运服务过程 设备设施的设计、安装、调试、验收、接管、使用过程
	公共活动:相关部门均有的活动,包括办公、电梯、叉车、消防设施、空调、空压机、抽风机使用,化学物品搬运存储、废弃,等等
	间接活动:为运营服务活动提供支持的活动,主要包括物资部门仓库管理、检验、物料采购及物料的使用管理、食堂管理等

（续表）

活动类型	主要内容
非常规活动	设备设施维护保养、消防及行车疏散演习、因公外出、合同方在总部的活动（如工程施工、维修、清洁等）
潜在的紧急情况	行车、火灾、爆炸、化学物品泄漏、中毒、台风、雷击、碰撞等事故事件（潜在的紧急情况的危险辨识需考虑紧急情况发生时和发生后进行抢险救援过程中存在的危险）

（5）危险源的事故类型。在进行危险源识别前必须把危险源的事故类型确定下来，防止危险源识别不清晰、不全面，通过借鉴《企业职工伤亡事故分类》（GB 6441—1986）及分析城市轨道交通运营过程中可能产生的行车事故（事件）、列车延误及财产损失等事故类别，确定的危险源的事故类型如表 5-2 所示。

表 5-2　危险源的事故类型

类型编号	事故类型名称	备　注	类型编号	事故类型名称	备　注
1	物体打击	伤害事故	13	中毒和窒息	伤害事故
2	车辆伤害（指马路伤害）		14	其他伤害	
3	机械伤害		15	噪声聋	职业病
4	起重伤害		16	尘肺	
5	触电		17	视力受损	
6	淹溺		18	其他职业病	
7	灼烫		19	健康受损	健康危害
8	火灾		20	财产损失（2 000 元及以上）	无伤害事件/事故
9	高处坠落		21	列车延误	无伤害的列车延误事件
10	坍塌		22	行车事件/事故	含人员伤亡的行车事故/事件
11	容器爆炸		23	可能引发行车事件/事故的设备缺陷事件和行为事件	引发行车事件/事故的危险源
12	其他爆炸		24	其他事故/事件	无伤害事故/事件

表 5-2 中，“可能引发行车事件/事故的设备缺陷事件和行为事件”与“行车事件/事故”是从属关系，即“可能引发行车事件/事故的设备缺陷事件和行为事件”事故类型的风险属于“行车事件/事故”事故类型的风险的危险源。对涉及这种从属关系的事故类型，可把运营过

程中可能发生的重要风险所涉及的危险源划归到相关部门进行控制。

(6)危险源的辨识对象。在各部门列出辨识范围内的活动或流程所涉及的所有方面后，应选用合适的设备分析法、工艺流程分析法或其他划分方法，根据事故类型划分危害事件，并根据下面的过程划分危险源的辨识对象：

①对车辆设备大修的活动，可按照其工艺流程分析法划分辨识对象。

②对设备维护及保养的活动，可采用设备分析法并结合活动实施过程划分危险源辨识对象。

③使用设备时可根据具体操作过程划分危险源的辨识对象。

④根据采购、存放、检测设备的过程划分危险源的辨识对象。

⑤根据行车组织、客运组织过程划分危险源的辨识对象。

针对每个危险源辨识对象，参考表5-2，辨识可能存在的事故/事件，并登记。

2. 城市轨道交通系统危险源的控制

(1)风险评价。对已识别出的危险源，通常采用风险评价的方法进行分类评价。风险评价的方法一般有以下几种：

①专家讨论与比较。专家讨论与比较是指由专业人员对危险源的控制水平进行判断、分析和确定，一般需要考虑专业性和倾向性。

②权重与打分法(作业条件危险性评价法)。权重与打分法(作业条件危险性评价法)是指选择几个评价因子，通过公式计算得分。

③民意测验法。民意测验法是指对广泛调查表的结果进行统计分析。

④是非判断法。是非判断法是指给出明确的标准，直接判断。

⑤事故树或事件树分析法。

(2)风险等级。根据风险评价的结果，可将风险分为5级，即第1级(极其危险)、第2级(高度危险)、第3级(中度危险)、第4级(一般危险)和第5级(可容忍危险)。

(3)风险控制措施。

①对第1级和第2级的风险，应制定职业健康安全目标和职业健康安全管理方案。

②对第3级风险，视情况制定职业健康安全目标和职业健康安全管理方案。

③对第1、第2、第3、第4级的风险，要制定运行控制程序，按程序进行管理。

④对第5级的风险可维持现有的风险控制措施。

⑤其他认为需要控制的风险应根据实际情况的需要制定管理方案。

⑥对于潜在的紧急风险情况，应制定应急准备和响应控制程序，按程序进行管理。

5.7 城市轨道交通试运营前的安全评价规范

在城市轨道交通试运行后至试运营前的阶段，应检查城市轨道交通工程的安全设施、设备、装置与主体工程同时设计、同时施工、同时投入生产和使用的情况，安全生产管理措施到位情况，安全生产规章制度健全情况，按运行图试运行情况，防灾系统安全性能热烟测试情况，事故应急体系建立情况，城市轨道交通工程建设满足安全生产法律、标准、行政规章、规范要求的符合性情况，从整体上评价城市轨道交通工程的安全条件，做出是否满足试运营安全条件评价结论的活动。只有通过试运营前的安全评价审查的城市轨道交通工程才可投入试运营。

5.7.1　城市轨道交通试运营前的安全评价程序

城市轨道交通试运营前的安全评价程序如图 5-3 所示。

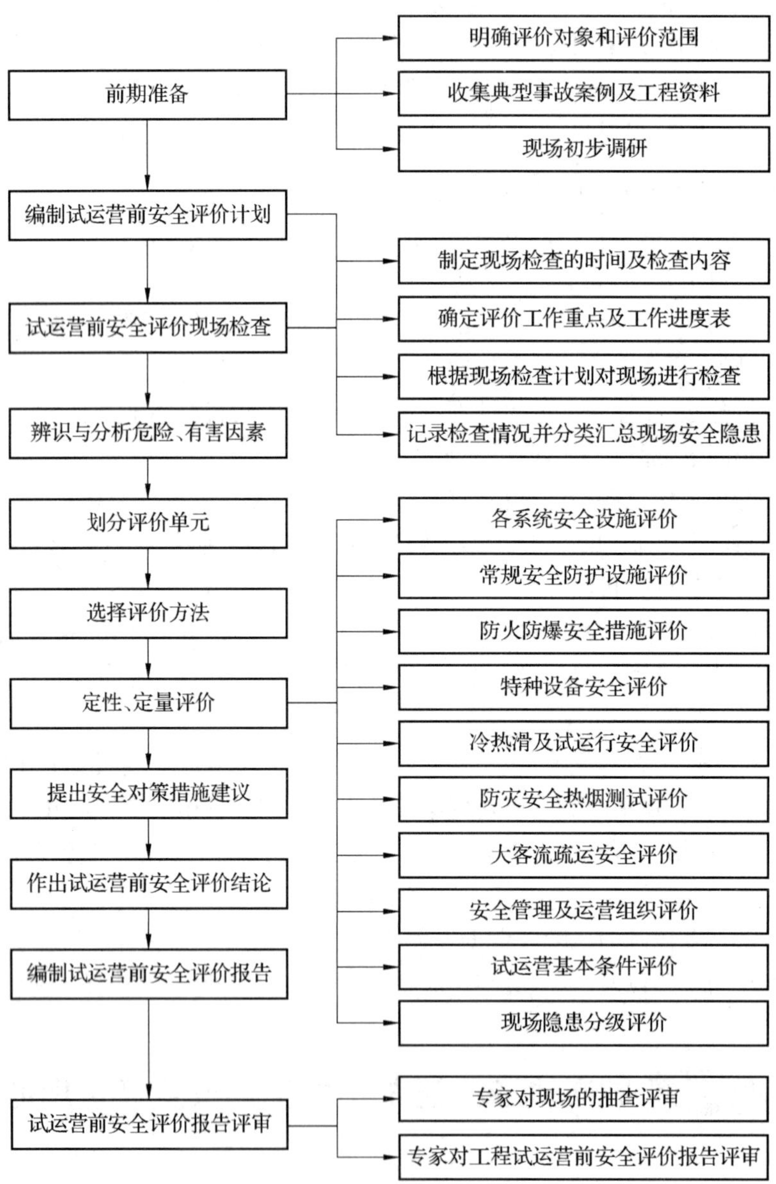

图 5-3　城市轨道交通试运营前的安全评价程序

城市轨道交通试运营前的安全评价所需资料应按表 5-3 收集。

表 5-3 城市轨道交通试运营前的安全评价所需资料

资料选项	具体清单
相关批复资料	城市轨道交通工程批复批准文件
	城市轨道交通工程设计审查文件
	城市轨道交通安全评价报告结论及相关备案文件
	城市轨道交通验收文件(包括土建工程及各系统)
	施工单位、监理单位的资质文件
	城市轨道交通信号系统第三方认证文件及试运营授权书
	城市轨道交通特种设备检验检测合格证
设计文件	设计文件
	设计变更情况说明
安全管理资料	设置的安全生产管理机构相关文件
	试运营组织机构及人员编制
	试运营行车组织及客运组织
	试运营规章制度
	安全生产责任制责任档案
	试运营安全管理目标文件
	突发事件应急救援预案、应急队伍及应急设备设施清单
	全教育培训计划及相关记录(包括特种作业人员、安全管理人员、列车司机、调度人员、客运服务人员、应急救援人员及新员工等)
	各岗位的安全操作规程

5.7.2 城市轨道交通试运营前的现场检查

城市轨道交通试运营前的现场检查包括下列内容:

(1)对车站的现场检查应涵盖车站控制室、信号机房、通信机房、灭火剂钢瓶室、高低压开关柜室、高压控制室、照明配电室、强电电缆井、弱电电缆井、消防泵房、UPS 电源室、紧急电力供给(emergency power supply ,EPS)电源室、环控电控室、主废水泵房、站台层、站厅层、风亭、出入口、疏散通道等处的安全设备设施情况及车站安全生产管理规章制度与台账等的内容。

(2)对车辆段/停车场的现场检查应涵盖停车库、维修库、易燃品库、备品备件库、空压机房、变电室、出入洞口、平交道路、蓄电池间、洗车间、试车线、车辆段消防通道、防排洪设施、车场高压送停电设施及防护设施等处的安全设备设施情况。

(3)对主变电站的现场检查应涵盖控制室、变压器、集油池、电缆井、高压室、蓄电池间等处的安全设备设施情况。

(4)对OCC的现场检查应涵盖人员资质、演练记录及现场的防火设施等情况。

(5)对区间的现场检查应涵盖高架桥墩防撞、高架区间防雷、护轮轨、照明设施、疏散通道、联络通道、排水泵、接触网(接触轨)、杂散电流监控系统设施等。

(6)城市轨道交通试运营前的现场检查要点如表5-4所示。

表5-4 城市轨道交通试运营前的现场检查要点

检查地点		检查要点
车站	车控室	安全标志、消防设备设施、安全管理制度及操作规程等
	信号设备房、专用通信设备房	安全标志、气灭设施、烟感、应急灯、封堵、结构渗水、空调冷凝水等
	牵引变电所、35 kV开关柜室、400 V开关柜室、高压控制室、蓄电池间	安全标志、消防设施、烟感、应急灯、封堵、接地、结构渗水、监控设施、安全管理制度及操作规程等
	强电电缆井、弱电电缆井	安全标志、照明、封堵、结构渗水等
	气瓶间	安全标志、烟感、应急灯、压力表、结构渗水等
	站厅、站台、风亭、出入口	安全标志、消防设备设施、盲道、电梯、电扶梯、风亭的位置及周边情况等
主变电站	控制室、高压室、变压器室	安全标志、接地保护、消防设施、避雷设施、应急照明设施、监控设施、安全管理制度及操作规程、空调冷凝水等
	电缆井	安全标志、消防设施、接地系统、应急照明设施等
	集油池	安全标志、消防设施等
区间	线路周边	新建扩建工程、危险化学品企业等
	区间	桥墩防撞设施(高架区间)、防雷设施(高架区间)、护轮轨、照明设施、疏散通道、联络通道、排水设施、疏散指示灯等
	接触网/接触轨	防护设施、防雷设施等
车辆段及停车场	特种设备及列车	特种设备现场使用情况、安全标志、消防设施等;紧急疏散门、乘客紧急按钮、紧急对讲装置、应急灯、消防器材等
	出入洞口、平交道路	安全标志、水泵、安全防护装置、隔离设施等
	空压机房、锅炉房	安全标志、特种设备检测合格证、特种作业人员上岗证、可燃气体探测仪、防雷设施等

（续表）

检查地点		检查要点
	变电室	安全标志、烟感、应急灯、封堵、接地、结构渗水、监控设施、安全管理制度及操作规程等
	车辆段内易燃品库	安全标志、防爆灯具、可燃气体探测仪、防雷设施、安全管理制度及操作规程等
	停车库、维修库、备品备件库等	安全标志、防护栏杆、机械伤害防护设施、高处坠落防护设施、安全管理制度及操作规程、高平台设施等
控制中心		人员资质、演练记录、现场的防火设施、安全管理制度及操作规程等

5.7.3 城市轨道交通试运营前的安全评价报告

1. 城市轨道交通试运营前的安全评价报告的内容

城市轨道交通试运营前的安全评价报告应包括评价依据、被评价企业的基本情况、项目概况、危险有害因素分析、评价单元及评价方法、安全预评价对策措施落实情况评价、各系统安全设备设施安全检查评价、常规安全防护设施评价、防火防爆安全措施评价、特种设备安全检查评价、冷热滑及空载试运行安全评价、防灾系统安全性能热烟测试评价、车站大客流疏运安全评价、安全管理及运营组织评价、试运营基本条件评价、现场隐患分级评价、安全对策措施及评价结论。

2. 城市轨道交通试运营前的安全评价报告的要求

(1)城市轨道交通试运营前的安全评价报告应内容全面、条理清楚、数据完整，查出的问题应准确，提出的对策措施要具体可行，评价结论必须客观公正。

(2)城市轨道交通试运营前的安全评价报告的编制格式应符合《安全评价通则》(AQ 8001—2007)的相关规定。城市轨道交通试运营前的安全评价报告包括主报告和附件，附件为主报告的技术支撑性文件，附件中须包括工程批复文件、试运营前的安全评价报告中使用的软件及测试工具的知识产权证明文件等相关内容。

5.7.4 城市轨道交通试运营前的危险、有害因素辨识

安全评价机构应按照各系统对城市轨道交通进行危险、有害因素的辨识分析。城市轨道交通试运营前应对以下系统中可能存在的危险、有害因素进行辨识：供电系统、车辆系统、线路及轨道、通风/排烟系统、给排水及消防系统、信号系统、自动电梯/扶梯、通信系统、FAS、车辆段/停车场、屏蔽门/安全门系统、防灾报警系统、公用工程及辅助设施、行车组织、自然灾害、社会环境及作业环境。由于不同的城市轨道交通工程有各自的特点，安全评价机

构应根据实际情况，针对特定的城市轨道交通工程对危险、有害因素辨识的内容进行补充完善。

(1)供电系统危险、有害因素辨识应涵盖主变电所、牵引变电所、接触网(接触轨)、动力照明、电力监控系统、接地防护系统及杂散电流防护系统。

(2)车辆系统危险、有害因素辨识应涵盖车体、车辆走行部、牵引装置、车辆制动单元、车钩缓冲装置及其他辅助设备。

(3)线路及轨道危险、有害因素辨识应涵盖线路结构、轨道设施、侵限、第三方新建扩建工程等。

(4)通风/排烟系统危险、有害因素辨识应涵盖排烟模式、设备设施等。

(5)给排水及消防系统危险、有害因素辨识应涵盖设备设施、防腐、绝缘、漏水渗水、消防介质(水、气源)保障等。

(6)通信/信号系统危险、有害因素辨识应涵盖通信电源、电线电缆、信号机、道岔转辙机等。

(7)FAS危险、有害因素辨识应涵盖设备设施、设备联调联动等。

(8)车辆段/停车场危险、有害因素辨识应涵盖停车库、检修库、易燃品库、试车线、空压机房、特种设备等。

(9)公用工程及辅助设施危险、有害因素辨识应涵盖站台/站厅设施、屏蔽门/安全门、电扶梯/电梯、AFC系统等。

(10)行车组织危险、有害因素辨识应涵盖客运系统，调度系统，列车冲突、脱轨、分离、追尾、冒进信号、挤岔等。

(11)自然灾害危险、有害因素辨识应根据工程所在地区的自然条件进行有针对性的分析辨识，一般包括特殊地质条件、台风、暴雨、雷电、大雾、冰雪、地震等。

(12)社会环境危险、有害因素辨识应涵盖列车脱轨、毒气袭击、人为爆炸、人为纵火、劫持人质、聚众闹事等。

(13)作业环境危险、有害因素辨识应涵盖噪声、振动、电磁辐射、粉尘、高温高湿等。

5.7.5 城市轨道交通试运营前的安全设备设施评价

各系统安全设备设施评价应在现场检查的基础上，结合设计资料，采用安全检查表的形式对安全设备设施的符合性及有效性进行评价，进而评价设备设施的本质安全性。系统安全设备设施评价应包括车辆系统、供电系统、消防系统、线路及轨道系统、机电设备系统、通信系统、信号系统、BAS、AFC系统、土建工程等。

(1)车辆系统安全设备设施评价应涵盖车辆安全性能与安全防护设施、车辆防火性能等，如表5-5所示。

表 5-5 车辆系统安全检查表

分 项	子项序号	检查内容	检查结果		检查记录
			是	否	
车辆安全性能与安全防护设施	1	列车两端的车辆可设置防意外冲撞的撞击能量吸收区			
	2	动车转向架构架电机吊座与齿轮箱吊座在寿命期内不发生疲劳裂纹			
	3	客室车门应具有非零速自动关门的电气联锁及车门闭锁装置,行驶中确保门锁闭无误			
	4	客室车门处应设置紧急解锁开关			
	5	司机台应设置紧急停车操纵装置和警惕按钮			
	6	列车制动系统应符合《地铁车辆通用技术条件》(GB/T 7928—2003)的有关规定			
	7	前照灯在车辆前端紧急制停距离处照度应符合《地铁车辆通用技术条件》(GB/T 7928—2003)的有关规定			
	8	在未设安全通道的线路上运行的列车两端应设紧急疏散门,疏散门应能灵活打开和关闭			
	9	列车各车辆之间应设贯通道。列车应设置逃生门等逃生装置			
	10	车门、车窗玻璃应采用破碎时碎片不会对人造成严重伤害的安全玻璃			
	11	蓄电池应能够满足车辆在故障情况下的应急照明设备、外部照明设备、车载安全设备、广播、通信、应急通风等系统的运行,其工作时间应符合《地铁车辆通用技术条件》(GB/T 7928—2003)的有关规定			
	12	车辆应有 ATS 系统、ATP 系统与 ATO 系统,以及可保证行车安全的通信联络装置			
	13	电气设备过电压、过电流、过热保护功能应齐全			
	14	采用受电弓受电的列车应设避雷装置			
	15	车厢内应设置乘客紧急按钮或司机紧急对讲装置、应急照明灯、应急装备、消防器材			
	16	车辆应有各种警告标志,包括司机室内的紧急制动装置标志、带电高压设备标志、电器箱内的操作警示标志、消防器材标志、紧急按钮标志或与司机紧急对讲装置的位置和使用方法标志			

（续表）

分　项	子项序号	检查内容	检查结果		检查记录
			是	否	
车辆防火性能	17	车辆的车顶、侧板、内衬、天花板、地板应使用不燃或阻燃材料			
	18	车厢地板上铺物、座椅、扶手、隔热隔声材料、装饰及广告材料等应使用不燃或阻燃材料			
	19	车厢内非金属材料应具有耐熔化滴落性能			
	20	各电路的电气设备联结导线和电缆应采用阻燃材料，所用材料在燃烧和热分解时不应产生有害和危险的烟气			

（2）供电系统安全设备设施评价应涵盖牵引变电站设备、牵引变电站安全防护设施、降压变电站设备、降压变电站安全防护设施、电力电缆等，如表 5-6 所示。

表 5-6　供电系统安全检查表

分　项	子项序号	检查内容	检查结果		检查记录
			是	否	
牵引变电站设备	1	牵引变电站应有两路独立的电源供电，两路电源引自同一主变电站的不同母线段或不同主变电站母线段			
	2	牵引变电站应设置两台牵引整流机组，两台整流机组并列运行			
	3	牵引变电站中一台牵引整流机组退出运行时，另一台牵引整流机组在允许负荷的情况下继续供电			
	4	在其中一座牵引变电站退出运行时，相邻的两座牵引变电站应能分担其供电分区的牵引负荷			
	5	牵引变电站直流设备外壳应对地绝缘安装			
	6	接地电阻应符合要求			
牵引变电站安全防护设施	7	应设置接地保护装置			
	8	应设置完善的短路和过负荷继电保护装置			
	9	应设置防止大气过电压及操作过电压的保护装置			
	10	设置防灾报警设施，配置必要的消防设施、器材和应急装备			
	11	设置应急照明			
	12	无人值班的牵引变电站应设置监控系统			
	13	无人值班的牵引变电站所有设备故障信息和操作信息应能与调度中心联网			
	14	设置安全操作警示标志和安全疏散指示标志			

（续表）

分　项	子项序号	检查内容	检查结果		检查记录
			是	否	
降压变电站设备	15	降压变电站应有两路独立的电源供电			
	16	降压变电站应设置两台配电变压器，一台配电变压器退出运行时，另一台配电变压器承担变电站的全部一、二级负荷			
降压变电站安全防护设施	17	应设置接地保护装置			
	18	应设置完善的短路和过负荷继电保护装置			
	19	应设置防止大气过电压及操作过电压的保护设施			
	20	应设置防灾报警装置，配置必要的消防设施、器材和应急装备			
	21	应设置应急照明			
	22	无人值班的降压变电站应设置监控系统			
	23	无人值班的降压变电站所有设备故障信息和操作信息应能与调度中心联网			
	24	应设置安全操作警示标志和安全疏散指示标志			
电力电缆	25	电缆在地下敷设时应采用低烟无卤阻燃电缆，在地上敷设时应采用低烟阻燃电缆。为应急照明、消防设施供电的电缆，明敷时应采用低烟无卤耐火铜芯电缆或矿物绝缘耐火电缆			
	26	电缆贯穿隔墙、楼板的孔洞处，应实施阻燃封堵			

（3）消防系统安全设备设施评价应涵盖 FAS 及联动控制、气体灭火系统、消防水系统、应急照明及疏散指示、灭火器、建筑与附属设施防火等，如表 5-7 所示。

表 5-7　消防系统安全检查表

分　项	子项序号	检查内容	检查结果		检查记录
			是	否	
FAS 及联动控制	1	在车站控制室，FAS 应能按照预定模式启、停，应能显示运行状态，消防联动盘运行情况应正常			
	2	车站 FAS 必须显示气体自动灭火系统保护区的报警、放气、风机、风阀状态和手动/自动放气开关所处位置；FAS 主、备电及其相互切换功能应正常，并应显示主、备电状态			

（续表）

分　项	子项序号	检查内容	检查结果		检查记录
			是	否	
	3	站厅、站台、各种设备机房、库房、值班室、办公室、走廊、配电室、电缆隧道或夹层等处应设火灾探测器；设置火灾探测器的场所应设置手动报警按钮；车站相应场所应设有消防对讲电话			
气体灭火系统	4	地下车站通信设备房、信号设备房、变电站、电控室等重要设备房应设置气体自动灭火装置			
	5	设置气体灭火的房间应设置机械通风系统，所排除的气体必须直接排出地面			
消防水系统	6	消火栓的设置应符合《地铁设计规范》(GB 50157—2013)、《建筑设计防火规范》(GB 50016—2014)的要求			
	7	消火栓用水量应符合《地铁设计规范》(GB 50157—2013)、《建筑设计防火规范》(GB 50016—2014)的要求			
	8	水泵接合器和室外消火栓应设有明显的标志且方便操作			
	9	消防主、备泵均应工作正常，出水压力符合要求，应确保消防水源的供应			
应急照明及疏散指示	10	站厅、站台、自动扶梯、自动人行道、楼梯口、疏散通道、安全出口、区间隧道、车站控制室、值班室、变电站、配电室、信号机械室、消防泵房、公安用房等处应设置应急照明；应急照明的照度应不小于正常照明照度的10%			
	11	应急照明的连续供电时间应不小于1 h			
	12	站厅、站台、自动扶梯、自动人行道、楼梯口、人行疏散通道拐弯处、安全出口和交叉口等处沿通道长向每隔不大于20 m应设置醒目的疏散指示标志；疏散指示标志距地面应小于1 m			
	13	区间隧道内应设置集中控制型疏散指示标志			
灭火器	14	城市轨道交通各相关场所选择、配置和设置的灭火器应符合《建筑灭火器配置设计规范》(GB 50140—2005)的有关规定，且灭火器应在使用期限内			
	15	制定灭火器定期检测制度并切实落实			

（续表）

分　项	子项序号	检查内容	检查结果		检查记录
			是	否	
建筑与附属设施防火	16	城市轨道交通与地下及地上商场等地下建筑物相连接处应采取防火分隔措施			
	17	车站内的墙、地、顶面、装饰材料及座椅、服务标志牌、广告牌和设备设施所用材料应符合《地铁设计规范》(GB 50157—2013)的有关规定			
	18	车站站厅乘客疏散区、站台及疏散通道内不应设置商业场所			
	19	地下车站防火分区安全出口的设置应符合《地铁设计规范》(GB 50157—2013)的有关规定			
	20	城市轨道交通车站设备、管理用房区的安全出口、楼梯、疏散通道的最小净宽应符合《地铁设计规范》(GB 50157—2013)的有关规定			

(4)线路及轨道系统安全设备设施评价如表5-8所示。

表5-8　线路及轨道系统安全检查表

分　项	子项序号	检查内容	检查结果		检查记录
			是	否	
线路及轨道系统安全设备	1	正线接轨应选择在车站内，并采取同向相接，避免车辆异向运行			
	2	辅助线与正线接轨，宜在列车进入正线之前设置隔开设备			
	3	任何情况下，线路平面、纵断面的变动不得影响限界			
	4	位于正线上圆曲线及曲线间夹直线的最小长度应不小于一辆车的长度，困难情况下不应小于车辆全轴距，夹直线长度还应满足超高顺坡和轨距加宽的要求			
	5	曲线地段严禁设置反超高			
	6	道岔应铺设在直线上，并应避免设在竖曲线上			
	7	轨道结构应坚固、耐久、稳定，应具有适当的弹性，保证列车运行平稳安全			
	8	正线及辅助线钢轨接头应符合有关规定			
	9	无缝线路联合接头距桥台边墙不应小于2 m，铝热焊缝距枕轨边不得小于40 mm			

（续表）

分　项	子项序号	检查内容	检查结果		检查记录
			是	否	
	10	车挡应能承受 15 km/h 速度(含)以内的列车水平冲击荷载			
	11	在小半径曲线地段,缓和曲线与竖曲线重叠地段,跨越河流、城市主要道路、铁路干线或重要建筑物地段应设置防脱护轨装置			
	12	城市轨道交通线路应布设线路与信号标志,无缝线路地段应布设钢轨位移观测标志			
	13	轨道的路基应坚固、稳定,并满足防洪、排水要求			

(5)机电设备系统安全设备设施评价应涵盖自动扶梯、电梯设施设备,自动扶梯、电梯安全防护标志,屏蔽门系统设备,屏蔽门安全标志,给水系统,排水系统,通风和空调设备,风亭等,如表 5-9 所示。

表 5-9　机电设备系统安全设备设施检查表

分　项	子项序号	检查内容	检查结果		检查记录
			是	否	
自动扶梯、电梯设施设备	1	设备必须由法定质量技术监督部门出具设备使用证			
	2	在用设备必须由上级特种设备监察检验部门检验合格并出具有效期内电梯验收检验报告和安全检验合格标志			
	3	城市轨道交通车站自动扶梯宜采用公共交通型重载扶梯,其传输设备及部件应采用不燃或难燃材料			
	4	设备的各项安全保护装置设置齐全,动作灵敏、可靠。电梯与楼层间隔离防护措施安全有效			
自动扶梯、电梯安全防护标志	5	所有自动扶梯和自动人行道出入口处应贴图示、警示标志,所有电梯内应贴电梯使用安全守则			
	6	对于穿越楼层的自动扶梯,其扶手带中心至开孔边缘的净距应符合《地铁设计规范》(GB 50157—2013)的有关规定			

（续表）

分　项	子项序号	检查内容	检查结果		检查记录
			是	否	
屏蔽门系统设备	7	屏蔽门100万次寿命测试结果应满足无故障使用次数不小于100万次的要求			
	8	屏蔽门应与大地绝缘，绝缘电阻在允许值内，屏蔽门应与轨道钢轨等电位连接			
	9	屏蔽门应能与信号系统联动，实现屏蔽门的正常开/关功能			
	10	屏蔽门应急手动开门功能和站台级开/关门功能正常			
	11	ATP系统应为列车车门、屏蔽门等开闭提供安全监控信息			
	12	可设有应急门，应急门的位置应保证当列车与屏蔽门不能对齐时疏散乘客			
屏蔽门安全标志	13	屏蔽门应设有明显的安全标志、使用标志和应急情况操作指示			
	14	对屏蔽门故障信息应有记录、分析、纠正和预防措施			
给水系统	15	生活用水设备和卫生器具的水压应符合《建筑给水排水设计规范(2009年版)》(GB 50015—2003)的规定			
	16	给水管不应穿过变电站、通信信号机房、控制室、配电室等房间			
排水系统	17	地铁车站及沿线的各排水泵站、排雨泵站、排污水泵站应设有危险水位报警装置			
	18	各水位报警装置应运行正常			
通风和空调设备	19	空调系统设置的压力容器必须由国家认可资质的质量技术监督部门出具压力容器使用证，必须由国家认可资质的特种设备监察检验部门检验合格并出具有效期内压力容器检验报告和安全检验合格标志			
	20	防烟、排烟与事故通风应符合《地铁设计规范》(GB 50157—2013)的有关规定			
风亭	21	进、排风亭口距其他任何建筑物的距离应符合《地铁设计规范》(GB 50157—2013)的有关规定			
	22	进风风亭应设在空气洁净的地方			
	23	风亭出口处连接道口的3.5 m宽的通道上禁止堆放物品			

(6)通信系统安全设备设施评价应涵盖通信系统、传输系统、公务电话系统、专用电话系统、无线通信系统、图像信息系统、广播系统、通信电源、通信系统接地、时钟系统和乘客信息系统等,如表5-10所示。

表5-10　通信系统安全设备设施检查表

分　项	子项序号	检查内容	检查结果		检查记录
			是	否	
通信系统	1	通信系统应能安全、可靠地传递语音、数据、图像、文字等信息,并应具有网络监控、管理能力			
	2	各轨道交通线路的通信系统(如网管资源的数据库共享、实时信息总监控等)应能互联互通,实现信息资源共享			
	3	当出现紧急情况时,通信系统应能迅速及时地为防灾救援和事故处理的指挥提供通信联络			
	4	通信系统各子系统应具有故障时降级使用功能,主要部件应具有冗余保护功能			
	5	通信系统应具有防止电机牵引所产生的谐波电流、外界电磁波、静电等对通信系统的干扰功能,并采取必要的防护措施			
传输系统	6	传输系统应是独立专用传输网络			
	7	传输系统必须有自保护功能			
公务电话系统	8	对特种业务呼叫应能自动转接到市话网的119、110、120,并可进行电话追踪			
	9	公务电话系统应具有在线维护管理、安全保护措施、故障诊断和定位功能			
专用电话系统	10	专用电话系统宜由调度电话、区间电话、站间电话、站内集中电话、紧急电话等组成			
	11	调度电话应具有优先级,并具有录音功能			
	12	专用电话系统应具有在线维护管理、安全保护措施、故障诊断和定位功能			
无线通信系统	13	无线通信系统应设置列车调度、事故及防灾、车辆综合基地管理及设备维护4个子系统,其容量和覆盖范围应满足城市轨道交通运营的要求。在地下车站及区间设置公安、消防无线通信系统			
	14	无线通信系统设备应具有选呼、组呼、全呼、紧急呼叫、呼叫优先级权限等功能,并具有存储、监测功能			

（续表）

分　项	子项序号	检查内容	检查结果		检查记录
			是	否	
图像信息系统	15	图像信息系统应满足各级控制中心调度员、车站值班员、列车司机对车站图像监视的功能要求。摄像机安装部位应满足运营监视和公安监视要求，并确保事故状态下摄像			
	16	车站图像信息系统设备应能对运营监视的图像进行录像，控制中心图像信息系统设备应能对各车站传来的图像进行录像			
广播系统	17	控制中心和车站均应设置行车和防灾广播控制台。控制中心广播控制台可以对全线选站、选路广播；车站广播控制台可对本站管区内选路广播			
	18	行车和防灾广播的区域应统一设置，防灾广播应优先于行车广播			
	19	列车上应设置广播设备，并可以接收控制中心调度指挥员通过无线通信系统对运行列车中乘客进行语音广播			
	20	防灾广播可根据应急事件事先录制或制定广播内容，宜采用多语言			
通信电源	21	通信电源系统必须是独立的供电设备，并具有集中监控管理功能			
	22	通信电源系统应保证对通信设备不间断、无瞬变地供电			
	23	城市轨道交通通信设备按一级负荷供电，由变电站接双电源双回路的交流电源至通信机房交流配电屏，当使用中的一路出现故障时，应能自动切换至另一路			
	24	控制中心、各车站及车辆段（停车场）的通信设备应按一级负荷供电，各通信机房应设置电源自动切换设备			
通信系统接地	25	接地电阻值应符合《地铁设计规范》（GB 50157—2013）的有关规定			
时钟系统和乘客信息系统	26	时钟系统应能显示列车到站时间，并与实际相匹配			
	27	乘客信息系统应能在突发事件下及时向乘客报警，并提供安全疏散信息			

(7)信号系统安全设备设施评价如表 5-11 所示。

表 5-11　信号系统安全设备设施检查表

分　项	子项序号	检查内容	检查结果		检查记录
			是	否	
信号系统	1	各车站及车辆段、停车场与正线衔接的出入段线范围的信号设备及列车运行状态应纳入 ATS 系统监控范围，车站可以直接办理涉及行车安全的行车命令			
	2	司机以限制速度模式或非限制模式人工驾驶列车在 ATC 控制区域内运行时，应有破铅封等记录或特殊控制指令授权等措施			
	3	在 ATC 控制区域内使用列车驾驶限制模式或非限制模式时，应有破铅封记录或特殊控制指令授权等技术措施			
	4	ATP 系统应对列车折返作业进行安全防护			
	5	与列车运营安全有关的信号设备均应具备故障导向安全的措施：应具有自检及故障报警功能，应具有冗余技术			
	6	两端司机室车载信号设备应提供列车实际运行速度、列车运行前方的目标速度显示及报警装置			
	7	ATP 执行强迫停车控制时，应切断列车牵引，列车停车过程不得中途缓解。如需缓解，司机可在列车停车后履行一定的操作手续，列车方能缓解			
	8	为确保行车安全，在各线车站站台及车站控制室应设站台紧急关闭按钮，站台紧急关闭按钮电路应符合故障-安全原则			
	9	装有引导信号的信号机因故不能正常开放时，应通过引导信息实现列车的引导作业			
	10	各线的 ATC 系统控制区域与非 ATC 系统控制区域的分界处应设驾驶模式转换区，转换区的信号设备应与正线信号设备一致			
	11	信号系统供电负荷等级应为一级，设两路独立电源			
	12	信号系统电缆宜采用阻燃、低毒、防腐蚀护套电缆			
	13	信号设备应设置接地保护			
	14	转辙机及线路轨旁设备应有防进水设施			

(8)BAS 安全设备设施评价如表 5-12 所示。

表 5-12 BAS 安全设备设施检查表

分项	子项序号	检查内容	检查结果		检查记录
			是	否	
BAS	1	BAS 应具备机电设备监控、执行阻塞模式、环境监控与节能运行管理、环境和设备的管理功能			
	2	BAS 应能接收 FAS 车站火灾信息，执行车站防烟、排烟模式，执行隧道防排烟模式，执行阻塞通风模式，能监控车站逃生指示系统和应急照明系统，能监视各排水泵房危险水位			
	3	IBP 盘作为 BAS 火灾工况自动控制的后备措施，其操作权高于车站和中央工作站，盘面应以火灾工况操作为主，操作程序应简便、直接			
	4	环境与设备监控设备应设有明显的安全警示标志、使用标志和应急情况操作指示			
	5	车站、主变电站、冷站、冷却水塔和风亭等场所应设有减少和避免事故发生的安全警示标志			

(9)AFC 系统安全设备设施评价应按表 5-13 的内容进行。

表 5-13 AFC 系统安全检查表

分项	子项序号	检查内容	检查结果		检查记录
			是	否	
AFC 系统	1	车站售检票设备数量配置应按近期高峰客流量配置，并预留远期高峰客流量所需设备的供电、预埋套线及安装位置等条件			
	2	检票口的通过能力应与相应的楼梯、自动扶梯的通过能力相适应，每个检票口的半单向检票机的数量不应少于 2 台			
	3	在紧急疏散情况下，车站控制室应能控制所有检票机闸门开放，检票机工作状态显示应与之相匹配			
	4	检票机对乘客应有明确、清晰、醒目的工作状态显示			

(10)土建工程安全设备设施评价应涵盖地下结构与车站建筑、车站设计等，如表 5-14 所示。

表 5-14　土建工程安全设备设施检查表

分　项	子项序号	检查内容	检查结果		检查记录
			是	否	
地下结构与车站建筑	1	建立建筑结构设计缺陷档案			
	2	建立维护和巡检制度			
	3	对建筑结构设计缺陷和劣化或破损有监控、有记录、有分析			
	4	针对建筑结构设计缺陷和劣化或破损制定对策措施			
	5	站台计算长度应采用远期列车编组长度加停车误差			
	6	区间隧道是否存在结构渗水现象			
车站设计	7	站台宽度应按车站客流量计算确定			
	8	车站出入口的数量不少于 2 个			
	9	每个出入口的宽度应按远期分项设计客流量乘以 1.1～1.25 不均匀系数计算			
	10	地下车站出入口地面标高应高出室外地面，并应满足防洪要求			
	11	建立车站设计缺陷档案			
	12	针对车站设计缺陷制定对策措施			

5.7.6　城市轨道交通试运营前的大客流疏运安全评价

(1)城市轨道交通试运营前的大客流疏运安全评价应选取至少一个具有代表性的车站，基于车站建筑和疏散通道的设计资料及客流预测结果，采用计算模拟的方法对大客流疏运过程进行安全评价。

(2)城市轨道交通大客流疏运安全评价选取的车站应综合考虑高峰小时客流规模、疏散通道能力和建筑复杂性，选取客流规模较大、建造形式或换乘方式复杂的车站。

(3)城市轨道交通大客流疏运安全评价应采用基于个体模拟仿真技术，至少计算模拟 1 h 的大客流疏运过程。模拟包括列车进出站，乘客上下车、候车、购票检票等活动。

(4)客流矩阵设置应按照客流预测的远期高峰小时客流量和行车组织来确定，包括各出入口进站客流、列车到达的出站客流和换乘客流，其中换乘客流比例需根据客流预测和已运行车站换乘比例综合估计得到。

(5)计算模拟评价内容包括空间使用频率分析、客流密度分析、客流流线分析、高密度区域分析、换乘时间和距离分析、高风险区域辨识。

(6)根据计算模拟评价结果提出应对大客流的客流组织措施。

5.7.7 城市轨道交通试运营前的安全管理及运营组织评价

城市轨道交通各系统安全设备设施评价应在查阅的基础上，采用安全检查表的形式对安全管理制度、运营组织方案的影响等进行评价。

(1)安全管理制度评价应涵盖企业安全文化、安全管理机构与人员、安全生产责任制、安全管理目标、安全生产投入、事故应急救援体系、安全培训教育、安全信息交流、事故隐患管理、安全作业规程、安全检查制度等，如表 5-15 所示。

表 5-15 安全管理检查表

分 项	子项序号	检查内容	检查结果		检查记录
			是	否	
安全管理机构与人员	1	应设有专门的安全生产管理机构			
	2	公司及部门应设有专职和兼职的安全管理人员			
	3	应建立严格的资质准入标准			
	4	安全管理人员应通过上岗前考核合格且最新考核应在有效期内			
安全生产责任制	5	主要负责人应签订安全生产责任制并切实落实			
	6	部门负责人应签订安全生产责任制并切实落实			
	7	一般安全管理人员应签订安全生产责任制并切实落实			
	8	其他从业人员应签订安全生产责任制并切实落实			
	9	应建立健全安全生产责任制的档案			
安全管理目标	10	应制定安全生产控制指标及相应的管理档案			
	11	应建立各级安全生产目标			
	12	针对未能实现的安全生产目标应制定补救措施			
	13	应配置实现安全生产目标所需要的资源			
安全生产投入	14	应投入具备安全生产条件所必需的资金			
	15	决策机构、主要负责人或个人经营的投资人应保证安全生产条件所必需的资金投入，并对安全生产所必需的资金投入不足导致的后果承担责任			
	16	应每年投入相当数量的安全专项资金			
	17	应安排用于配备劳动防护用品及进行安全生产培训的经费			
	18	依法参加工伤社会保险，为从业人员缴纳保险费			
	19	应建立安全考核和奖惩制度			
	20	安全考核和奖惩制度应切实落实			

（续表）

分　项	子项序号	检查内容	检查结果		检查记录
			是	否	
事故应急救援体系	21	针对城市轨道交通运营线路发生火灾、列车脱轨、列车冲突、大面积停电、爆炸、自然灾害及因设备故障、客流冲击、恐怖袭击等其他异常原因造成影响运营的非正常情况，城市轨道交通运营单位应制定相应的应急救援预案			
	22	在国家或地方发生紧急事件、疫病传播等情况时，应制定相应的应急预案			
	23	应建立事故应急救援组织机构			
	24	明确各类应急响应的人力资源，包括专业应急队伍、兼职应急队伍的组织与保障方案。专业抢险队应明确人员组成、所在位置、救援范围、负责人、联系方法等内容；兼职抢险队应明确兼职区域、配备人员、救援能力、负责人及联系方法等内容			
	25	应配备完善的救援器材，明确应急救援需要使用的应急物资和装备的类型、数量、性能、存放位置、管理责任人及其联系方式等内容			
	26	应急指挥系统应明确总公司和分公司的应急指挥系统的构成及其相关信息			
	27	应明确应急救援专家委员会的构成，确定应急救援专家委员会的负责人和组成人员			
	28	各专业部门应根据自身应急救援业务需求配备现场救援和抢险装备、器材，建立相应的维护、保养和调用等制度			
	29	应按照统一标准格式建立救援和抢险装备信息数据库并及时更新，保障应急指挥调度使用的准确性			
	30	建立应急救援队伍，应急救援人员应掌握应急救援预案			

（续表）

分　项	子项序号	检查内容	检查结果		检查记录
			是	否	
事故应急救援体系	31	应定期针对不同事故进行应急救援演练，对演练中发现的问题应及时整改。应有完整的应急救援演练记录			
	32	依据我国相关应急的法律法规和相关政策文件，城市轨道交通运营单位应向相关轨道指挥办公室（或类似职能部门）申请，经政府组织有关部门、专家对城市轨道交通运营突发事件应急预案进行评审，并报相关政府部门（运营公司的预案报总公司）			
	33	城市轨道交通运营单位应向轨道指挥办公室（或类似职能部门）申请，定期组织有关单位修订城市轨道交通运营突发事件应急预案，并上报政府相关部门备案			
安全培训教育	34	应建立各级领导定期安全培训制度并切实落实			
	35	应建立全体员工定期安全培训制度并切实落实			
	36	应建立新员工岗前三级教育制度并切实落实			
	37	应建立转、复岗人员上岗前培训制度并切实落实			
	38	应建立教育培训记录的档案			
	39	特种作业人员应持证上岗并定期考核			
	40	特种作业人员应进行继续培训			
	41	应建立临时用工安全培训考核制度并切实落实			
	42	应建立租赁承包人员、临时用工、委外单位人员的安全培训考核制度并切实落实			
安全信息交流	43	应建立安全信息交流的渠道，并保证渠道畅通			
	44	应建立乘客意见反馈管理程序及员工安全意见反馈管理程序			
事故隐患管理	45	应建立事故隐患报告制度，并分类建立事故隐患统计表			
	46	应对事故隐患及时提出整改措施			
	47	应配备相应的安全隐患监控设备			
	48	应建立完整的事故隐患监控及整改档案			
安全作业规程	49	应制定各专业各工种安全作业规程，并应严格按照相应的安全作业规程进行作业			

（续表）

分　项	子项序号	检查内容	检查结果		检查记录
			是	否	
安全检查制度	50	应建立年度、季度、特殊时期、日常安全检查制度并切实落实			
	51	应建立安全检查复检制度并切实落实，安全检查出的问题应及时处理			
	52	应建立安全检查档案管理制度，安全检查档案应完整			

(2)运营组织方案评价应涵盖调度指挥、列车运行及客运组织等，如表 5-16 所示。

表 5-16　运营组织方案检查表

分　项	子项序号	检查内容	检查结果		检查记录
			是	否	
调度指挥	1	应具有相对独立、全面的行车组织规则或同等效力的规章文件			
	2	调度规章中应包括对运营设备故障和事故模式下的行车组织措施			
	3	调度规章中应包括对突发事件的应对措施，并切实可行			
	4	指挥系统应具备中央控制和车站控制两种模式，并在任何情况下都有一种模式起主导作用			
	5	指挥系统应在有自动闭塞或移动闭塞瘫痪的情况下采用电话闭塞的考虑和能力			
	6	应建立调度人员培训制度			
	7	培训内容应包括正常业务流程和应急预案救援指挥			
	8	培训方式应包括授课、实战演练或模拟演练			
	9	调度人员应经过专业、系统的城市轨道交通运营调度指挥培训并取得相应的资格证书			
	10	调度人员应具备在正常情况下熟练指挥调度和行车工作的能力			
	11	调度人员应具备在紧急或事故情况下沉着冷静，快速制定应对方案和组织救援的能力			

（续表）

分　项	子项序号	检查内容	检查结果		检查记录
			是	否	
列车运行	12	应制定明确、顺畅的列车日常运用规章及故障列车下线和救援列车运用规章，并与调度规章相协调			
	13	应制定明确、实用的列车操作规程。规程中应明确写出列车故障模式下的操作要点			
	14	应建立司机培训制度。培训内容应包括正常操作流程和故障情况下的操作要点，培训方式应包括授课和实战演练或模拟演练			
	15	司机应经过专业、系统的列车驾驶培训并取得相应的资格证书			
	16	司机应具备正常情况下熟练驾驶列车运行的能力。司机应熟悉各种可能突发事件的基本应对流程。司机应具备事故情况下沉着冷静，在区间组织疏散乘客的能力			
客运组织	17	服务标志系统应具有警示标志、禁止标志、紧急疏散指示标志			
	18	在容易发生事故的部位，应设置提示标志或有专人引导或设置安全防护设施			
	19	应设置盲道、轮椅通道、垂直电梯等保证残障人士安全进出车站的引导设施			
	20	应至少设置中央和车站两级乘客安全监控系统			
	21	乘客安全监控系统应能够监控车站所有客流集中部位和意外情况易发部位			
	22	应对乘客进行安全乘车常识的宣传教育			
	23	应对乘客进行紧急情况下正确疏散及逃生自救知识的宣传			
	24	应建立站务人员培训制度。培训内容应包括正常情况下的工作要点和突发状况应对措施。培训方式应包括授课、实战演练或模拟演练			
	25	站务人员应经过客运组织培训并取得相应的资格证书			
	26	站务人员应具备辨识危险品的基本方法和技巧			
	27	站务人员应熟悉各种可能的突发事件的基本应对流程			
	28	电话闭塞等降级行车办法的演练记录			

5.7.8 城市轨道交通试运营前的基本条件评价

(1)试运营前的基本条件是在查阅资料、现场检查的基础上,利用安全检查表对工程建设、管理满足试运营条件的情况进行评价。

(2)试运营前的基本条件中的建设验收部分应涵盖政府部门认可文件、土建工程基本条件、供电电缆、变电所、电力监控系统、杂散电流防护、动力照明系统、信号系统基本条件、通信系统基本条件、通风空调系统基本条件、给排水和消防系统基本条件、FAS 基本条件、AFC 系统基本条件、屏蔽门和电梯基本条件、车辆基本条件、系统联调及试运营基本条件等的安全检查,如表 5-17 所示。

表 5-17 试运营基本条件安全检查表(建设验收部分)

分 项	子项序号	检查内容	检查结果		检查记录
			是	否	
政府部门认可文件	1	规划管理部门出具的工程建设符合城市规划的批复文件			
	2	国家发展和改革委员会对建设项目的车站、区间、主变电所等土建功能及机电系统和运营组织体系等的建设认可证明文件			
	3	建设工程安全质量监督总站及相关质监站对建设项目的车站、区间和主变电所等土建工程及机电系统等出具的《试运营阶段质量验收的质量监督意见书》			
	4	消防部门对项目的《建设工程消防验收意见书》			
	5	人防工程验收意见			
	6	气象部门对项目的《防雷装置竣工验收意见书》			
	7	安监部门对项目可研究阶段的《安全预评价备案函》			
土建工程基本条件	8	车站应建成站厅、站台、风井及至少 2 个不同方向的出入口等设施,并竣工验收合格			
	9	车站内应具有无障碍设施、运营服务标志、公告栏等设施,并符合设计要求			
	10	车站内应具有相应的管理用房和设备用房,并竣工验收合格			
	11	车站相关装修工程应与主体工程同步完成,并验收合格			
	12	区间路基、隧道、高架线路等工程必须竣工,验收合格			
	13	区间内的联络通道和排水泵井必须竣工,并验收合格			

（续表）

分　项	子项序号	检查内容	检查结果		检查记录
			是	否	
	14	轨道的平面布置、轨面高程、限界必须符合设计要求，并竣工验收合格			
	15	钢轨、轨枕或承轨台、扣件、有碴道床、道岔、伸缩调节器、车挡、警冲标等设备必须符合设计要求，并竣工验收合格			
	16	线路基标、无缝线路区段的钢轨位移观测桩等附属设施应埋设牢固，标志清楚，并竣工验收合格			
	17	轨道系统的减震降噪措施应符合设计要求，并竣工验收合格			
供电电缆	18	供电电缆规格、型号应符合设计要求，各变电所开关设备连接标志清晰，供电电缆在受电之前应按有关验收规程通过耐压试验，现场各项实验报告齐全，并竣工验收合格			
	19	主变电所、牵引变电所、降压变电所内高低压开关柜、主变压器、整流变压器、整流器、动力变压器、直流开关柜、继电保护、变电所综合自动化、交直流电源屏、轨道电位限制装置、电缆等设备和材料的规格、型号应符合设计要求，并竣工验收合格			
变电所	20	应配齐与操作安全相关的设施和标志，并按要求接地			
	21	应有冷滑试验、短路试验、检查缺陷及处理的相关记录			
	22	应有防雷接地系统，并已通过相关部门的验收			
电力监控系统	23	电力监控系统的变电所综合自动化装置、网络服务器、数据服务器等设备和材料的规格、型号应符合设计要求，并竣工验收合格			
	24	电力监控系统各类设备和器材，应按有关验收规程完成材料的测试、设备单体调试、系统联调等试验，并提供齐全的现场各项试验报告、试验记录			
杂散电流防护	25	杂散电流腐蚀防护系统的参比电极、排流装置、单向导通装置、检测系统等设备和材料的规格、型号应符合设计要求，并竣工验收合格			
	26	杂散电流腐蚀防护系统各类设备和器材，应按有关验收规程完成材料的测试、设备单体调试、系统联调等试验，并提供齐全的现场各项试验报告、试验记录			

（续表）

分　项	子项序号	检查内容	检查结果		检查记录
			是	否	
动力照明系统	27	动力照明系统的配电箱、控制柜、灯具、指示标志等设备和材料的规格、型号应符合设计要求，并采用节能型产品，且竣工验收合格			
	28	动力照明系统各类设备和器材应按有关验收规程进行材料的测试、设备单体调试、系统联调等试验，应急照明、UPS系统按规定配齐，并提供齐全的现场各项试验报告、试验记录			
	29	车站级区间照明系统的照度应达到规范要求，并验收合格			
	30	事故照明系统应符合设计要求，并验收合格			
信号系统基本条件	31	应完成轨旁、控制中心、车辆基地及车载信号设备的安装及单体调试，并验收合格			
	32	应完成系统联调，并有完整的调试方案、测试报告和系统可投入运行的认可证书			
	33	应确保控制中心和车站间、地面设备和车载设备间安全控制信息传递无误、联动准确。应具备完整的ATP功能和基本的ATS功能，宜具备ATO功能			
通信系统基本条件	34	语言、文字、数据、图像等各种信息的传输功能应符合设计要求，并验收合格			
	35	调度电话、公务电话、无线通信、视频监控、广播、摄像等通信设施应符合有关规定和设计要求，并竣工验收合格			
通风空调系统基本条件	36	通风空调设备应进行单机试运转，并验收合格			
	37	通风空调系统应按设计规定的运行方式进行无负荷联合运行，并验收合格			
给排水和消防系统基本条件	38	给排水和消防系统应符合设计要求，给水管道应经试压、冲水试验检查，排水系统经试运转，并验收合格			
	39	车站消防安全所有设施应经主管部门验收合格并同意使用			
FAS基本条件	40	应具备各种感温和感烟探测器、模块、手动报警器、紧急电话机及插孔等设备，布局合理，验收合格			
	41	中央系统控制权限火灾联动功能齐全，指令下达应及时准确，并验收合格			

（续表）

分 项	子项序号	检查内容	检查结果		检查记录
			是	否	
AFC 系统基本条件	42	应有售票系统及进出站检票机，售检票设备应合理布局，安装牢固，符合设计要求，并竣工验收合格			
	43	应有中央系统服务器、工作站、交换机、打印机、编码分拣机等设备，符合设计要求，并验收合格			
	44	应有与 FAS 的联动功能，监控应及时准确，设备验收合格，并提供联动调试报告			
屏蔽门和电梯基本条件	45	车站屏蔽门门体钢结构、涂层、玻璃等的材质、限界及高度应符合设计要求，性能满足运营需求，动作可靠、准确，并验收合格			
	46	电梯、自动扶梯、残障人士电梯等设施应符合设计要求，并验收合格			
车辆基本条件	47	车辆的选型、制式和列车编组应符合设计要求，新车应验收合格			
	48	列车及车载信号的调试应在运营单位信号专业人员的参与下进行，做好车载信号的安装、测试，并结合试运营调试列车车载信号和地面信号系统			
系统联调及试运营基本条件	49	在各分项系统完成系统调试并确保各项技术指标合格的基础上应进行联合调试。联合调试工作宜由建设、运营、施工、监理、设计及设备供应等相关单位参加，并提供联合调试报告			
	50	不载客试运行的时间不少于 3 个月			
	51	试运营应对轨道、供电、信号、通信、车辆、屏蔽门及调度指挥等系统进行综合模拟运行，各相关系统的安全性、可靠性和可用性指标应达到运营线路的标准			
	52	试运营宜对客运服务设施和通风空调、FAS、BAS 及 AFC 系统等进行综合动态模拟运行。当联合调试集结符合冷源运行条件时，空调系统应做带负荷综合效能运行。相关设施应做到配合协调、联动迅速，功能达到设计、规范要求			
	53	调度中心的设备设施应齐全并运行正常			
	54	城市轨道交通试运营前须进行热烟测试，且测试结果应满足表 5-18 中的要求			

表 5-18　热烟测试指标

序号	测试项目	评价指标	记录要求
1	站台、站厅、车站隧道、区间隧道的温度场	疏散路径 1.5 m 高度以上烟气层温度不超过 180 ℃	自动采集，每隔 1 s 采集一次
2	站台、站厅危险高度平面的温度	疏散路径趋于 1.5 m 高度的温度不超过 60 ℃	自动采集，每隔 1 s 采集一次
3	站台、站厅、区间隧道的烟气层高度	不小于 1.5 m	人工观察记录
4	各楼扶梯开口流速	不小于 1.5 m/s	自动采集，每隔 1 s 记录一次
5	区间烟气控制流速	不小于 2.0 m/s	自动采集，每隔 1 s 记录一次
6	探测报警时间	不超过 1 min	记录报警时间
7	事故照明是否动作及动作时间	事故照明启动，动作时间不超过 1 min	记录启动时间
8	车站公共区、车站隧道和区间隧道通风排烟系统是否正确执行测试场景的火灾事故模式及动作时间	通风排烟系统模式切换正确，动作时间不超过 1 min	记录切换模式和切换时间
9	FAS、BAS、通风排烟系统（风机、风阀）、事故照明系统、屏蔽门、闸机、疏散指示、应急广播、警铃、自动扶梯等各防灾系统是否正常联动	各系统正常联动	记录联动状况
10	自动扶梯、闸机、屏蔽门等疏散通道的模式切换是否正确及动作时间	模式切换正确，动作时间不超过 1 min	记录切换模式和切换时间
11	疏散指示是否正确	疏散指示工作正常，正确指示疏散方向	
12	烟气控制效果	车站测试时，烟气未蔓延至其他防烟分区；区间隧道测试时，烟气向下风向定向流动	整个实验过程中
13	可用安全疏散时间	不小于 6 min	取本表第 1、2 项不满足要求的时间最小值

(3)试运营基本条件中的安全管理部分应涵盖组织机构和人员要求、行车组织和客运组织、备品备件、技术资料、实物接管及试运营规章制度等的安全检查，如表 5-19 所示。

表 5-19　试运营基本条件安全检查表(安全管理部分)

分　项	子项序号	检查内容	检查结果		检查记录
			是	否	
组织机构和人员要求	1	运营单位应设调度、客运、设备设施维护等部门,设备设施维护应包含通信、信号、供电、工务、车辆等专业			
	2	轨道交通的调度、客运、维护等部门人员应按规定编制配齐。列车司机、调度员、重要机电设备操作人员应持证上岗			
	3	运营单位应对专业岗位的人员进行岗位培训			
行车组织和客运组织	4	应按设计配属车辆标准并结合列车采购、列车车载信号调试情况等编制试运营线所需的运用车、检修车、备用车方案			
	5	应根据试运营线路设施设备和车辆的配属情况及初期客流预测高峰小时断面客流、试运营里程、列车运行与折返时间等参数确定列车运行交路、编制列车运行计划、计算列车旅行速度和行车间隔。延伸段开通时编制的运行计划不得影响既有线服务水平			
	6	应根据列车运行计划、客流量、车站设备设施编制客运组织方案(包括组织机构、岗位设置、上岗人员、客流疏散方案、乘客换乘安全保障方案、导向导乘系统管理方案等)			
备品备件	7	试运营单位应根据设计文件结合网络资源共享和试运营需要,按时配备到位新线各专业必备的备品备件、特殊的专用工器具、仪器、仪表。既有线延伸段要结合既有备品备件统一考虑			
技术资料	8	应配齐试运营线所需的技术图纸资料(包括设备系统的技术规格说明书、操作手册、维修手册、维修软件盒调试报告等)			
实物接管	9	试运营线路的实物接管工作应由建设单位会同运营单位实施			
试运营规章制度	10	行车制度(包括行车管理办法、车站行车工作细则、调度工作规程、施工管理办法等)			
	11	客运服务制度(包括运营服务质量检查管理办法、各类客运服务事件处理办法、票务管理办法、车站环境卫生管理办法等)			
	12	光缆、电缆故障演练,大小交路列车折返演练,突发客流演练,列车折返能力测试,供电系统能力演练等			

（4）城市轨道交通不载客试运行的时间少于 3 个月，应直接认定为不具备试运营安全条件。

（5）城市轨道交通防灾安全热烟测试不合格的，应直接认定为不具备试运营安全条件。

学习评价

本模块学习完成后，请根据自己的学习所得，结合表 5-20 所列内容进行打分评价。

表 5-20　模块 5 学习评价表

评价内容	评价方式			评价等级
	自　评	小组评议	教师评议	
课前预习本模块相关知识、相关资料				A. 充分 B. 一般 C. 不足
了解城市轨道交通运营安全管理规定的基础知识				A. 充分 B. 一般 C. 不足
熟悉城市轨道交通安全保障系统				A. 充分 B. 一般 C. 不足
掌握城市轨道交通车站安全管理				A. 充分 B. 一般 C. 不足
掌握城市轨道交通设备安全管理				A. 充分 B. 一般 C. 不足
掌握城市轨道交通消防安全管理				A. 充分 B. 一般 C. 不足
掌握城市轨道交通应急安全管理				A. 充分 B. 一般 C. 不足
了解城市轨道交通试运营前的安全评价规范				A. 充分 B. 一般 C. 不足

（续表）

评价内容	评价方式			评价等级
	自　评	小组评议	教师评议	
参加教学中的讨论和练习，并积极完成				A. 充分 B. 一般 C. 不足
善于与同学合作				A. 充分 B. 一般 C. 不足
学习态度，完成作业				A. 充分 B. 一般 C. 不足
总评				

思考与练习

(1)简述城市轨道交通运营安全管理的一般要求。

(2)城市轨道交通安全保障系统的功能有哪些？

(3)城市轨道交通车站站长的职责有哪些？

(4)简述城市轨道交通消防安全管理的职责要求。

(5)简述城市轨道交通应急管理机制。

附录　城市轨道交通运营管理规定

第一章　总　　则

第一条　为规范城市轨道交通运营管理，保障运营安全，提高服务质量，促进城市轨道交通行业健康发展，根据国家有关法律、行政法规和国务院有关文件要求，制定本规定。

第二条　地铁、轻轨等城市轨道交通的运营及相关管理活动，适用本规定。

第三条　城市轨道交通运营管理应当遵循以人民为中心、安全可靠、便捷高效、经济舒适的原则。

第四条　交通运输部负责指导全国城市轨道交通运营管理工作。

省、自治区交通运输主管部门负责指导本行政区域内的城市轨道交通运营管理工作。

城市轨道交通所在地城市交通运输主管部门或者城市人民政府指定的城市轨道交通运营主管部门（以下统称城市轨道交通运营主管部门）在本级人民政府的领导下负责组织实施本行政区域内的城市轨道交通运营监督管理工作。

第二章　运营基础要求

第五条　城市轨道交通运营主管部门在城市轨道交通线网规划及建设规划征求意见阶段，应当综合考虑与城市规划的衔接、城市轨道交通客流需求、运营安全保障等因素，对线网布局和规模、换乘枢纽规划、建设时序、资源共享、线网综合应急指挥系统建设、线路功能定位、线路制式、系统规模、交通接驳等提出意见。

城市轨道交通运营主管部门在城市轨道交通工程项目可行性研究报告和初步设计文件编制审批征求意见阶段，应当对客流预测、系统设计运输能力、行车组织、运营管理、运营服务、运营安全等提出意见。

第六条　城市轨道交通工程项目可行性研究报告和初步设计文件中应当设置运营服务专篇，内容应当至少包括：

（一）车站开通运营的出入口数量、站台面积、通道宽度、换乘条件、站厅容纳能力等设

施、设备能力与服务需求和安全要求的符合情况。

(二)车辆、通信、信号、供电、自动售检票等设施设备选型与线网中其他线路设施设备的兼容情况。

(三)安全应急设施规划布局、规模等与运营安全的适应性,与主体工程的同步规划和设计情况。

(四)与城市轨道交通线网运力衔接配套情况。

(五)其他交通方式的配套衔接情况。

(六)无障碍环境建设情况。

第七条　城市轨道交通车辆、通信、信号、供电、机电、自动售检票、站台门等设施设备和综合监控系统应当符合国家规定的运营准入技术条件,并实现系统互联互通、兼容共享,满足网络化运营需要。

第八条　城市轨道交通工程项目原则上应当在可行性研究报告编制前,按照有关规定选择确定运营单位。运营单位应当满足以下条件:

(一)具有企业法人资格,经营范围包括城市轨道交通运营管理。

(二)具有健全的行车管理、客运管理、设施设备管理、人员管理等安全生产管理体系和服务质量保障制度。

(三)具有车辆、通信、信号、供电、机电、轨道、土建结构、运营管理等专业管理人员,以及与运营安全相适应的专业技术人员。

第九条　运营单位应当全程参与城市轨道交通工程项目按照规定开展的不载客试运行,熟悉工程设备和标准,察看系统运行的安全可靠性,发现存在质量问题和安全隐患的,应当督促城市轨道交通建设单位(以下简称建设单位)及时处理。

运营单位应当在运营接管协议中明确相关土建工程、设施设备、系统集成的保修范围、保修期限和保修责任,并督促建设单位将上述内容纳入建设工程质量保修书。

第十条　城市轨道交通工程项目验收合格后,由城市轨道交通运营主管部门组织初期运营前安全评估。通过初期运营前安全评估的,方可依法办理初期运营手续。

初期运营期间,运营单位应当按照设计标准和技术规范,对土建工程、设施设备、系统集成的运行状况和质量进行监控,发现存在问题或者安全隐患的,应当要求相关责任单位按照有关规定或者合同约定及时处理。

第十一条　城市轨道交通线路初期运营期满一年,运营单位应当向城市轨道交通运营主管部门报送初期运营报告,并由城市轨道交通运营主管部门组织正式运营前安全评估。通过安全评估的,方可依法办理正式运营手续。对安全评估中发现的问题,城市轨道交通运营主管部门应当报告城市人民政府,同时通告有关责任单位要求限期整改。

开通初期运营的城市轨道交通线路有甩项工程的,甩项工程完工并验收合格后,应当通过城市轨道交通运营主管部门组织的安全评估,方可投入使用。受客观条件限制难以完成甩项工程的,运营单位应当督促建设单位与设计单位履行设计变更手续。全部甩项工程投入使用或者履行设计变更手续后,城市轨道交通工程项目方可依法办理正式运营手续。

第十二条　运营单位承担运营安全生产主体责任,应当建立安全生产责任制,设置安全生产管理机构，配备专职安全管理人员，保障安全运营所必需的资金投入。

第十三条 运营单位应当配置满足运营需求的从业人员，按相关标准进行安全和技能培训教育，并对城市轨道交通列车驾驶员、行车调度员、行车值班员、信号工、通信工等重点岗位人员进行考核，考核不合格的，不得从事岗位工作。运营单位应当对重点岗位人员进行安全背景审查。

城市轨道交通列车驾驶员应当按照法律法规的规定取得驾驶员职业准入资格。

运营单位应当对列车驾驶员定期开展心理测试，对不符合要求的及时调整工作岗位。

第十四条 运营单位应当按照有关规定，完善风险分级管控和隐患排查治理双重预防制度，建立风险数据库和隐患排查手册，对于可能影响安全运营的风险隐患及时整改，并向城市轨道交通运营主管部门报告。

城市轨道交通运营主管部门应当建立运营重大隐患治理督办制度，督促运营单位采取安全防护措施，尽快消除重大隐患；对非运营单位原因不能及时消除的，应当报告城市人民政府依法处理。

第十五条 运营单位应当建立健全本单位的城市轨道交通运营设施设备定期检查、检测评估、养护维修、更新改造制度和技术管理体系，并报城市轨道交通运营主管部门备案。

运营单位应当对设施设备进行定期检查、检测评估，及时养护维修和更新改造，并保存记录。

第十六条 城市轨道交通运营主管部门和运营单位应当建立城市轨道交通智能管理系统，对所有运营过程、区域和关键设施设备进行监管，具备运行控制、关键设施和关键部位监测、风险管控和隐患排查、应急处置、安全监控等功能，并实现运营单位和各级交通运输主管部门之间的信息共享，提高运营安全管理水平。

运营单位应当建立网络安全管理制度，严格落实网络安全有关规定和等级保护要求，加强列车运行控制等关键系统信息安全保护，提升网络安全水平。

第十七条 城市轨道交通运营主管部门应当对运营单位运营安全管理工作进行监督检查，定期委托第三方机构组织专家开展运营期间安全评估工作。

初期运营前、正式运营前以及运营期间的安全评估工作管理办法由交通运输部另行制定。

第十八条 城市轨道交通运营主管部门和运营单位应当建立城市轨道交通运营信息统计分析制度，并按照有关规定及时报送相关信息。

第三章 运营服务

第十九条 运营单位应当按照有关标准为乘客提供安全、可靠、便捷、高效、经济的服务，保证服务质量。

运营单位应当向社会公布运营服务质量承诺并报城市轨道交通运营主管部门备案，定期报告履行情况。

第二十条 运营单位应当根据城市轨道交通沿线乘客出行规律及网络化运输组织要

求，合理编制运行图，并报城市轨道交通运营主管部门备案。

运营单位调整运行图严重影响服务质量的，应当向城市轨道交通运营主管部门说明理由。

第二十一条　运营单位应当通过标识、广播、视频设备、网络等多种方式按照下列要求向乘客提供运营服务和安全应急等信息：

（一）在车站醒目位置公布首末班车时间、城市轨道交通线网示意图、进出站指示、换乘指示和票价信息。

（二）在站厅或者站台提供列车到达、间隔时间、方向提示、周边交通方式换乘、安全提示、无障碍出行等信息。

（三）在车厢提供城市轨道交通线网示意图、列车运行方向、到站、换乘、开关车门提示等信息。

（四）首末班车时间调整、车站出入口封闭、设施设备故障、限流、封站、甩站、暂停运营等非正常运营信息。

第二十二条　城市轨道交通票价制定和调整按照国家有关规定执行。

城市轨道交通运营主管部门应当按照有关标准组织实施交通一卡通在轨道交通的建设与推广应用，推动跨区域、跨交通方式的互联互通。

第二十三条　城市轨道交通运营主管部门应当制定城市轨道交通乘客乘车规范，乘客应当遵守。拒不遵守的，运营单位有权劝阻和制止，制止无效的，报告公安机关依法处理。

第二十四条　城市轨道交通运营主管部门应当通过乘客满意度调查等多种形式，定期对运营单位服务质量进行监督和考评，考评结果向社会公布。

第二十五条　城市轨道交通运营主管部门和运营单位应当分别建立投诉受理制度。接到乘客投诉后，应当及时处理，并将处理结果告知乘客。

第二十六条　乘客应当持有效乘车凭证乘车，不得使用无效、伪造、变造的乘车凭证。运营单位有权查验乘客的乘车凭证。

第二十七条　乘客及其他人员因违法违规行为对城市轨道交通运营造成严重影响的，应当依法追究责任。

第二十八条　鼓励运营单位采用大数据分析、移动互联网等先进技术及有关设施设备，提升服务品质。运营单位应当保证乘客个人信息的采集和使用符合国家网络和信息安全有关规定。

第四章　安全支持保障

第二十九条　城市轨道交通工程项目应当按照规定划定保护区。

开通初期运营前，建设单位应当向运营单位提供保护区平面图，并在具备条件的保护区设置提示或者警示标志。

第三十条　在城市轨道交通保护区内进行下列作业的，作业单位应当按照有关规定制定安全防护方案，经运营单位同意后，依法办理相关手续并对作业影响区域进行动态监测：

(一)新建、改建、扩建或者拆除建(构)筑物。

(二)挖掘、爆破、地基加固、打井、基坑施工、桩基础施工、钻探、灌浆、喷锚、地下顶进作业。

(三)敷设或者搭架管线、吊装等架空作业。

(四)取土、采石、采砂、疏浚河道。

(五)大面积增加或者减少建(构)筑物载荷的活动。

(六)电焊、气焊和使用明火等具有火灾危险作业。

第三十一条　运营单位有权进入作业现场进行巡查,发现危及或者可能危及城市轨道交通运营安全的情形,运营单位有权予以制止,并要求相关责任单位或者个人采取措施消除妨害;逾期未改正的,及时报告有关部门依法处理。

第三十二条　使用高架线路桥下空间不得危害城市轨道交通运营安全,并预留高架线路桥梁设施日常检查、检测和养护维修条件。

地面、高架线路沿线建(构)筑物或者植物不得妨碍行车瞭望,不得侵入城市轨道交通线路的限界。沿线建(构)筑物、植物可能妨碍行车瞭望或者侵入线路限界的,责任单位应当及时采取措施消除影响。责任单位不能消除影响,危及城市轨道交通运营安全、情况紧急的,运营单位可以先行处置,并及时报告有关部门依法处理。

第三十三条　禁止下列危害城市轨道交通运营设施设备安全的行为:

(一)损坏隧道、轨道、路基、高架、车站、通风亭、冷却塔、变电站、管线、护栏护网等设施。

(二)损坏车辆、机电、电缆、自动售检票等设备,干扰通信信号、视频监控设备等系统。

(三)擅自在高架桥梁及附属结构上钻孔打眼,搭设电线或者其他承力绳索,设置附着物。

(四)损坏、移动、遮盖安全标志、监测设施以及安全防护设备。

第三十四条　禁止下列危害或者可能危害城市轨道交通运营安全的行为:

(一)拦截列车。

(二)强行上下车。

(三)擅自进入隧道、轨道或者其他禁入区域。

(四)攀爬或者跨越围栏、护栏、护网、站台门等。

(五)擅自操作有警示标志的按钮和开关装置,在非紧急状态下动用紧急或者安全装置。

(六)在城市轨道交通车站出入口5米范围内停放车辆、乱设摊点等,妨碍乘客通行和救援疏散。

(七)在通风口、车站出入口50米范围内存放有毒、有害、易燃、易爆、放射性和腐蚀性等物品。

(八)在出入口、通风亭、变电站、冷却塔周边躺卧、留宿、堆放和晾晒物品。

(九)在地面或者高架线路两侧各100米范围内升放风筝、气球等低空飘浮物体和无人机等低空飞行器。

第三十五条　在城市轨道交通车站、车厢、隧道、站前广场等范围内设置广告、商业设施的,不得影响正常运营,不得影响导向、提示、警示、运营服务等标识识别、设施设备使用和检

修，不得挤占出入口、通道、应急疏散设施空间和防火间距。

城市轨道交通车站站台、站厅层不应设置妨碍安全疏散的非运营设施。

第三十六条　禁止乘客携带有毒、有害、易燃、易爆、放射性、腐蚀性以及其他可能危及人身和财产安全的危险物品进站、乘车。运营单位应当按规定在车站醒目位置公示城市轨道交通禁止、限制携带物品目录。

第三十七条　各级城市轨道交通运营主管部门应当按照职责监督指导运营单位开展反恐防范、安检、治安防范和消防安全管理相关工作。

鼓励推广应用安检新技术、新产品，推动实行安检新模式，提高安检质量和效率。

第三十八条　交通运输部应当建立城市轨道交通重点岗位从业人员不良记录和乘客违法违规行为信息库，并按照规定将有关信用信息及时纳入交通运输和相关统一信用信息共享平台。

第三十九条　鼓励经常乘坐城市轨道交通的乘客担任志愿者，及时报告城市轨道交通运营安全问题和隐患，检举揭发危害城市轨道交通运营安全的违法违规行为。运营单位应当对志愿者开展培训。

第五章　应急处置

第四十条　城市轨道交通所在地城市及以上地方各级人民政府应当建立运营突发事件处置工作机制，明确相关部门和单位的职责分工、工作机制和处置要求，制定完善运营突发事件应急预案。

运营单位应当按照有关法规要求建立运营突发事件应急预案体系，制定综合应急预案、专项应急预案和现场处置方案。运营单位应当组织专家对专项应急预案进行评审。

因地震、洪涝、气象灾害等自然灾害和恐怖袭击、刑事案件等社会安全事件以及其他因素影响或者可能影响城市轨道交通正常运营时，参照运营突发事件应急预案做好监测预警、信息报告、应急响应、后期处置等相关应对工作。

第四十一条　运营单位应当储备必要的应急物资，配备专业应急救援装备，建立应急救援队伍，配齐应急人员，完善应急值守和报告制度，加强应急培训，提高应急救援能力。

第四十二条　城市轨道交通运营主管部门应当按照有关法规要求，在城市人民政府领导下会同有关部门定期组织开展联动应急演练。

运营单位应当定期组织运营突发事件应急演练，其中综合应急预案演练和专项应急预案演练每半年至少组织一次。现场处置方案演练应当纳入日常工作，开展常态化演练。运营单位应当组织社会公众参与应急演练，引导社会公众正确应对突发事件。

第四十三条　运营单位应当在城市轨道交通车站、车辆、地面和高架线路等区域的醒目位置设置安全警示标志，按照规定在车站、车辆配备灭火器、报警装置和必要的救生器材，并确保能够正常使用。

第四十四条　城市轨道交通运营突发事件发生后，运营单位应当按照有关规定及时启动相应应急预案。运营单位应当充分发挥志愿者在突发事件应急处置中的作用，提高乘客自救互救能力。

现场工作人员应当按照各自岗位职责要求开展现场处置，通过广播系统、乘客信息系统和人工指引等方式，引导乘客快速疏散。

第四十五条 运营单位应当加强城市轨道交通客流监测。可能发生大客流时，应当按照预案要求及时增加运力进行疏导；大客流可能影响运营安全时，运营单位可以采取限流、封站、甩站等措施。

因运营突发事件、自然灾害、社会安全事件以及其他原因危及运营安全时，运营单位可以暂停部分区段或者全线网的运营，根据需要及时启动相应应急保障预案，做好客流疏导和现场秩序维护，并报告城市轨道交通运营主管部门。

运营单位采取限流、甩站、封站、暂停运营措施应当及时告知公众，其中封站、暂停运营措施还应当向城市轨道交通运营主管部门报告。

第四十六条 城市轨道交通运营主管部门和运营单位应当建立城市轨道交通运营安全重大故障和事故报送制度。

城市轨道交通运营主管部门和运营单位应当定期组织对重大故障和事故原因进行分析，不断完善城市轨道交通运营安全管理制度以及安全防范和应急处置措施。

第四十七条 城市轨道交通运营主管部门和运营单位应当加强舆论引导，宣传文明出行、安全乘车理念和突发事件应对知识，培养公众安全防范意识，引导理性应对突发事件。

第六章 法律责任

第四十八条 违反本规定第十条、第十一条，城市轨道交通工程项目（含甩项工程）未经安全评估投入运营的，由城市轨道交通运营主管部门责令限期整改，并对运营单位处以 2 万元以上 3 万元以下的罚款，同时对其主要负责人处以 1 万元以下的罚款；有严重安全隐患的，城市轨道交通运营主管部门应当责令暂停运营。

第四十九条 违反本规定，运营单位有下列行为之一的，由城市轨道交通运营主管部门责令限期改正；逾期未改正的，处以 5 000 元以上 3 万元以下的罚款，并可对其主要负责人处以 1 万元以下的罚款：

（一）未全程参与试运行。

（二）未按照相关标准对从业人员进行技能培训教育。

（三）列车驾驶员未按照法律法规的规定取得职业准入资格。

（四）列车驾驶员、行车调度员、行车值班员、信号工、通信工等重点岗位从业人员未经考核上岗。

（五）未按照有关规定完善风险分级管控和隐患排查治理双重预防制度。

（六）未建立风险数据库和隐患排查手册。

（七）未按要求报告运营安全风险隐患整改情况。

（八）未建立设施设备检查、检测评估、养护维修、更新改造制度和技术管理体系。

（九）未对设施设备定期检查、检测评估和及时养护维修、更新改造。

（十）未按照有关规定建立运营突发事件应急预案体系。

（十一）储备的应急物资不满足需要，未配备专业应急救援装备，或者未建立应急救援队伍、配齐应急人员。

（十二）未按时组织运营突发事件应急演练。

第五十条 违反本规定第十八条、第四十六条，运营单位未按照规定上报城市轨道交通运营相关信息或者运营安全重大故障和事故的，由城市轨道交通运营主管部门责令限期改正；逾期未改正的，处以 5 000 元以上 3 万元以下的罚款。

第五十一条 违反本规定，运营单位有下列行为之一，由城市轨道交通运营主管部门责令限期改正；逾期未改正的，处以 1 万元以下的罚款：

（一）未向社会公布运营服务质量承诺或者定期报告履行情况。

（二）运行图未报城市轨道交通运营主管部门备案或者调整运行图严重影响服务质量的，未向城市轨道交通运营主管部门说明理由。

（三）未按规定向乘客提供运营服务和安全应急等信息。

（四）未建立投诉受理制度，或者未及时处理乘客投诉并将处理结果告知乘客。

（五）采取的限流、甩站、封站、暂停运营等措施，未及时告知公众或者封站、暂停运营等措施未向城市轨道交通运营主管部门报告。

第五十二条 违反本规定第三十二条，有下列行为之一，由城市轨道交通运营主管部门责令相关责任人和单位限期改正、消除影响；逾期未改正的，可以对个人处以 5 000 元以下的罚款，对单位处以 3 万元以下的罚款；造成损失的，依法承担赔偿责任；情节严重构成犯罪的，依法追究刑事责任：

（一）高架线路桥下的空间使用可能危害运营安全的。

（二）地面、高架线路沿线建（构）筑物或者植物妨碍行车瞭望、侵入限界的。

第五十三条 违反本规定第三十三条、第三十四条，运营单位有权予以制止，并由城市轨道交通运营主管部门责令改正，可以对个人处以 5 000 元以下的罚款，对单位处以 3 万元以下的罚款；违反治安管理规定的，由公安机关依法处理；构成犯罪的，依法追究刑事责任。

第五十四条 城市轨道交通运营主管部门不履行本规定职责造成严重后果的，或者有其他滥用职权、玩忽职守、徇私舞弊行为的，对负有责任的领导人员和直接责任人员依法给予处分；构成犯罪的，依法追究刑事责任。

第五十五条 地方性法规、地方政府规章对城市轨道交通运营违法行为需要承担的法律责任与本规定有不同规定的，从其规定。

第七章 附 则

第五十六条 本规定自 2018 年 7 月 1 日起施行。

参 考 文 献

[1] 徐新玉. 城市轨道交通运营管理规章[M]. 2 版. 北京：人民交通出版社，2013.
[2] 吴金洪. 城市轨道交通运营管理[M]. 北京：国防工业出版社，2012.
[3] 中华人民共和国交通运输部. 城市轨道交通运营管理规范：GB/T 30012—2013[S]. 北京：中国标准出版社，2014.
[4] 国家安全生产监督管理总局. 城市轨道交通试运营前安全评价规范：AQ 8007—2013[S]. 北京：煤炭工业出版社，2013.
[5] 中华人民共和国住房和城乡建设部. 城市轨道交通客运服务标志：GB/T 18574—2008[S]. 北京：中国标准出版社，2009.
[6] 中华人民共和国住房和城乡建设部. 城市轨道交通客运服务：GB/T 22486—2008[S]. 北京：中国标准出版社，2009.
[7] 孙仕明，李攀科. 城市轨道交通票务管理[M]. 北京：清华大学出版社，2015.
[8] 贾文婷，李京平. 城市轨道交通票务管理[M]. 北京：北京交通大学出版社，2015.
[9] 连义平. 城市轨道交通安全管理[M]. 2 版. 成都：西南交通大学出版社，2015.
[10] 任萍. 城市轨道交通运营安全管理[M]. 北京：机械工业出版社，2015.
[11] 李俊辉，郭英明. 城市轨道交通行车组织[M]. 成都：西南交通大学出版社，2015.
[12] 于存涛，汤明清. 城市轨道交通行车组织[M]. 北京：北京交通大学出版社，2015.
[13] 李志成，周云娣. 城市轨道交通客运组织[M]. 合肥：中国科学技术大学出版社，2014.
[14] 张燕. 城市轨道交通车站客运组织与服务[M]. 北京：电子工业出版社，2015.
[15] 黎茂盛. 城市轨道交通运营管理[M]. 长沙：中南大学出版社，2015.
[16] 马驷，饶咏. 城市轨道交通运营管理[M]. 北京：科学出版社，2014.